中华民族伟大复兴

的

理论指导与行动指南

马建堂 ◎ 主编

中国财经出版传媒集团

经济科学出版社

Economic Science Press

图书在版编目（CIP）数据

中华民族伟大复兴的理论指导与行动指南/马建堂
主编. -- 北京：经济科学出版社，2023.9
ISBN 978 - 7 - 5218 - 5227 - 1

Ⅰ.①中… Ⅱ.①马… Ⅲ.①习近平新时代中国特色
社会主义思想 - 学习参考资料②中国特色社会主义 - 社会
主义建设 - 学习参考资料 Ⅳ.①D610

中国国家版本馆 CIP 数据核字（2023）第 187605 号

责任编辑：孙丽丽　戴婷婷
责任校对：李　建
责任印制：范　艳

中华民族伟大复兴的理论指导与行动指南
马建堂　主编

经济科学出版社出版、发行　新华书店经销
社址：北京市海淀区阜成路甲 28 号　邮编：100142
总编部电话：010 - 88191217　发行部电话：010 - 88191522
网址：www. esp. com. cn
电子邮箱：esp@ esp. com. cn
天猫网店：经济科学出版社旗舰店
网址：http://jjkxcbs. tmall. com
北京季蜂印刷有限公司印装
710×1000　16 开　18.75 印张　270000 字
2023 年 9 月第 1 版　2023 年 9 月第 1 次印刷
ISBN 978 - 7 - 5218 - 5227 - 1　定价：76.00 元
（图书出现印装问题，本社负责调换。电话：010 - 88191545）
（版权所有　侵权必究　打击盗版　举报热线：010 - 88191661
QQ：2242791300　营销中心电话：010 - 88191537
电子邮箱：dbts@ esp. com. cn）

目　录

导语 习近平新时代中国特色社会主义思想是 21 世纪马克思主义最新成果

党的十八大以来，以习近平同志为主要代表的中国共产党人，坚持把马克思主义基本原理同中国具体实际相结合、同中华优秀传统文化相结合，创立了习近平新时代中国特色社会主义思想。习近平新时代中国特色社会主义思想是当代中国马克思主义、21 世纪马克思主义，是中华文化和中国精神的时代精华，实现了马克思主义中国化新的伟大飞跃，是新时代建设社会主义现代化强国的指导思想。

伟大奋斗创造伟大时代，伟大时代产生伟大思想。中国特色社会主义进入新时代，是习近平新时代中国特色社会主义思想形成的时代背景。党的十八大以来，国内外形势变化和我国各项事业发展都提出了一个重大时代课题，这就是必须从理论和实践结合上系统回答新时代坚持和发展什么样的中国特色社会主义、怎样坚持和发展中国特色社会主义、如何建设社会主义现代化强国。习近平新时代中国特色社会主义思想形成是中国特色社会主义实践发展的需要。从世情来看，中国日益走近世界舞台中央，但崛起与遏制并存。习近平新时代中国特色社会主义思想的形成是统筹国内国际两个大局，实现中国和平崛起和构建人类命运共同体的需要。从国情来看，当代中国正处于实现中华民族伟大复兴的关键时期，机遇与挑战并存，需要牢牢把握社会主义初级阶段这个最大国情及不断变化的特点。习近平新时代中国特色社会主义思想的形成是应对种种挑战，实现"两个一百年"奋斗目标，夺取新时代中国特色社会主义伟大胜利的需要。从党情来看，中国共产党已经成为世界上规模最大的执政党，但"四大考验"和"四种危险"是长期的、严峻的，所面临的"赶考"还远未结束，成就与风险并存。习近平新时代中国特色社会主义思想的形成是坚持党的全面领导，坚持全面从严治党，保持党的纯洁性和先进性的需要。习近平新时代中国特色社会主义思想的形成，是以习近平同志为代表的中国共产党人以马克思主义为指导，立足于中国特色社会主义的现实实践，植根于博大精深的中华优秀传统文化，总结人民群众和全党的智慧，深化对共产党执政规律、社会主义建设规律、人类社会发展规律的认识，进行长期艰辛探索所取得重大理论创新成果。习近平新时代中国特色社会主义思想具有丰富的内涵，正如党的二十大报告所指出："十九大、十九届六中全会提出的'十个明确'、'十四个坚持'、'十三个方面成就'概括了这一思想的主要内容，必须长期坚持并不断丰富发展。"①其思想内容不断丰富和发展，已形成了一个既严密又开放的科学体系。

习近平新时代中国特色社会主义思想阐明了中国特色社会主义进入了"新时代"。"经过长期努力，中国特色社会主义进入了新时代，这是我国发展新的历史方位。"②进入新时代的主要依据是：我国经济实力、科技实力、国防实力、综合国力进入世界前列；我国国际地位实现前所未有的提升；党的面貌、国家的面貌、人民的面貌、军队的面貌、中华民族的面貌发生了前所未有的变化；我国社会主要矛盾发生转化等。中国特色社会主义进入新时代意味着近代以来久经磨难的中华民族迎来了从站起来、富起来到强起来的伟大飞跃，意味着科学社会主义在 21 世纪的中国焕发出强大生机活力，意味着为解决人类问题贡献中国智慧和中国方案。

---

① 习近平：《高举中国特色社会主义伟大旗帜 为全面建设社会主义现代化国家而奋斗》，人民出版社 2022 年版，第 17 页。

② 习近平：《决胜全面建成小康社会 夺取新时代中国特色社会主义伟大胜利》，人民出版社 2017 年版，第 10 页。

习近平新时代中国特色社会主义思想阐明了坚持和发展中国特色社会主义是当代中国的鲜明主题。"中国特色社会主义是改革开放以来党的全部理论和实践的主题，是党和人民历尽千辛万苦、付出巨大代价取得的根本成就。"① 必须坚持中国特色社会主义的道路自信、理论自信、制度自信和文化自信。党提出了新时代坚持和发展中国特色社会主义的基本方略：坚持党对一切工作的领导、坚持以人民为中心、坚持全面深化改革、坚持新发展理念、坚持人民当家作主、坚持全面依法治国、坚持社会主义核心价值体系、坚持在发展中保障和改善民生、坚持人与自然和谐共生、坚持总体国家安全观、坚持党对人民军队的绝对领导、坚持"一国两制"和推进祖国统一、坚持推动构建人类命运共同体、坚持全面从严治党。"十个明确"和"十四个坚持"基本方略的提出，为新时代如何坚持和发展中国特色社会主义提供了行动指南。

从领导力量看：明确中国特色社会主义最本质的特征是中国共产党领导，中国特色社会主义制度的最大优势是中国共产党领导，中国共产党是最高政治领导力量。坚持和发展中国特色社会主义，必须坚持党的领导、人民当家作主、依法治国三者相统一的原则。坚持中国共产党的领导，是坚持人民当家作主和依法治国的保障。

从目标任务看：明确坚持和发展中国特色社会主义，总任务是实现社会主义现代化和中华民族伟大复兴。习近平新时代中国特色社会主义思想阐明了分两步走全面建设社会主义现代化国家的新目标和任务。中国梦是在党的十八大后习近平同志提出的，中国梦的核心内涵是实现中华民族的伟大复兴。中国梦的基本内涵是国家富强、民族振兴、人民幸福。实现中国梦的基本遵循是：必须走中国道路、必须弘扬中国精神、必须凝聚中国力量，必须走和平、发展、合作和共赢之路。实现中国梦必须进行伟大斗争，建设伟大工程，推进伟大事业，

---

① 习近平：《决胜全面建成小康社会 夺取新时代中国特色社会主义伟大胜利》，人民出版社 2017 年版，第 16 页。

实现伟大梦想。中国梦的主要目标，是实现"两个一百年"奋斗目标。党的十九大对"两个一百年"的奋斗目标做了战略安排，提出坚持和发展中国特色社会主义，总任务是实现社会主义现代化和中华民族伟大复兴，在全面建成小康社会的基础上，分两步走在本世纪中叶建成富强民主文明和谐美丽的社会主义现代化强国。党的二十大明确了从现在起中国共产党的中心任务，"就是团结带领全国各族人民全面建成社会主义现代化强国、实现第二个百年奋斗目标，以中国式现代化全面推进中华民族伟大复兴。"① 党的二十大报告有关中国式现代化的目标任务、基本特征、本质要求、重大原则及实践要求的重要论述，是新时代全面建设社会主义现代化国家的政治宣言和行动纲领。概括提出并深入阐述中国式现代化理论，是党的二十大的一个重大理论创新，中国式现代化理论是习近平新时代中国特色社会主义思想的重要内容。

从发展理念看："明确新时代我国社会主要矛盾是人民日益增长的美好生活需要和不平衡不充分的发展之间的矛盾"。② 这就阐明了社会主要矛盾的转化："人民日益增长的物质文化需要同落后的社会生产之间的矛盾"转化为"人民日益增长的美好生活需要和不平衡不充分的发展之间的矛盾"。矛盾是事物发展的一般动力，社会主要矛盾的变化是关系全局的历史性变化，对党和国家工作提出了许多新要求。新发展理念的提出是对马克思主义发展观的继承发展与创新。创新发展、协调发展、绿色发展、开放发展、共享发展的新发展理念，回答了新形势下中国要实现什么样的发展、怎样实现发展的重大问题；深刻指出了创新是引领发展的第一动力，协调是持续健康发展的内在要求，绿色是永续发展的必要条件和人民对美好生活追求的重要体现，开放是国家繁荣发展的必由之路，共享是中国特色社会主义的

---

① 习近平：《高举中国特色社会主义伟大旗帜　为全面建设社会主义现代化国家而奋斗》，人民出版社 2022 年版，第 21 页。

② 习近平：《决胜全面建成小康社会　夺取新时代中国特色社会主义伟大胜利》，人民出版社 2017 年版，第 19 页。

本质要求。

从发展布局看，明确中国特色社会主义事业总体布局是"五位一体"、战略布局是"四个全面"。经济建设、政治建设、文化建设、社会建设、生态文明建设的"五位一体"，是中国特色社会主义的总体布局。"全面建设社会主义现代化国家、全面深化改革、全面依法治国、全面从严治党"是中国特色社会主义的战略布局。"五位一体"是总体部署，"四个全面"是主要抓手。"五位一体"总体布局与"四个全面"战略布局是既有区别又有联系的关系，需要相互联动，相互促进。坚持和发展中国特色社会主义，需要统筹推进"五位一体"总体布局和协调推进"四个全面"战略布局。

从发展动力看，明确全面深化改革总目标和主要内容。"明确全面深化改革总目标是完善和发展中国特色社会主义制度、推进国家治理体系和治理能力现代化"①；提出国家治理体系和治理能力现代化，高度重视国家制度体系及其制度执行能力现代化问题，是对马克思主义国家学说及政治学的创新；明确了经济体制改革是全面深化改革的重点，核心问题是处理好政府和市场的关系，使市场在资源配置中起决定性作用和更好发挥政府作用；全面深化改革要坚决破除利益固化的藩篱，等等。

从法治建设看，明确全面依法治国的总目标和主要内容。"明确全面推进依法治国总目标是建设中国特色社会主义法治体系、建设社会主义法治国家"②；强调科学立法、严格执法、公正司法、全民守法、加强法治工作队伍建设；成立中央全面依法治国领导小组，加强对法治中国建设的统一领导；加强宪法实施和监督，推进合宪性审查工作，维护宪法权威；健全党和国家监督体系，等等。

从战略重点看，明确高质量发展是全面建设社会主义现代化国家的首要任务，必须坚持和完善社会主义基本经济制度。推动高质量发

①② 习近平：《决胜全面建成小康社会 夺取新时代中国特色社会主义伟大胜利》，人民出版社 2017 年版，第 19 页。

展，统筹发展和安全。要坚持总体国家安全观，构建国家安全体系。统筹发展和安全，建设更高水平的平安中国。

从战略保证看，明确党在新时代的强军目标是建设一支听党指挥、能打胜仗、作风优良的人民军队，把人民军队建设成为世界一流军队。要实现中华民族伟大复兴的中国梦，必须要推进国防和军队现代化建设，以实现强军梦为安全保障。

习近平新时代中国特色社会主义思想阐明了新时代的强军目标与方略。要"明确党在新时代的强军目标是建设一支听党指挥、能打胜仗、作风优良的人民军队，把人民军队建设成为世界一流军队"。① 新时代的强军方略是政治建军、改革强军、科技兴军、依法治军。要全面深化军队和国防建设，维护国家核心利益与维护世界和平。

从外交政策看，明确中国特色大国外交要服务民族复兴、促进人类进步，推动建设新型国际关系，推动构建人类命运共同体。中国式现代化是走和平发展道路的现代化。要高举和平、发展、合作、共赢旗帜，在坚定维护世界和平与发展中谋求自身发展，又以自身发展更好维护世界和平与发展。

习近平新时代中国特色社会主义思想阐明了新时代中国外交的理念与实践。"明确中国特色大国外交要推动构建新型国际关系，推动构建人类命运共同体"。② 在对外关系方面，提出和平、发展、合作、共赢成为时代潮流，中国要坚定不移走和平发展道路，实施"一带一路"倡议等，进一步提升对外开放的水平。在国际关系方面，提出"构建人类命运共同体"的新理念，推动建设相互尊重、公平正义、合作共赢的新型国际关系。中国要为促进人类和平、发展与进步的崇高事业作出积极贡献。

从政治保证看，明确全面从严治党的战略方针，提出新时代党的建设总要求，全面推进党的政治建设、思想建设、组织建设、作风建

---

① ② 习近平：《决胜全面建成小康社会　夺取新时代中国特色社会主义伟大胜利》，人民出版社 2017 年版，第 19 页。

设、纪律建设，把制度建设贯穿其中，深入推进反腐败斗争，落实管党治党政治责任，以伟大自我革命引领伟大社会革命。这一总要求强调要全面从严治党，不断提高党的长期执政能力和领导水平。总要求系统阐明了新时代党的建设的主线、统领、根基、着力点、布局、要求和目标等，强调了政治建设在党的建设中的统领地位，这是对中国共产党党建理论的继承和发展；强调要推进党的建设的伟大工程，牢固树立"四个意识"即政治意识、大局意识、核心意识和看齐意识。

习近平新时代中国特色社会主义思想强调了治国理政的世界观、方法论与价值观。党的十九大报告指出："坚持解放思想、实事求是、与时俱进、求真务实，坚持辩证唯物主义和历史唯物主义，紧密结合新的时代条件和实践要求，以全新的视野深化对共产党执政规律、社会主义建设规律、人类社会发展规律的认识"。[①] 党的二十大报告进一步指出，"继续推进实践基础上的理论创新，首先要把握好新时代中国特色社会主义思想的世界观和方法论，坚持好、运用好贯穿其中的立场观点方法。"[②] "六个必须坚持"，即必须坚持人民至上、必须坚持自信自立、必须坚持守正创新、必须坚持问题导向、必须坚持系统观念、必须坚持胸怀天下，这是中国化时代化的马克思主义蕴含的世界观和方法论，是贯穿其中的立场观点方法，是习近平新时代中国特色社会主义思想的核心要义，这就深刻揭示了中国共产党人治国理政的世界观、方法论和价值观。强调要坚持科学的思维方法，提高战略思维、历史思维、辩证思维、系统思维、创新思维、法治思维、底线思维能力。增强八个方面的执政本领，包括学习本领、政治领导本领、改革创新本领、科学发展本领、依法执政本领、群众工作本领、狠抓落实本领和驾驭风险本领。坚持科学的工作方法：提出加强社会调查研究，准确把握我国经济社会发展的规律性及阶段性特点，保持战略

---

① 习近平：《决胜全面建成小康社会　夺取新时代中国特色社会主义伟大胜利》，人民出版社 2017 年版，第 19 页。

② 习近平：《高举中国特色社会主义伟大旗帜　为全面建设社会主义现代化国家而奋斗》，人民出版社 2022 年版，第 18 页。

定力。强调妥善处理解放思想与实事求是、整体推进与重点突破、全局与局部、顶层设计与摸着石头过河、胆子要大与步子要稳、改革发展稳定等一系列重大关系。在价值观方面，强调了"以人民为中心"的价值观。党的初心就是"为中国人民谋幸福，为中华民族谋复兴"，就是必须坚持以人民为中心的发展思想，不断促进人的全面发展、全体人民共同富裕，始终坚持"人民立场"，坚持人民主体地位。

要充分认识习近平新时代中国特色社会主义思想的重大意义。其理论意义是对马克思列宁主义、毛泽东思想、邓小平理论、"三个代表"重要思想、科学发展观的继承和发展，是马克思主义中国化最新成果，是党和人民实践经验和集体智慧的结晶，是中国特色社会主义理论体系的重要组成部分。习近平新时代中国特色社会主义思想是科学的、严密的、深邃的、开放的思想理论体系。其实践意义是全党全国人民为实现中华民族伟大复兴而奋斗的行动指南，必须长期坚持并不断发展。习近平新时代中国特色社会主义思想，开辟了马克思主义新境界，开辟了中国特色社会主义新境界，开辟了治国理政新境界，开辟了管党治党新境界。面对新时代，要以习近平新时代中国特色社会主义思想指导中国特色社会主义的实践，把习近平新时代中国特色社会主义思想贯彻到社会主义现代化建设全过程、体现到党的建设各方面。其国际意义是拓展了发展中国家走向现代化的途径，给世界上那些既希望加快发展又希望保持自身独立性的国家和民族提供了新的选择，为解决人类问题贡献了中国智慧和中国方案。

充分认识和深入把握习近平新时代中国特色社会主义思想的时代背景、重大意义、主要内容、精神实质和实践要求，深刻领悟"两个确立"的重要意义，将激发十四亿多中国人民建设社会主义现代化强国的磅礴力量，为夺取新时代中国特色社会主义伟大胜利、实现中华民族伟大复兴的中国梦、实现人民对美好生活的向往继续奋斗！

第一章　中国特色社会主义进入了新时代

党的十八大以来，以习近平同志为主要代表的中国共产党人，坚持把马克思主义基本原理同中国具体实际相结合、同中华优秀传统文化相结合，科学回答了新时代坚持和发展什么样的中国特色社会主义、怎样坚持和发展中国特色社会主义等重大时代课题，创立了习近平新时代中国特色社会主义思想。在习近平新时代中国特色社会主义思想指导下，中国共产党领导全国各族人民，统揽伟大斗争、伟大工程、伟大事业、伟大梦想，推动中国特色社会主义进入了新时代，实现第一个百年奋斗目标，开启了实现第二个百年奋斗目标新征程。中国特色社会主义进入新时代，是我国发展的新的历史方位，也是习近平新时代中国特色社会主义思想的现实基础和逻辑起点。

一、新时代的依据

党的十九大报告指出：经过长期努力，中国特色社会主义进入了新时代，这是我国发展新的历史方位。从历史看，新时代是在党团结带领全国人民长期不懈奋斗的伟大实践中开创出来的；从现实看，新时代是建立在党对我国社会主要矛盾转化的科学判断基础上的；从时空条件看，新时代是世情国情党情深刻变化的必然结果。

（一）新时代是在党团结带领全国人民不懈奋斗的伟大实践中开创出来的

时代是实践的产物，任何一个时代的形成和发展都有其客观基础。

中国特色社会主义新时代是在党领导人民进行革命、建设、改革实践中开创出来的。党团结带领全国人民不懈奋斗的全部实践，概括起来说，就是为中国人民谋幸福、为中华民族谋复兴的实践，就是带领中华民族、中国人民从落后挨打中解放出来，赶上时代、引领时代的实践。

新民主主义革命时期，党团结带领人民找到了一条以农村包围城市、武装夺取政权的正确革命道路，进行了二十八年浴血奋战，完成了新民主主义革命，建立了中华人民共和国，实现了中国从几千年封建专制政治向人民民主的伟大飞跃。

社会主义革命和社会主义建设时期，党团结带领人民完成社会主义革命，消灭一切剥削制度，实现了中华民族有史以来最为广泛而深刻的社会变革，实现了一穷二白、人口众多的东方大国大步迈进社会主义社会的伟大飞跃，为在新的历史时期开创中国特色社会主义提供了宝贵经验、理论准备、物质基础。

改革开放和社会主义现代化建设新时期，党团结带领人民进行改革开放新的伟大革命，破除阻碍国家和民族发展的一切思想和体制障碍，开辟了中国特色社会主义道路，使中国大踏步赶上时代。1978 年党的十一届三中全会，是这一时期的开端。在这次全会上，党重新确立了马克思主义的思想路线、政治路线、组织路线，作出了把党和国家工作中心转移到经济建设上来、实行改革开放的历史性决策，实现了伟大的历史性转折。1982 年党的十二大，提出中国特色社会主义这一主题，强调"把马克思主义的普遍真理同我国的具体实际结合起来，走自己的路，建设有中国特色的社会主义，这就是我们总结长期历史经验得出的基本结论。"1987 年党的十三大，提出并系统阐述了社会主义初级阶段理论，制定了党在社会主义初级阶段的基本路线，确定了"三步走"发展战略和各项改革任务。1992 年党的十四大，确立邓小平建设有中国特色社会主义理论在全党的指导地位，概括了建设有中国特色社会主义理论的主要内容，明确了建立社会主义市场经济体制的改革目标，做出了抓住机遇、加快发展的决策和战略部署。

1997 年党的十五大，把邓小平理论确立为党的指导思想，提出了党在社会主义初级阶段的基本纲领，规划了跨世纪发展的战略部署。2002年党的十六大，提出了全面建设小康社会的战略目标，把"三个代表"重要思想确立为党的指导思想。2007 年党的十七大，科学阐释了中国特色社会主义旗帜、道路、理论体系，阐述了科学发展观，提出了全面建设小康社会的新要求，全面部署以改革创新精神推进党的建设新的伟大工程。2012 年党的十八大，系统阐释了坚持和发展中国特色社会主义的一系列重大问题，把科学发展观确立为党的指导思想，提出了全面建成小康社会的新目标新要求。党领导人民长期探索的根本成就，是开辟了中国特色社会主义道路，形成了中国特色社会主义理论体系，确立了中国特色社会主义制度。

党的十八大以来，中国共产党团结带领人民全面贯彻习近平新时代中国特色社会主义思想，全面贯彻党的基本路线、基本方略，采取一系列战略性举措，推进一系列变革性实践，实现一系列突破性进展，取得一系列标志性成果，经受住了来自政治、经济、意识形态、自然界等方面的风险挑战考验，解决了许多长期想解决而没有解决的难题，办成了许多过去想办而没有办成的大事，党和国家事业取得历史性成就、发生历史性变革，推动我国迈上全面建设社会主义现代化国家新征程。经济建设取得重大成就，全面深化改革取得重大突破，民主法治建设迈出重大步伐，思想文化建设取得重大进展，人民生活不断改善，生态文明建设成效显著，强军兴军开创新局面，港澳台工作取得新进展，全方位外交布局深入展开，全面从严治党成效卓著。过去一度存在的党的领导被忽视、淡化、削弱的状况得到明显改变，发展观念不正确、发展方式粗放的状况得到明显改变，各方面体制机制弊端阻碍发展活力和社会活力的状况得到明显改变，有法不依、执法不严、司法不公问题严重的状况得到明显改变，社会思想舆论环境中的混乱状况得到明显改变，忽视生态环境保护、生态环境恶化的状况得到明显改变，人民军队中一度存在的不良政治状况得到明显改变，我国在国际力量对比中面临的不利状况得到明显改变，管党治党宽松软的状况得到明显改变。全方位、开创性的成就，夯实了新时代中国特色社会主义的雄厚基础；深层次、根本性的变革，塑造了新时代中国特色社会主义的崭新面貌。新时代十年的伟大变革，在党史、新中国史、改革开放史、社会主义发展史、中华民族发展史上具有里程碑意义，对党和国家事业发展具有重大而深远的影响，开启了中国特色社会主义新时代。

中国特色社会主义进入新时代，新就新在我国经济实力、科技实力、国防实力、综合国力进入世界前列。就经济实力而言，我国在世界主要国家中名列前茅，2021年国内生产总值一百一十四万亿元，我国经济总量占世界经济的比重达百分之十八点五，稳居世界第二位；谷物总产量稳居世界首位；制造业规模、外汇储备稳居世界第一；建成世界最大的高速铁路网、高速公路网。中国在世界经济中的地位实现了由追随者到参与者再到引领者的跨越。就科技实力而言，中国发明专利申请数、国际期刊论文数、PCT申请量、高技术产业规模均居于世界前列，进入从跟踪为主转向跟踪和并跑、领跑并存的新阶段，从点的突破转向系统能力提升的新时期，从量的积累转向质的飞跃的新时代。2021年全社会研发经费支出二万八千亿元，居世界第二位，研发人员总量居世界首位。基础研究和原始创新不断加强，一些关键核心技术实现突破，战略性新兴产业发展壮大，载人航天、探月探火、深海深地探测、超级计算机、卫星导航、量子信息、核电技术、新能源技术、大飞机制造、生物医药等取得重大成果，进入创新型国家行列。就国防实力而言，近年来，坚持政治建军、改革强军、科技兴军、依法治军，形成军委管总、战区主战、军种主建新格局，人民军队组织架构和力量体系实现革命性重塑，军事斗争准备取得重大进展，人民军队在中国特色强军之路上迈出坚定步伐。就综合国力而言，我国是世界第二经济大国、最大货物出口国、第二大货物进口国、第二大对外直接投资国、最大外汇储备国，成为影响世界政治经济版图变化的一个主要因素。

中国特色社会主义进入新时代，新就新在我国国际地位实现前所未有的提升。我国实施共建"一带一路"倡议，发起创办亚洲基础设施投资银行，设立丝路基金，举办"一带一路"国际合作高峰论坛、亚太经合组织领导人非正式会议、二十国集团领导人杭州峰会、金砖国家领导人厦门会晤、亚信峰会等，倡导构建人类命运共同体，促进全球治理体系变革。我国国际影响力、感召力、塑造力大大提高，为世界和平与发展作出新的重大贡献。

中国特色社会主义进入新时代，新就新在党的面貌、国家的面貌、人民的面貌、军队的面貌、中华民族的面貌发生了前所未有的变化。经过改革开放几十年的奋斗，特别是十八大以来的历史性变革，我们的党具有前所未有的坚持和发展中国特色社会主义的信心和能力，我们的国家前所未有地接近实现建成社会主义现代化强国的伟大目标，我们的人民军队前所未有地接近实现世界一流军队的目标；我们的民族前所未有地接近实现中华民族伟大复兴的伟大梦想。我们党、国家、军队、人民比任何时候都更加强大、更有力量，中华民族正以崭新姿态屹立于世界的东方。

从赶上时代到引领时代，这是我们新的历史起点，也是新时代的历史依据。

（二）新时代是建立在党对我国社会主要矛盾转化的科学判断基础上的

矛盾分析法是认识事物的根本方法，它要求人们学会分析复杂事物发展过程中的各种矛盾，学会抓住主要矛盾和矛盾的主要方面。毛泽东同志说："任何过程如果有多数矛盾存在的话，其中必定有一种是主要的，起着领导的、决定的作用，其他则处于次要和服从的地位。因此，研究任何过程，如果是存在着两个以上矛盾的复杂过程的话，就要用全力找出它的主要矛盾。捉住了这个主要矛盾，一切问题就迎刃而解了。"[1]

对一个社会而言，主要矛盾的变化，标志着一个新的历史时期或

---

[1] 《毛泽东选集》第1卷，人民出版社1991年版，第322页。

时代的开端。因为，社会主要矛盾决定根本任务，进而决定一个时期的基本路线。因此，我们党历来重视抓主要矛盾，善于科学判断主要矛盾转化，及时调整主要任务和工作方针。早在民主革命时期，抗日战争、解放战争的胜利，都是正确分析和解决当时主要矛盾的结果。

社会主义改造基本完成后，1956 年党的八大指出：我们国内的主要矛盾，已经是人民对于建立先进的工业国的要求同落后的农业国的现实之间的矛盾，已经是人民对于经济文化迅速发展的需要同当前经济文化不能满足人民需要的状况之间的矛盾。全国人民的主要任务是集中力量发展社会生产力，实现国家工业化，逐步满足人民日益增长的物质和文化需要；根本任务是在新的生产关系下面保护和发展生产力。党的八大据此制定了一系列重要的经济政策。这些认识是符合当时实际的，但后来没能贯彻到底。

改革开放之初，在党的十一届六中全会上，对我国社会主要矛盾又作了归纳和精练，提出在社会主义改造基本完成以后，我国所要解决的主要矛盾，是人民日益增长的物质文化需要同落后的社会生产之间的矛盾。正是在科学判断社会基本矛盾的基础上，我们提出社会主义的根本任务是发展生产力，进而明确了我国处于社会主义初级阶段，确立了党在社会主义初级阶段的基本路线，形成了中国特色社会主义理论体系。也正是把这样的认识贯彻到实践中去，我们才取得了今天的巨大成就。

从党的八大算起已经过去 60 多年了，改革开放也已经 40 多年了，我国社会主要矛盾在社会需求和社会生产这两个方面都发生了深刻变化。

在社会生产方面，今天的中国，与改革开放之初的物质匮乏、短缺经济不可同日而语。经过 40 多年的发展，我国社会生产力水平显著提高，社会生产能力在很多方面进入世界前列，人民生活显著改善，中华民族历史上第一次摆脱了绝对贫困，全面建成小康社会，迈上全面建设社会主义现代化国家新征程。"我们前所未有地靠近世界舞台中心，前所未有地接近实现中华民族伟大复兴的目标，前所未有地具有实现这个目标的能力和信心。"面对这样的变化，再讲"落后的社会生产"已经不符合实际了。与此同时，发展不平衡不充分问题凸显出来。不平衡，就是经济社会发展不平衡，城乡差距、地区差距、行业差距、群体差距仍然存在，不能满足人民日益增长的社会公平需求；物质文明与精神文明不平衡，文化发展的质量和水平还不高，文化建设的布局和结构不尽合理，不能满足人民日益增长的文化需求；人与自然仍然不平衡，不能满足人民日益增长的生态环境需求；在民主、法治、公平、正义等方面的发展也不平衡。不充分，就是虽然我们在经济、政治、文化、社会、生态文明上发展了，但仍不能满足14亿多人民对不同产品质量结构的需求，更不能满足对服务的需求，也不能满足人民对社会公平、民主法治和生态环境等方面的需求，还没有发展到很成熟、很完善的状态。针对这一基本状况，党的十九大报告指出：发展不平衡不充分的一些突出问题尚未解决，发展质量和效益还不高，创新能力不够强，实体经济水平有待提高，生态环境保护任重道远；民生领域还有不少短板，脱贫攻坚任务艰巨，城乡区域发展和收入分配差距依然较大，群众在就业、教育、医疗、居住、养老等方面面临不少难题；社会文明水平尚需提高；社会矛盾和问题交织叠加，全面依法治国任务依然繁重，国家治理体系和治理能力有待加强；意识形态领域斗争依然复杂，国家安全面临新情况；一些改革部署和重大政策措施需要进一步落实；党的建设方面还存在不少薄弱环节。

马克思主义告诉我们，人的需求是有层次的，低层次需求满足之后，高层次需求就迫切起来。今天的人民需求，总体上已经不再是改革开放之初的温饱需求了。人民对美好生活的向往更加强烈，群众需要呈现多样化多层次多方面的特点，期盼有更好的教育、更稳定的工作、更满意的收入、更可靠的社会保障、更高水平的医疗卫生服务、更舒适的居住条件、更优美的环境、更丰富的精神文化生活。人民美好生活需要日益广泛，不仅对物质文化生活提出了更高要求，而且在民主、法治、公平、正义、安全、环境等方面的要求日益增长。只讲"物质文化需要"，已经不能真实反映人民群众变化了的需求。而发展的不平衡不充分，已经成为满足人民日益增长的美好生活需要的主要制约因素。

正是在这一背景下，党做出我国社会主要矛盾已经转化为人民日益增长的美好生活需要和不平衡不充分的发展之间的矛盾的重大判断。社会主要矛盾的转化，是作出中国特色社会主义进入新时代重大判断的根本依据。要在变与不变中把握这一矛盾。不变的是共产党人的初心和使命，即为中国人民谋幸福，为中华民族谋复兴，把人民对美好生活的向往作为我们的奋斗目标。变的是经济社会发展水平以及人民需求的不断拓展升级。改革开放之初和当前我们对社会主要矛盾的判断具有内在一致性，那就是什么是制约实现人民幸福、民族复兴的主要因素，什么就是社会主要矛盾。

从原来讲的"物质文化需要"到"美好生活需要"，从解决"落后的社会生产"问题到解决"不平衡不充分的发展"问题，我国社会主要矛盾的变化是关系全局的历史性变化，反映了我国社会发展的巨大进步，反映了社会发展的阶段性特征，也对党和国家工作提出了许多新的要求。它告诉我们，经济建设仍是中心工作，但在新时代更要注重抓全面发展。我们要在继续推动发展的基础上，着力解决好发展不平衡不充分问题，大力提升发展质量和效益，更好满足人民在经济、政治、文化、社会、生态等方面日益增长的需要，更好推动人的全面发展、社会全面进步。这就是科学判断社会基本矛盾的基础上提出的时代任务。

从过去的通过发展解决温饱问题、小康问题，到今天通过平衡发展充分发展解决人民对美好生活的需求，这是新时代的现实依据。

（三）新时代是党深入分析和准确判断世情国情党情得出的必然结论

2019 年 7 月 26 日，习近平总书记在省部级主要领导干部专题研讨班上发表的重要讲话指出，谋划和推进党和国家各项工作，必须深入分析和准确判断当前世情国情党情。中国特色社会主义进入新时代，也是我们党科学判断形势得出的必然结论。

　　就世情而言，当前世界百年未有之大变局加速演进，新一轮科技革命和产业变革深入发展，国际力量对比深刻调整，我国发展面临新的战略机遇。同时，逆全球化思潮抬头，单边主义、保护主义明显上升，世界经济复苏乏力，局部冲突和动荡频发，全球性问题加剧，世界进入新的动荡变革期。

　　值得注意的是，中国在维护世界和平、参与国际治理、推进共同发展方面发挥着越来越重要的作用，中国的国际影响力愈发凸显。党的十八大以来，以习近平同志为核心的党中央面对世情的变化，在继承外交大政方针的基础上，与时俱进，开拓创新，提出了一系列高瞻远瞩、务实管用的外交战略论断和指导思想。譬如，建设人类命运共同体，深度参与全球治理。在 2015 年 9 月的第七十届联合国大会一般性辩论中，习近平总书记发表题为《携手构建合作共赢新伙伴　同心打造人类命运共同体》的演讲，全面阐述了人类命运共同体思想，提出建设平等相待、互商互谅的伙伴关系；公道正义、共建共享的安全格局；开放创新、包容互惠的发展前景；和而不同、兼收并蓄的文明交流；尊崇自然、绿色发展的生态体系。[①] 在此思想的指导下，中国在全球治理中发挥着越来越重要的作用。正如习近平总书记在 2016 年新年贺词中表示的那样："世界那么大，问题那么多，国际社会期待听到中国声音，看到中国方案，中国不能缺席。"[②] 中国正以自觉的心态和自信的面貌为全球治理提供中国方案、中国担当。习近平总书记强调："要推动全球治理理念创新发展，积极发掘中华文化中积极的处世之道和治理理念同当今时代的共鸣点，继续丰富打造人类命运共同体等主张，弘扬共商共建共享的全球治理理念。"[③] 这是东方智慧对人类命运的深邃思考，是中国理念对打造和谐世界的深远贡献。譬如，

---

　　① 习近平：《携手构建合作共赢新伙伴　同心打造人类命运共同体》，载于《人民日报》2015 年 9 月 29 日。

　　② 《国家主席习近平发表二〇一六年新年贺词》，载于《人民日报》2016 年 1 月 1 日。

　　③ 《习近平在中共中央政治局第二十七次集体学习时强调　推动全球治理体制更加公正更加合理　为我国发展和世界和平创造有利条件》，载于《人民日报》2015 年 10 月 14 日。

构建全球伙伴关系网络，全面推进"一带一路"建设。"一带一路"倡议助力中国实现经济转型、升级、持续发展，进一步优化了改革开放布局，同时也帮助沿线国家加强基础设施建设，极大增强了中亚、南亚、东南亚等地区的经济活力，可谓是相得益彰。

中国日益走近世界舞台的中央，国际地位和国际影响力大大增强。同时世界进入大变革大调整时期，面临百年未有之大变局，我们面临的国际环境比以往任何时候都更加复杂。中国发展改变了世界格局，世界变化给中国带来新机遇新挑战。这是中国特色社会主义新时代的国际背景。

从国情看，我国仍处于社会主义初级阶段，我国社会主要矛盾已经转化为人民日益增长的美好生活需要和不平衡不充分的发展之间的矛盾，这是我们认识当下、规划未来、制定政策、推进事业的客观基点，不能脱离这个基点。我国社会主义初级阶段基本国情没有变，我国经济总量已居世界前列，但人均国内生产总值仍然比较低；我国劳动生产率仍与美国有相当大的差距；即使已全面建成小康社会，仍有较大规模的低保人群。同时也要看到，经济发展水平并不是决定初级阶段的唯一条件，还应该同社会总体发展水平联系起来看。邓小平同志在改革开放初期就曾经说过，我们搞现代化建设要以经济建设为中心，但绝不能单打一。同时，社会主义初级阶段在发展过程中必然经历若干个具体发展阶段，我国社会主要矛盾必然随着社会的发展而变化。我们一定要清醒地准确地把握这种不断变化的特点，并根据这个变化来不断解决我们在发展过程中遇到的矛盾和问题。同时，我国社会主要矛盾发生变化，是在社会主义初级阶段这个历史阶段中发生的变化，不意味着社会主义初级阶段这个基本国情本身发生了变化。我们要坚持社会主义初级阶段理论，坚持以经济建设为中心不动摇，同时要更好地实现各项事业的全面发展。

从党情看，我国进入"发展起来以后"的时期，党执政面临的社会环境和现实条件发生深刻变化，发展理念和方式有重大转变，对党的建设提出了新要求。党的十八大以来，我们勇于面对党面临的重大风险考验和党内存在的突出问题，以顽强意志品质正风肃纪、反腐惩恶，消除了党和国家内部存在的严重隐患，党内政治生活气象更新，党内政治生态明显好转，党的创造力、凝聚力、战斗力显著增强，党的团结统一更加巩固，党群关系明显改善，党在革命性锻造中更加坚强，焕发出新的强大生机活力，为党和国家事业发展提供了坚强政治保证。同时，也要清醒地认识到，全面从严治党永远在路上。我们党面临的执政环境是复杂的，影响党的先进性、弱化党的纯洁性的因素也是复杂的，党内存在的思想不纯、组织不纯、作风不纯等突出问题尚未得到根本解决，党面临的执政考验、改革开放考验、市场经济考验、外部环境考验长期复杂，党面临的精神懈怠危险、能力不足危险、脱离群众危险、消极腐败危险尖锐严峻，推动全面从严治党向纵深发展任重道远。

世情国情党情的深刻变化，是中国特色社会主义新时代的时空坐标。

二、新时代的内涵

马克思说："人类始终只提出自己能够解决的任务，因为只要仔细考察就可以发现，任务本身，只有在解决它的物质条件已经存在或者至少是在生成过程中的时候，才会产生。"[1] 中国特色社会主义进入新时代，这一时代的内涵只有在历史、现实和未来相互贯通中才能得到科学揭示。新时代是历史实践的产物，是当代中国的历史方位，更是要通过未来发展实践、通过党领导人民共同努力奋斗才能实现的要求。

（一）时代主题：承前启后、继往开来，在新的历史条件下继续夺取中国特色社会主义伟大胜利的时代

承前启后、继往开来，讲的是历史现在未来的联系，回答的是新时代的中国要举什么样的旗、走什么样的路的问题。新中国成立以来

---

[1] 《马克思恩格斯选集》第2卷，人民出版社1995年版，第33页。

建设社会主义、改革开放以来建设中国特色社会主义、党的十八大以来开创新时代中国特色社会主义，是一脉相承、与时俱进的。

中国特色社会主义是改革开放以来党的全部理论和实践的主题，也是新时代的鲜明主题。中国特色社会主义，是党团结带领人民经过长期努力开创出来的，包括中国特色社会主义道路、中国特色社会主义理论体系、中国特色社会主义制度和中国特色社会主义文化。中国特色社会主义道路，就是在中国共产党领导下，立足基本国情，以经济建设为中心，坚持四项基本原则，坚持改革开放，解放和发展社会生产力，巩固和完善社会主义制度，建设社会主义市场经济、社会主义民主政治、社会主义先进文化、社会主义和谐社会、社会主义生态文明，促进人的全面发展，逐步实现全体人民共同富裕，建设富强民主文明和谐美丽的社会主义现代化强国。中国特色社会主义制度，就是人民代表大会制度的根本政治制度，中国共产党领导的多党合作和政治协商制度、民族区域自治制度以及基层群众自治制度等基本政治制度，中国特色社会主义法律体系，公有制为主体、多种所有制经济共同发展的基本经济制度，以及建立在这些制度基础上的经济体制、政治体制、文化体制、社会体制、生态文明体制等各项具体制度。中国特色社会主义文化，源自于中华民族五千多年文明历史所孕育的中华优秀传统文化，熔铸于党领导人民在革命、建设、改革中创造的革命文化和社会主义先进文化，植根于中国特色社会主义伟大实践，是以马克思主义为指导，以培养担当民族复兴大任的时代新人为着眼点，坚守中华文化立场，立足当代中国现实，结合当今时代条件，面向现代化、面向世界、面向未来的，民族的科学的大众的社会主义文化。中国特色社会主义道路是实现社会主义现代化、创造人民美好生活的必由之路，中国特色社会主义理论体系是指导党和人民实现中华民族伟大复兴的正确理论，中国特色社会主义制度是当代中国发展进步的根本制度保障，中国特色社会主义文化是激励全党全国各族人民奋勇前进的强大精神力量，它们统一于中国特色社会主义伟大实践。

党成立以来的全部实践表明，只有社会主义才能救中国，只有中国特色社会主义才能发展中国，只有新时代中国特色社会主义才能强大中国。中国共产党章程指出，改革开放以来我们取得一切成绩和进步的根本原因，归结起来就是：开辟了中国特色社会主义道路，形成了中国特色社会主义理论体系，确立了中国特色社会主义制度，发展了中国特色社会主义文化。要求全党同志要倍加珍惜、长期坚持和不断发展党历经艰辛开创的这条道路、这个理论体系、这个制度、这个文化，高举中国特色社会主义伟大旗帜，坚定道路自信、理论自信、制度自信、文化自信。

新时代是在新的历史条件下继续夺取中国特色社会主义伟大胜利的时代。这就要求我们进一步拓展和完善中国特色社会主义道路，使这条道路越走越宽广，为世界发展贡献中国道路；进一步丰富和发展中国特色社会主义理论体系，推进马克思主义中国化时代化进程，为世界发展贡献中国理论；进一步发展和完善中国特色社会主义制度，推进国家治理体系和治理能力现代化，为世界发展贡献中国方案；进一步培育和创新中国特色社会主义文化，不断铸就中华文化新辉煌，为解决人类问题贡献中国智慧。中国特色社会主义新时代，就是走好中国社会主义实践的"后半程"的时代。①

（二）时代任务：决胜全面建成小康社会，进而全面建设社会主义现代化强国的时代

党的十八大以来的十年是"两个一百年"奋斗目标的历史交汇期。中国特色社会主义新时代，我们既要全面建成小康社会、实现第一个百年奋斗目标，又要乘势而上全面建设社会主义现代化国家，实现第二个百年奋斗目标，这是新时代的历史任务。

决胜全面建成小康社会（2017 年至 2020 年）。2002 年党的十六大，在我们胜利实现了现代化建设"三步走"战略的第一步、第二步目标，人民生活总体上达到小康水平的基础上，认为当时达到的小康

---

① 《深刻理解和把握中国发展新的历史方位》，载于《中国社会科学报》2017 年 10 月 26 日。

还是低水平的、不全面的、发展很不平衡的小康，提出在本世纪头二十年，集中力量，全面建设惠及十几亿人口的更高水平的小康社会，使经济更加发展、民主更加健全、科教更加进步、文化更加繁荣、社会更加和谐、人民生活更加殷实。2007 年党的十七大，提出实现全面建设小康社会奋斗目标的新要求，包括增强发展协调性，努力实现经济又好又快发展；扩大社会主义民主，更好保障人民权益和社会公平正义；加强文化建设，明显提高全民族文明素质；加快发展社会事业，全面改善人民生活；建设生态文明，基本形成节约能源资源和保护生态环境的产业结构、增长方式、消费模式等五个方面。2012 年党的十八大，提出全面建成小康社会和全面深化改革开放的目标，包括经济持续健康发展，人民民主不断扩大，文化软实力显著增强，人民生活水平全面提高，资源节约型、环境友好型社会建设取得重大进展等五个方面。2015 年党的十八届五中全会，首次提出全面建成小康社会进入决胜阶段，提出全面建成小康社会新的目标要求，包括经济保持中高速增长，人民生活水平和质量普遍提高，国民素质和社会文明程度显著提高，生态环境质量总体改善，各方面制度更加成熟更加定型等五个方面，并做出一系列战略部署。党的十九大对决胜全面建成小康社会提出了新的要求，强调要坚决打好防范化解重大风险、精准脱贫、污染防治的攻坚战，使全面建成小康社会得到人民认可、经得起历史检验。2021 年，在庆祝中国共产党成立 100 周年大会上，习近平总书记代表党和人民庄严宣告，经过全党全国各族人民持续奋斗，我们实现了第一个百年奋斗目标，在中华大地上全面建成了小康社会，历史性地解决了绝对贫困问题。

基本实现社会主义现代化（2020 年至 2035 年）。基本目标是，我国经济实力、科技实力大幅跃升，跻身创新型国家前列；人民平等参与、平等发展权利得到充分保障，法治国家、法治政府、法治社会基本建成，各方面制度更加完善，国家治理体系和治理能力现代化基本实现；社会文明程度达到新的高度，国家文化软实力显著增强，中华文化影响更加广泛深入；人民生活更为宽裕，中等收入群体比例明显提高，城乡区域发展差距和居民生活水平差距显著缩小，基本公共服务均等化基本实现，全体人民共同富裕迈出坚实步伐；现代社会治理格局基本形成，社会充满活力又和谐有序；生态环境根本好转，美丽中国目标基本实现。我们党过去提出的奋斗目标是到本世纪中叶基本实现现代化，这次提出到 2035 年就要基本实现社会主义现代化，和过去的目标相比提前了 15 年。其依据在于，我们发展的成就巨大，超出了预期；同时未来我国发展的潜力仍然很大，长期向好的态势没有改变。

建成社会主义现代化强国（2035 年至本世纪中叶）。基本目标是，我国物质文明、政治文明、精神文明、社会文明、生态文明全面提升，实现国家治理体系和治理能力现代化，成为综合国力和国际影响力领先的国家，全体人民共同富裕基本实现，我国人民将享有更加幸福安康的生活，中华民族将以更加昂扬的姿态屹立于世界民族之林。

在党的十八大报告提出的建设人才强国、人力资源强国、社会主义文化强国、海洋强国的基础上，党的十九大报告新增建设制造强国、科技强国、质量强国、航天强国、网络强国、交通强国、贸易强国、体育强国、教育强国，将社会主义现代化强国的目标内涵明确为富强民主文明和谐美丽，党的二十大又进一步明确为到本世纪中叶，把我国建设成为综合国力和国际影响力领先的社会主义现代化强国，强国目标和内涵越来越清晰。

完成好新时代中国特色社会主义历史任务，落实好新时代中国特色社会主义发展的战略安排，要求我们坚忍不拔、锲而不舍，奋力谱写全面建设社会主义现代化强国新征程的壮丽篇章。

（三）时代使命：全国各族人民团结奋斗，不断创造美好生活，逐步实现全体人民共同富裕的时代

实现共同富裕，是社会主义的本质要求，也是新时代中国共产党人的历史使命。这一论述回答了新时代要坚持什么样的发展思想、达到什么样的发展目的的问题。新时代在人民生活水平上的基本特征，就是从温饱到富裕、从满足基本生活需求到争取美好生活、从收入差

距较大到共同富裕的发展时代。

社会主义和资本主义的本质区别，就是为了什么人的问题。马克思恩格斯鲜明地指出："过去的一切运动都是少数人的，或者为少数人谋利益的运动。无产阶级的运动是绝大多数人的，为绝大多数人谋利益的独立的运动。"① 我们党成立之初就把全心全意为人民服务作为自己的根本宗旨，党一百多年的不懈奋斗，从根本上就是为中国人民谋幸福，为中华民族谋复兴。毛泽东同志要求："共产党人的一切言论行动，必须以合乎最广大人民群众的最大利益，为最广大人民群众所拥护为最高标准。"② 在革命战争年代，他反复强调："我们有困难，人民更困难，我们任何时候都首先要想到人民，我们宁可自己吃苦菜，也要把粮食分给群众，宁可自己盖稻草，也要把衣被分给人民。"③ 一切为了人民，是党赢得人民的拥护和爱戴，不断夺取胜利的根本。

我们党搞改革开放的目的就是让老百姓过上好日子，也就是实现共同富裕。邓小平同志提出将"人民拥护不拥护，人民赞成不赞成，人民高兴不高兴，人民答应不答应"作为衡量一切工作得失的根本标准。他又鲜明地指出了社会主义的本质是解放生产力，发展生产力，消灭剥削，消除两极分化，最终达到共同富裕。改革开放之初，鉴于生产力水平不高，人民生活水平普遍低下，中央提出："只有允许和鼓励一部分地区、一部分企业和一部分人依靠勤奋劳动先富起来，才能对大多数人产生强烈的吸引和鼓舞作用，并带动越来越多的人一浪接一浪走向富裕。"④ 在实行这一政策过程中，我们始终对贫富分化保持警醒。1985 年邓小平同志在会见美国不列颠全书编委会副主席弗兰克·吉布尼时说："我们遵循两条最重要的原则：第一，公有制经济始终占主导地位；第二，坚持走共同富裕的道路，一部分地区，一部

---

① 《马克思恩格斯选集》第 1 卷，人民出版社 2012 年版，第 411 页。
② 《毛泽东选集》第 3 卷，人民出版社 1991 年版，第 1096 页。
③ 参阅《毛泽东同志八十五诞辰纪念文选》，人民出版社 1979 年版，第 145 页。
④ 《中共中央关于经济体制改革的决定》，载于《人民日报》1984 年 10 月 21 日。

分人先好起来，不会导致两极分化。"① 他说："如果导致两极分化，改革就算失败了。"② "如果仅仅是少数人富有，那就会落到资本主义去了。"③ 1990 年 12 月，邓小平同志在同几位中央负责同志谈话时指出："社会主义不是少数人富起来、大多数人穷，不是那个样子。社会主义最大的优越性就是共同富裕，这是体现社会主义本质的一个东西。"④ 1993 年 9 月，邓小平同志在与弟弟邓垦的谈话中说："十二亿人口怎样实现富裕，富裕起来以后财富怎样分配，这都是大问题。题目已经出来了，解决这个问题比解决发展起来的问题还困难。分配的问题大得很。我们讲要防止两极分化，实际上两极分化自然出现。"他还说："少部分人获得那么多财富，大多数人没有，这样发展下去总有一天会出问题。分配不公，会导致两极分化，到一定时候问题就会出来。这个问题要解决。过去我们讲先发展起来。现在看，发展起来以后的问题不比不发展时少。"⑤

从实践上看，我们强调全面建成小康社会，强调"以人为本"的科学发展观，注重缩小地区、城乡、各阶层之间的差距，加快中西部地区、农村地区的发展，都是为了解决共同富裕问题。

党的十八大以来，以习近平同志为核心的党中央，提出以人民为中心的发展思想，提出共享发展的理念，强调全面建成小康社会，一个都不能少，坚决打赢脱贫攻坚战。强调必须把促进全体人民共同富裕作为人民谋幸福的着力点，不断夯实党长期执政的基础。强调要深化收入分配改革，正确处理效率与公平的关系，构建初次分配、再分配、三次分配协调配套的基础性制度安排。以人民为中心，坚持共享发展，意味着人人参与、人人尽力、人人享有，要求坚守底线、突出重点、完善制度、引导预期，注重机会公平，保障基本民生，在高质

---

① 中共中央文献研究室：《邓小平年谱》，中央文献出版社 2004 年版，第 1075 ~ 1076 页。
② 《邓小平文选》第 3 卷，人民出版社 1993 年版，第 139 页。
③ 中共中央文献研究室：《邓小平年谱》，中央文献出版社 2004 年版，第 1356 ~ 1357 页。
④ 《邓小平文选》第 3 卷，人民出版社 1993 年版，第 364 页。
⑤ 中共中央文献研究室：《邓小平年谱》，中央文献出版社 2004 年版，第 1364 页。

量发展中实现全体人民共同富裕。这是中国共产党在新时代对中国人民的庄严承诺，我们要坚定地朝着共同富裕目标扎实前进。

（四）时代目标：全体中华儿女勠力同心，奋力实现中华民族伟大复兴中国梦的时代

全体中华儿女勠力同心，奋力实现中华民族伟大复兴，回答了新时代要以什么样的精神状态、实现什么样的宏伟目标的问题。

实现中华民族伟大复兴是近代以来中华民族最伟大的梦想。中华民族有五千多年的文明历史，创造了灿烂的中华文明，为人类作出了卓越贡献，成为世界上伟大的民族。鸦片战争后，中国陷入内忧外患的黑暗境地，中国人民经历了战乱频仍、山河破碎、民不聊生的深重苦难，救亡图存成为中华民族和中国人民迫在眉睫的历史使命。争取民族独立、人民解放，实现国家富强、人民幸福，成为中国人民必须完成的两大历史任务，说到底就是实现中华民族伟大复兴。

为了民族复兴，无数仁人志士不屈不挠、前仆后继，进行了可歌可泣的斗争，各种主义和思潮都进行过尝试，封建官僚们进行的所谓自强运动和资产阶级改良派进行的改良运动，旧式的农民反抗斗争，以及资产阶级革命派领导的民主革命想在中国实行西方资本主义的政治经济方案，都先后在近代中国一一试过了，改良主义、自由主义、社会达尔文主义、无政府主义、实用主义、民粹主义、工团主义等也都"你方唱罢我登场"，但都没能解决中国的前途和命运问题，都没有也不可能实现中华民族救亡图存的民族使命和反帝反封建的历史任务。因为不触动帝国主义、封建主义统治根基的改良主义失败了，中国人民才选择了革命的道路；因为走资本主义道路的各种方案尝试全部失败了，中国人民才选择了经过新民主主义走向社会主义的道路；因为其他各种政治力量都无力领导中国人民实现救亡图存和民族独立、解放与复兴，唯有中国无产阶级及其政党中国共产党肩负起了这一历史使命，才使受尽屈辱、濒临危亡边缘的中国进入了历史的新纪元。中国人苦苦寻找适合中国国情的道路，最后选择了社会主义道路。改革开放以后，我们从中国国情和时代要求出发，形成了中国特色社会

主义。我们走出了这样一条道路，并且取得了成功。

实现民族复兴，是自鸦片战争180多年以来中国历史发展的一条主线，是中国共产党100多年革命建设改革历史的永恒主题，也是以习近平同志为核心的党中央带领全国人民奋力实现的伟大历史使命。党的十八大之后，习近平总书记突出强调中国梦，鲜明指出：今天，我们比历史上任何时期都更接近、更有信心和能力实现中华民族伟大复兴的目标。党的十九大报告进一步规划了实现中国梦的路线图和时间表。中国特色社会主义新时代，是中华民族伟大复兴中国梦终将实现的时代。我们要以永不懈怠的精神状态和一往无前的奋斗姿态，继续朝着实现中华民族伟大复兴的宏伟目标奋勇前进。

（五）国际地位：我国日益走近世界舞台中央，不断为人类作出更大贡献的时代

把中国放在世界大局中看，中国特色社会主义新时代是我国日益走近世界舞台中央，不断为人类做出更大贡献的时代。这一论述回答了新时代的中国处于什么样的国际地位、要对人类社会作出什么样的贡献的问题。

党指出，中国共产党是为中国人民谋幸福的政党，也是为人类进步事业而奋斗的政党。中国共产党始终把为人类作出新的更大的贡献作为自己的使命。

很多年前，我国学者梁漱溟曾问："中国以什么贡献世界？"今天，中国共产党以自己的实践给出了答案。一是生存性贡献。我们以占世界7%的耕地养活了14亿多人口，这本身就是中国对世界作出的巨大贡献。特别是，党的十八大以来，我国坚持精准扶贫、尽锐出战，打赢了人类历史上规模最大的脱贫攻坚战，全国832个贫困县全部摘帽，近一亿农村贫困人口实现易地搬迁，历史性地解决了绝对贫困问题，为全球减贫事业作出了重大贡献。二是制度性贡献。党领导人民成功走出中国式现代化道路，创造了人类文明新形态，拓展了发展中国家走向现代化的途径，给世界上那些既希望加快发展又希望保持自身独立性的国家和民族提供了全新选择。同时也为困于内在缺陷和面

临种种问题的西方社会提供了重要启示。三是发展性贡献。中国的对外开放、中国倡导的"一带一路"倡议、中国对世界经济的拉动、中国履行的国际责任，毫无疑问让世界分享了中国发展成果，中国的发展不仅有利于自己，也使世界受益。四是和平性贡献。中国共产党一直以维护世界和平为己任，坚持和平发展道路，推动构建人类命运共同体。我们积极参与全球治理，维护国际公平正义，致力于推动建设持久和平、普遍安全、共同繁荣、开放包容、清洁美丽的世界。

中国特色社会主义新时代，将是中国日益走近世界舞台中央，承担更多国际责任，积极参与全球治理，不断为人类作出更大贡献的时代。

中国特色社会主义强盛起来、现代化国家强大起来、全体人民共同富裕起来、国家富强民族振兴起来、中国在世界强盛起来，这就是中国特色社会主义新时代的科学内涵。

三、新时代的意义

中国特色社会主义进入新时代，在中华人民共和国发展史上、中华民族发展史上具有重大意义，在世界社会主义发展史上、人类社会发展史上都具有重大意义。

（一）中国特色社会主义进入新时代，意味着近代以来久经磨难的中华民族迎来了从站起来、富起来到强起来的伟大飞跃，迎来了实现中华民族伟大复兴的光明前景

从 1840 年鸦片战争以来，我们当前所处的时代，是最接近中华民族伟大复兴的时代。180 多年来，一代代中华民族的先进分子、志士仁人为实现中华民族伟大复兴前仆后继、接续奋斗。中国共产党一经成立，就义无反顾肩负起实现中华民族伟大复兴的历史使命，团结带领人民进行了艰苦卓绝的斗争，谱写了气吞山河的壮丽史诗。党领导的新民主主义革命和社会主义革命的胜利，结束了近代中国任列强欺凌的屈辱历史和四分五裂的状态，实现中华民族的解放独立，初步建

立社会主义国家，使中国人民"站起来"。

党的十一届三中全会以来，党合乎时代潮流、顺应人民意愿，勇于改革开放，为中国特色社会主义注入强大动力。党团结带领人民进行改革开放新的伟大革命，破除阻碍发展的一切思想和体制障碍，开辟了中国特色社会主义道路，使中国大踏步赶上时代。经过四十多年的快速发展，我国已成为世界第二大经济体，正在高质量发展的基础上实现由富到强的历史跨越。

中国特色社会主义进入新时代，党的历史使命就是在站起来、富起来的基础上，进一步实现中华民族伟大复兴的中国梦，实现"强起来"的伟大飞跃。

中国特色社会主义进入新时代，在中华人民共和国发展史上、中华民族发展史上具有重大意义。对我们的国家而言，这是创造人类社会发展史上惊天动地的发展奇迹的时代，是在全面建成小康社会基础上全面建设社会主义现代化强国的时代。对我们的民族而言，这是使具有5000多年文明历史的中华民族全面迈向中国式现代化的时代，是让中华文明在现代化进程中焕发出新的蓬勃生机的时代，是实现中华民族伟大复兴中国梦的时代。

（二）中国特色社会主义进入新时代，意味着科学社会主义在二十一世纪的中国焕发出强大生机活力，在世界上高高举起了中国特色社会主义伟大旗帜

中国特色社会主义不是从天上掉下来的，是党和人民历尽千辛万苦、付出各种代价取得的根本成就。中国特色社会主义是在改革开放新时期开创的，也是建立在我们党多年长期奋斗基础上的，而其思想、理论和实践的源头，则可追溯到更远。从提出社会主义思想到现在，已经有五百年时间，经过了从空想到科学、从理论到实践、从一国实践到多国、从挫折到复兴发展的过程。

2013年1月5日，习近平总书记在新进中央委员会的委员、候补委员学习贯彻党的十八大精神研讨班上的讲话中，分六个时间段对社会主义五百年的历史进行了系统回顾和梳理，这六个时间段分别是：

空想社会主义产生和发展，马克思、恩格斯创立科学社会主义理论体系，列宁领导十月革命胜利并实践社会主义，苏联模式逐步形成，新中国成立后我们党对社会主义的探索和实践，我们党作出进行改革开放的历史性决策、开创和发展中国特色社会主义。这六个时间段，完整展现了中国特色社会主义的历史渊源和发展进程。

科学社会主义理论建立在马克思恩格斯发现的人类历史发展规律基础上，顺应了时代潮流和人民群众的需要，在这一理论指导下的实践极大地推动了世界变革和人类发展进步。二十世纪八九十年代，苏联解体、东欧剧变，曾经引起人们对科学社会主义的动摇、质疑、否定，一些西方政治家和学者甚至断言"历史的终结"，认为科学社会主义终结了，中国特色社会主义也遇到空前挑战[①]。面对挑战，邓小平同志指出：我坚信，世界上赞成马克思主义的人会多起来的，因为马克思主义是科学。一些国家出现严重曲折，社会主义好像被削弱了，但人民经受锻炼，从中吸收教训，将促使社会主义向着更加健康的方向发展。因此，不要惊慌失措，不要认为马克思主义就消失了，没用了，失败了。哪有这回事！[②] 上世纪九十年代以来中国特色社会主义取得的巨大成就，特别是党的十八大以来的历史性变革，证明了邓小平同志的科学论断。中国是世界上最大的社会主义国家，中国特色社会主义建设所取得的世界性、历史性成就，有力证明了科学社会主义在中国和世界的强大生命力，证明了中国特色社会主义的强大生机活力。

中国特色社会主义进入新时代，在世界社会主义发展史上具有重大意义。它以无可辩驳的事实证明了科学社会主义理论的真理性、社会主义道路的高度现实性和可行性、社会主义制度的优越性、社会主义文化的先进性。中国特色社会主义伟大旗帜正在世界上高高扬起，已经并正在证明科学社会主义的强大生命力！

---

① 《新时代孕育新使命　新使命托起新时代》，紫光阁网，http：//www.zgg.org.cn/xwdd/201710/t20171025_669801.html，2017 年 10 月 25 日。

② 《邓小平文选》第 3 卷，人民出版社 1993 年版，第 382～383 页。

（三）中国特色社会主义进入新时代，意味着中国特色社会主义道路、理论、制度、文化不断发展，拓展了发展中国家走向现代化的途径，给世界上那些既希望加快发展又希望保持自身独立性的国家和民族提供了全新选择，为解决人类问题贡献了中国智慧和中国方案

1956 年 11 月，毛泽东同志在《纪念孙中山先生》一文中曾指出："中国应当对于人类有较大的贡献。而这种贡献，在过去一个长时期内，则是太少了。这使我们感到惭愧。"[1] 一代又一代的中国共产党人带领中国人民，不懈努力，历经千辛万苦，逐渐摆脱贫穷落后，在改革开放加快自身发展的过程中，又坚持了独立自主，成功保持了国家和民族独立性，不仅有力地回击了那些认为现代必然是西方化、资本主义化的习惯看法和习惯势力，而且树立了中国特色社会主义的道路自信、理论自信、制度自信和文化自信，并让发展中国家从中国的发展中，看到了独立自主实现国家富强、社会发展的前途和希望[2]。习近平总书记曾谈到 1985 年 4 月邓小平同志说的一段话："现在我们干的是中国几千年来从未干过的事。这场改革不仅影响中国，而且会影响世界。"

实现现代化是当代世界的潮流，世界各国特别是发展中国家，都希望能够进入现代化的行列。但是，发展中国家在实现现代化的问题上，面临着各种各样的难题和考验。中国作为世界上最大的发展中国家，对怎样实现现代化，怎样建成一个社会主义现代化国家的实践探索、经验成果，为广大发展中国家提供了中国智慧、中国方案。

世界银行的研究表明，不少国家在现代化的过程中陷入"中等收入陷阱"。原因是什么？2006 年《东亚经济报告》给出一个解释：当一个国家人均 GDP 达到 3000 美元特别是达到 6000 美元进入中等收入国家后，由于各种原因无法推动经济发展方式转变、社会结构转型、

---

① 《毛泽东文集》第 7 卷，人民出版社 1999 年版，第 157 页。

② 《新时代孕育新使命 新使命托起新时代》，紫光阁网，http：//www. zgg. org. cn/xwdd/201710/t20171025_669801. html，2017 年 10 月 25 日。

政治体制转化，经济增长出现乏力，人均 GDP 长期甚至几十年徘徊在6000 美元左右，由此掉入"中等收入陷阱"。这里的"各种原因"是什么原因？其中一个重要原因是依附于西方发展，经济、技术上依赖发达国家，甚至制度上模仿西方，走不出一条自己的道路。其中拉美国家最典型，阿根廷 1964 年、智利 1971 年、墨西哥 1983 年进入中等收入阶段，几十年未走出这个阶段。他们的政策共同点是贸易自由化、放松外资管制、国有企业全面私有化，模仿西方道路。东亚、中东北非一些国家也是这样。冷战结束后，不少国家被迫采纳了西方模式，结果党争纷起、社会动荡、人民流离失所，至今都难以稳定。

上世纪 60 年代，拉美学者也提出了依赖理论，试图解释落后国家走向现代化进程中遇到的困境。它将世界划分为先进的中心国家与较落后的边陲国家，后者在世界体系中的地位使之受到中心国的盘剥，故得不到发展，或产生腐败等弊病。

中国特色社会主义，作为一种新的现代化方案，打破了西方对于现代化道路解释权的垄断，把世界的现代化道路从单选题变成了多选题，给发展中国家带来新的选择。我们也注意到，这些年来，中国特色社会主义越来越受到世界上一些国家和政党的青睐，越来越多的国家和政党派人到中国学习考察，也有越来越多的国外学者和政治家关注和研究中国。

肇始于西方的现代化，在历史上推动了人类的文明进步，但西方发展道路的弊端日益显现出来，中国特色社会主义为克服这些弊端走出现代化新路提供了有益借鉴。譬如，针对西方工业化进程中带来的环境污染、资源枯竭等问题，我们提出社会主义生态文明观，强调形成人与自然和谐发展的现代化建设新格局；针对西方市场经济带来的经济危机等弊端，我们提出使市场在资源配置中发挥决定性作用和更好发挥政府作用，着力构建市场机制有效、微观主体有活力、宏观调控有度的经济体制；针对西方民主政治运行中出现的民粹主义等问题，我们强调协商民主、民主集中制；针对西方过度倡导多元文化导致的种种社会乱象，我们强调加强意识形态工作，培育和践行社会主义核心价值观，铸牢民族共同体意识；针对西方历史上靠对外扩张掠夺推进现代化的老路，我们提出和平发展新路。

针对人类面临的共同挑战，我们提出各国人民同心协力，构建人类命运共同体，建设持久和平、普遍安全、共同繁荣、开放包容、清洁美丽的世界。倡导相互尊重、平等协商，坚决摒弃冷战思维和强权政治，走对话而不对抗、结伴而不结盟的国与国交往新路。倡导坚持以对话解决争端、以协商化解分歧，统筹应对传统和非传统安全威胁，反对一切形式的恐怖主义。倡导同舟共济，促进贸易和投资自由化便利化，推动经济全球化朝着更加开放、包容、普惠、平衡、共赢的方向发展。倡导尊重世界文明多样性，以文明交流超越文明隔阂、文明互鉴超越文明冲突、文明共存超越文明优越。倡导坚持环境友好，合作应对气候变化，保护好人类赖以生存的地球家园。我们积极推进"一带一路"建设，推动全球治理体制变革，提出并践行和平、发展、公平、正义、民主、自由的共同价值观。

中国特色社会主义进入新时代，在世界社会主义发展史上具有重大意义。它为发展中国家走向现代化提供了新的道路选择，为走向困境的现代文明迎来转机提供了新的借鉴，为解决人类共同面对的问题向世界贡献了中国智慧和中国方案。

中国特色社会主义进入新时代。我们要紧密团结在以习近平同志为核心的党中央周围，高举中国特色社会主义伟大旗帜，以马克思列宁主义、毛泽东思想、邓小平理论、"三个代表"重要思想、科学发展观、习近平新时代中国特色社会主义思想为指导，锐意进取，埋头苦干，为实现推进现代化建设、完成祖国统一、维护世界和平与促进共同发展三大历史任务，为全面建成社会主义现代化强国、实现中华民族伟大复兴的中国梦、实现人民对美好生活的向往继续奋斗！

第二章 坚持和发展中国特色社会主义是当代中国的鲜明主题

道路问题是关系党的事业兴衰成败第一位的问题。我们党和人民在长期实践探索中，坚持独立自主走自己的路，取得革命、建设、改革伟大胜利，开创和发展了中国特色社会主义，从根本上改变了中国人民和中华民族的前途命运。中国特色社会主义，是中国共产党和中国人民团结的旗帜、奋进的旗帜、胜利的旗帜，是当代中国发展进步的根本方向，是实现中华民族伟大复兴的必由之路。习近平新时代中国特色社会主义思想的核心是坚持和发展中国特色社会主义。坚持和发展中国特色社会主义是党的十八大以来，以习近平同志为核心的党中央理论和伟大实践的鲜明主题。

一、中国特色社会主义的科学内涵

中国特色社会主义是科学社会主义理论逻辑和中国社会发展历史逻辑的辩证统一，是既坚持科学社会主义基本原则，又具有鲜明实践特色、理论特色、民族特色、时代特色的社会主义，是中国特色社会主义道路、理论、制度、文化"四位一体"的社会主义，是统揽伟大斗争、伟大工程、伟大事业、伟大梦想的社会主义，是根植于中国大地、反映中国人民意愿、适应中国和时代发展进步要求的社会主义。

（一）中国特色社会主义是党和人民长期实践取得的根本成就

以毛泽东同志为主要代表的中国共产党人，为开创中国特色社会主义提供了宝贵经验、理论准备、物质基础。以邓小平同志为主要代表的中国共产党人，成功开创了中国特色社会主义。以江泽民同志为主要代表的中国共产党人，成功把中国特色社会主义推向 21 世纪。以胡锦涛同志为主要代表的中国共产党人，成功在新的历史起点上坚持和发展了中国特色社会主义。党的十八大以来，以习近平同志为核心的党中央创立了习近平新时代中国特色社会主义思想，提出了新时代坚持和发展中国特色社会主义的基本方略，确定了决胜全面建成小康社会、开启全面建设社会主义现代化强国新征程的目标，对新时代推进中国特色社会主义伟大事业和党的建设新的伟大工程作出了全面部署。

以 1978 年党的十一届三中全会为标志，中国的社会主义建设，有改革开放前和改革开放后两个历史阶段。这是两个相互联系又有重大区别的历史时期，但本质上都是我们党领导人民进行社会主义建设的实践探索，都是为了实现国家繁荣富强和人民共同富裕。改革开放前的探索过程中虽然经历了严重曲折，但取得的独创性理论成果和巨大成就，为改革开放历史新时期开创中国特色社会主义提供了宝贵经验、理论准备和物质基础。中国特色社会主义是以改革开放为标志开创的，也是在新中国已经建立起社会主义基本制度并进行了 20 多年建设的基础上开创的。没有改革开放，社会主义中国就不可能有今天这样大好的局面；没有改革开放前的探索实践，改革开放也很难顺利推进。一切用前一时期否定后一时期或用后一时期否定前一时期的观点，都是错误的、有害的。

中国特色社会主义是由我们党的几代中央领导集体团结带领全党全国人民历经千辛万苦、付出各种代价、接力探索取得的，承载着几代中国共产党人的理想和探索，寄托着无数仁人志士的夙愿和期盼，凝聚着亿万人民的奋斗和牺牲，是近代以来中国社会发展的必然选择。我们党紧紧依靠人民，从根本上改变了中国人民和中华民族的前途命运，不可逆转地结束了近代以后中国内忧外患、积贫积弱的悲惨命运，不可逆转地开启了中华民族不断发展壮大、走向伟大复兴的历史进军，使具有5000多年文明历史的中华民族以崭新的姿态屹立于世界民族之林，是发展中国、稳定中国、实现中华民族伟大复兴中国梦的必由之路。历史和现实都告诉我们，只有社会主义才能救中国，只有中国特色社会主义才能发展中国，这是历史的结论、人民的选择。随着中国特色社会主义不断发展，我们的制度必将越来越成熟，我国社会主义制度的优越性必将进一步显现，我们的道路必将越走越宽广。

（二）中国特色社会主义是既坚持科学社会主义基本原则，又具有鲜明实践特色、理论特色、民族特色、时代特色的社会主义

中国特色社会主义是社会主义而不是其他什么主义。习近平总书记指出："我们党始终强调，中国特色社会主义，既坚持了科学社会主义基本原则，又根据时代条件赋予其鲜明的中国特色。这就是说，中国特色社会主义是社会主义，不是别的什么主义。"① 一个国家实行什么样的主义，关键要看这个主义能否解决这个国家面临的历史性课题。找到一条好的道路不容易，走好这条道路更不容易。过去，我们照搬过本本，也模仿过别人，有过迷茫，也有过挫折，一次次碰壁、一次次觉醒，一次次实践、一次次突破，最终走出了一条中国特色社会主义成功之路。中国特色社会主义这条道路，我们看准了、认定了，必须坚定不移走下去。要始终保持清醒坚定，保持强大前进定力，既不走封闭僵化的老路，也不走改旗易帜的邪路，不为任何风险所惧，不为任何干扰所惑，真正做到"千磨万击还坚劲，任尔东西南北风"。

中国特色社会主义，既坚持了科学社会主义基本原则，又为社会主义赋予了新的丰富内涵，形成了一套"中国特色"的社会主义理论，走出了一条"中国特色"的社会主义道路，建立了一套"中国特色"的社会主义制度，丰富了鲜明的"中国特色"社会主义文化内涵。坚持和发展中国特色社会主义应保持一种历史、开放、发展的视角和心态，把中国特色社会主义放在中国和世界历史的长河中进行定位和考察。

---

① 《十八大以来重要文献选编》（上），中央文献出版社2014年版，第109页。

中国特色社会主义是中国共产党和中国人民团结的旗帜、奋进的旗帜、胜利的旗帜。我们要在全面建成小康社会基础上全面建设社会主义现代化国家、实现中华民族伟大复兴，必须始终高举中国特色社会主义伟大旗帜，坚定不移坚持和发展中国特色社会主义。

（三）中国特色社会主义是道路、理论、制度、文化"四位一体"的社会主义

道路、理论体系、制度、文化，是中国特色社会主义的四根支柱。道路关乎党的命脉，关乎国家前途、民族命运。中国特色社会主义道路，以经济建设为中心，坚持四项基本原则，坚持改革开放，是发展中国、稳定中国，通往复兴梦想的康庄大道，实现社会主义现代化的必由之路。理论体系深刻揭示社会主义建设规律、共产党执政规律、人类社会发展规律，反映实践要求，推进理论创新。中国特色社会主义理论体系，为国家富强、民族振兴、人民幸福提供科学指导和行动指南，是当代中国的马克思主义。制度具有根本性、全局性、稳定性和长期性，是国家兴旺发达、长治久安的政治基础。中国特色社会主义制度，把根本政治制度、基本政治制度同基本经济制度以及各方面体制机制等具体制度有机结合起来，是实现社会主义现代化和中华民族伟大复兴的根本保障。文化是民族生存和发展的重要力量。中国特色社会主义文化，以中华优秀传统文化为根基，以马克思主义为指导，以社会主义核心价值观为灵魂，以社会主义先进文化为主体内容和本质特征，吸收人类文化的优秀成果，是中华民族伟大复兴的强大精神动力。

道路、理论体系、制度、文化，确立了中国特色社会主义基石。"四位一体"的提出，凝结着改革开放以来党坚持和发展中国特色社会主义的宝贵经验，特别是凝结着党的十八大以来以习近平同志为核心的党中央全面推进中国特色社会主义新发展的思想与实践结晶。

"四位一体"贯穿于实现中国梦的整个过程，为实现这一目标提供了实现途径、行动指南、制度保障、精神动力。坚持中国特色社会主义道路，就要既不走封闭僵化的老路，也不走改旗易帜的邪路，始

终不偏离正确方向。只要我们在改革创新中巩固拓展这条道路，中国道路就必将越走越宽广。坚持中国特色社会主义理论体系，就要运用马克思主义基本原理创造性地解决前进中的问题，努力提高党领导伟大事业、进行伟大斗争、推进伟大工程的能力水平。坚持中国特色社会主义制度，就要不断推进国家治理体系和治理能力现代化，让制度更加成熟定型，让发展更有质量，让治理更有水平，让人民更有获得感。坚持中国特色社会主义文化，必须高扬理想旗帜，强化全党全民族的精神追求，增强国家文化软实力，建设社会主义文化强国，以文化复兴助推民族复兴。

（四）中国特色社会主义是统揽伟大斗争、伟大工程、伟大事业、伟大梦想的社会主义

实现中华民族伟大复兴中国梦，要求进行伟大斗争、建设伟大工程、推进伟大事业。进行伟大斗争，需要有伟大的党；党的建设搞好了，才能推进伟大事业；伟大事业办成了，才能实现伟大梦想。伟大斗争，伟大工程，伟大事业，伟大梦想，紧密联系、相互贯通、相互作用，构成了中国特色社会主义的实践逻辑。

实现伟大梦想，必须进行伟大斗争。我们党要团结带领人民有效应对重大挑战、抵御重大风险、克服重大阻力、解决重大矛盾，必须进行具有许多新的历史特点的伟大斗争，任何贪图享受、消极懈怠、回避矛盾的思想和行为都是错误的。实现伟大梦想，必须建设伟大工程。这个伟大工程就是我们党正在深入推进的党的建设新的伟大工程。我们党要始终成为时代先锋、民族脊梁，始终成为马克思主义执政党，自身必须始终过硬。全党要更加自觉地坚定党性原则，勇于直面问题，敢于刮骨疗毒，消除一切损害党的先进性和纯洁性的因素，清除一切侵蚀党的健康肌体的病毒，不断增强党的政治领导力、思想引领力、群众组织力、社会号召力，确保我们党永葆旺盛生命力和强大战斗力。实现伟大梦想，必须推进伟大事业。中国特色社会主义是改革开放以来党的全部理论和实践的主题，是党和人民历尽千辛万苦、付出巨大代价取得的根本成就。我们要更加自觉地增强道路自信、理论自信、

制度自信、文化自信，既不走封闭僵化的老路，也不走改旗易帜的邪路，保持政治定力，坚持实干兴邦，始终坚持和发展中国特色社会主义。

进行伟大斗争、建设伟大工程、推进伟大事业，共同构成了实现伟大梦想总目标的战略支撑。进行伟大斗争、建设伟大工程、推进伟大事业，归根结底就是要实现伟大梦想。在新的历史起点上，实现中华民族伟大复兴的中国梦，既需要攻坚克难进行具有许多新的历史特点的伟大斗争这样的精神状态和锐利武器以提供强大动力，也需要毫不动摇推进党的建设新的伟大工程打造坚强领导主体力量以提供组织保证，还需要坚定不移推进中国特色社会主义伟大事业以确保改革和发展的正确方向和道路。进行伟大斗争、建设伟大工程、推进伟大事业，共同托起实现社会主义现代化和民族复兴中国梦的伟大梦想。①

中国共产党人探索和开创的中国特色社会主义，在中国这样一个经济文化比较落后的东方大国，既坚持了科学社会主义基本原则，又根据时代条件赋予其鲜明的中国特色，从历史与未来、理论和实践的结合上系统回答了建设什么样的社会主义、怎样建设社会主义这个根本问题。新中国成立 70 多年特别是改革开放 40 多年来，我国经济社会的快速发展，人民生活水平的显著提高，国际地位的大幅提升，最根本的原因，就是中国共产党带领人民在建设什么样的社会主义、怎样建设社会主义这个根本问题上，交出了出色的答卷。

二、坚持和发展中国特色社会主义是改革开放以来党的全部理论和实践的主题

2017 年 7 月，习近平总书记在省部级主要领导干部"学习习近平总书记重要讲话精神，迎接党的十九大"专题研讨班上的重要讲话强调，中国特色社会主义是改革开放以来党的全部理论和实践的主题，全党必须高举中国特色社会主义伟大旗帜，牢固树立中国特色社会主

---

① 《论"四个伟大"》，载于《学习时报》2017 年 8 月 9 日。

义道路自信、理论自信、制度自信、文化自信，确保党和国家事业始终沿着正确方向胜利前进。党的二十大报告更是号召全党：高举中国特色社会主义伟大旗帜，为全面建设社会主义现代化国家而团结奋斗。

（一）坚持和发展中国特色社会主义是贯穿于改革开放以来的全部历史过程

改革开放和现代化建设的过程，就是党带领人民不断推进中国特色社会主义事业发展的过程。从党的十二大提出"有中国特色的社会主义"开始，中国共产党始终坚定不移地走中国特色社会主义道路，从理论和实践的结合上，不断深化对中国特色社会主义的认识，推动党和国家事业从胜利走向新的胜利。

1982 年党的十二大上，邓小平同志在开幕词中指出："把马克思主义的普遍真理同我国的具体实际结合起来，走自己的道路，建设有中国特色的社会主义，这就是我们总结长期历史经验得出的基本结论。"这是我们党首次提出"有中国特色的社会主义"的概念。

党的十二大以后，邓小平同志反复强调："我们搞的现代化，是中国式的现代化。我们建设的社会主义，是有中国特色的社会主义。"[1] 1987 年 10 月召开的党的十三大，报告主题就是《沿着有中国特色的社会主义道路前进》，在报告中使用了"有中国特色的社会主义理论""有中国特色的社会主义的实践""有中国特色的社会主义的基本路线""有中国特色的社会主义民主政治""有中国特色的社会主义的宏伟事业"等概念，充实了"有中国特色的社会主义"的内涵。党的十三大指出，十一届三中全会以来找到的建设有中国特色社会主义道路，是马克思主义与中国实践相结合的过程中，继找到中国新民主主义革命道路、实现第一次历史性飞跃之后的第二次历史性飞跃，开辟了社会主义建设的新阶段，"是指引我们事业前进的伟大旗帜"。

---

[1] 中共中央文献研究室：《邓小平年谱（1975-1997）》（下），中央文献出版社 2004 年版，第 914 页。

报告还明确了建设有中国特色的社会主义的基本路线，即"一个中心、两个基本点"；勾勒出建设有中国特色的社会主义理论的轮廓，初步回答了我国社会主义建设的阶段、任务、动力、条件、布局和国际环境等基本问题。

1992 年年初，邓小平同志视察南方，就坚定不移地贯彻执行党的基本路线，坚持走有中国特色的社会主义道路，抓住有利时机，加快改革开放步伐，集中精力把经济建设搞上去等一系列重大问题，发表了重要谈话，深刻回答了长期束缚人们思想的许多重大认识问题，把改革开放和现代化建设推进到了新阶段。1992 年党的十四大报告，以《加快改革开放和现代化建设步伐，夺取有中国特色社会主义事业的更大胜利》为题，对邓小平建设有中国特色社会主义的理论作了新的概括，确立其在全党的指导地位，并把这个理论和党的基本路线写进党章。党的十四大报告从社会主义的发展道路、发展阶段、根本任务、发展动力等十个方面，系统阐述了建设有中国特色社会主义理论的主要内容。报告提出，"要在九十年代把有中国特色社会主义的伟大事业推向前进，最根本的是坚持党的基本路线，加快改革开放，集中精力把经济建设搞上去。同时，要围绕经济建设这个中心，加强社会主义民主法制和精神文明建设，促进社会全面进步。"

1997 年党的十五大报告题为《高举邓小平理论伟大旗帜，把建设有中国特色社会主义事业全面推向二十一世纪》，大会将"建设有中国特色社会主义理论"称为"邓小平理论"，并确立为党的指导思想。党的十五大进一步明确了什么是社会主义初级阶段有中国特色社会主义的经济、政治和文化，怎样建设这样的经济、政治和文化等问题，提出了党在社会主义初级阶段的基本纲领，规划了跨世纪发展的奋斗目标和任务。大会要求，全党要毫不动摇地坚持党在社会主义初级阶段的基本路线，把以经济建设为中心同四项基本原则、改革开放这两个基本点统一于建设有中国特色社会主义的伟大实践。

2002 年党的十六大报告主题为《全面建设小康社会，开创中国特色社会主义事业新局面》，正式将"有中国特色社会主义"改为"中国特色社会主义"。大会把"三个代表"重要思想写入党章并作为党必须长期坚持的指导思想，丰富了中国特色社会主义理论。党的十六大报告科学总结了改革开放以来特别是十三届四中全会以来党带领人民建设中国特色社会主义的基本经验，明确提出了党在新世纪头20年的奋斗目标和推进各方面工作的方针政策，深刻回答了关系党和国家长远发展的一系列重大问题，对建设中国特色社会主义经济、政治、文化和党的建设等各项工作作出全面部署。

2007年党的十七大报告题为《高举中国特色社会主义伟大旗帜，为夺取全面建设小康社会新胜利而奋斗》，深刻论述了科学发展观的科学内涵、精神实质和根本要求，概括了中国特色社会主义道路的基本内涵，提出了"中国特色社会主义理论体系"这一科学概念。中国特色社会主义理论体系，就是包括邓小平理论、"三个代表"重要思想以及科学发展观等重大战略思想在内的科学理论体系，是马克思主义中国化最新成果。报告指出，解放思想是发展中国特色社会主义的一大法宝，改革开放是发展中国特色社会主义的强大动力，科学发展、社会和谐是发展中国特色社会主义的基本要求。党的十七大将经济、政治、文化、社会建设"四位一体"作为中国特色社会主义事业总体布局写入党章，并对推进改革开放和社会主义现代化建设、实现全面建设小康社会宏伟目标作出全面部署。

2012年党的十八大报告题为《坚定不移沿着中国特色社会主义道路前进，为全面建成小康社会而奋斗》，对中国特色社会主义道路、中国特色社会主义理论体系、中国特色社会主义制度内涵作了深刻阐述。报告指出，中国特色社会主义道路是实现途径，中国特色社会主义理论体系是行动指南，中国特色社会主义制度是根本保障，三者统一于中国特色社会主义伟大实践。此次大会修改的党章，明确科学发展观"是发展中国特色社会主义必须坚持和贯彻的指导思想"。党的十八大描绘了全面建成小康社会、加快推进社会主义现代化的宏伟蓝图，对社会主义经济建设、政治建设、文化建设、社会建设、生态文明建设作出全面部署。报告还强调，"把生态文明建设放在突

出地位，融入经济建设、政治建设、文化建设、社会建设各方面和
全过程"，使中国特色社会主义事业总体布局由"四位一体"发展
为"五位一体"。

经过多年的努力，我们党丰富发展了中国特色社会主义的基本内
涵，从中国特色社会主义道路到中国特色社会主义理论体系，再到中
国特色社会主义制度，再到中国特色社会主义文化；丰富发展了中国
特色社会主义的基本领域，从社会主义市场经济、社会主义民主政治、
社会主义先进文化到社会主义和谐社会，再到社会主义生态文明；丰
富发展了社会主义的现代化的基本形态，从工业现代化、农业现代
化、科技现代化、国防现代化到国家治理体系和治理能力现代化。
中国特色社会主义创立以来，一代一代的中国共产党人高举这面旗
帜不动摇、坚持这条道路不改变，中国特色社会主义充满生机、富
于活力。

（二）坚持和发展中国特色社会主义是十八大以来党治国理政理
论和实践的主题

党的十八大以来，以习近平同志为核心的党中央科学把握当今世
界和当代中国的发展大势，形成了一系列治国理政新理念新思想新战
略，为中国特色社会主义理论体系注入了时代精神和新的内涵，引领
党和国家事业发生历史性变革，开创了中国特色社会主义事业崭新局
面，推动中国特色社会主义进入新的发展阶段。

2012 年 11 月党的十八大庄严宣示：坚定不移沿着中国特色社会
主义道路前进，为全面建成小康社会而奋斗。党的十九大号召全党决
胜全面建成小康社会，夺取新时代中国特色社会主义伟大胜利。党的
二十大要求全党高举中国特色社会主义伟大旗帜，为全面建设社会主
义现代化国家而团结奋斗。这三次党的代表大会的主题和宗旨都是
坚持和发展中国特色社会主义。对此，2013 年 1 月 5 日，习近平总
书记在新进中央委员会的委员、候补委员学习贯彻党的十八大精神
研讨班开班式上指出："历史和现实都告诉我们，只有社会主义才能
救中国，只有中国特色社会主义才能发展中国，这是历史的结论、人

民的选择。"① "坚持和发展中国特色社会主义是一篇大文章,邓小平同志为它确定了基本思路和基本原则,以江泽民同志为核心的党的第三代中央领导集体、以胡锦涛同志为总书记的党中央在这篇大文章上都写下了精彩的篇章。现在,我们这一代共产党人的任务,就是继续把这篇大文章写下去。"②

一是为中国特色社会主义追根溯源。习近平总书记从社会主义500年历史、中华民族5000年历史的宏大视野中为中国特色社会主义寻根定位。2013年3月17日,习近平总书记在第十二届全国人民代表大会第一次会议上强调,中国特色社会主义"是在对中华民族5000多年悠久文明的传承中走出来的,具有深厚的历史渊源和广泛的现实基础。"③ 二是强调在中国特色社会主义道路上实现中华民族伟大复兴。2013年3月17日,习近平总书记在第十二届全国人民代表大会第一次会议上指出,"实现中国梦必须走中国道路。这就是中国特色社会主义道路。"④ 三是树立"四个自信",坚持中国特色社会主义道路、理论体系、制度、文化。2016年7月1日,习近平总书记在庆祝中国共产党成立95周年大会上明确提出,"全党要坚定道路自信、理论自信、制度自信、文化自信"⑤,从"三个自信"拓展为"四个自信",并且强调,"文化自信,是更基础、更广泛、更深厚的自信。"⑥ 党的十八届六中全会又明确提出,要坚持中国特色社会主义道路、理论体系、制度、文化,拓展了中国特色社会主义基本内涵和基本结构。四是统筹推进"五位一体"总体布局,协调推进"四个全面"战略布局。"五位一体",就是中国特色社会主义经济、政治、文化、社会、生态文明的全面发展、全面进步;"四个全面",也就是全面建成小康社会(2020年10月,党的十九届五中全会将"全面建设小康社会"

---

① 《习近平谈治国理政》第1卷,外文出版社2014年版,第22页。
② 《习近平谈治国理政》第1卷,外文出版社2014年版,第23页。
③ 《习近平谈治国理政》第1卷,外文出版社2014年版,第39~40页。
④ 《习近平谈治国理政》第1卷,外文出版社2014年版,第39页。
⑤⑥ 《习近平谈治国理政》第2卷,外文出版社2017年版,第36页。

调整为"全面建设社会主义现代化国家")、全面深化改革、全面依法治国、全面从严治党，表明了新形势下坚持和发展中国特色社会主义的战略目标、战略重点。

党的十八大以来，党和国家事业发生历史性变革。以习近平同志为核心的党中央，科学把握当今世界和当代中国的发展大势，顺应实践要求和人民愿望，推出一系列重大战略举措，出台一系列重大方针政策，推进一系列重大工作，解决了许多长期想解决而没有解决的难题，办成了许多过去想办而没有办成的大事，把中国特色社会主义推进到新时代。

（三）坚持和发展中国特色社会主义是习近平新时代中国特色社会主义思想的核心要义

党的十九大和二十大，在新的历史起点上提出了新的思路、新的战略、新的举措，激励全党全国各族人民继续统筹推进"五位一体"总体布局、协调推进"四个全面"战略布局，夺取全面建设社会主义现代化国家伟大胜利，为实现中华民族伟大复兴的中国梦不懈奋斗。全面贯彻落实党的十八大、十九大、二十大精神，从根本上说，就是要坚持和发展中国特色社会主义，不断夺取新时代中国特色社会主义事业新胜利。

新时代党的伟大理论创新，是习近平新时代中国特色社会主义思想。习近平新时代中国特色社会主义思想既是在科学总结我们党领导人民探索、开创和发展中国特色社会主义的全部实践经验的基础上形成的，同时也是在深刻把握世情国情党情的深刻变化、科学分析在新的历史条件下坚持和发展中国特色社会主义客观需要的基础上形成的。在新的历史条件下坚持和发展中国特色社会主义所面临的新形势新任务新要求，是习近平新时代中国特色社会主义思想形成的现实依据。

习近平新时代中国特色社会主义思想紧紧围绕坚持和发展中国特色社会主义这一根本主题和主线而展开，形成了一个博大精深的科学体系。就其主要内容而言，包括主题主线、奋斗目标、战略布局、发展理念、总体布局、强军战略、国际战略、价值立场等。坚持和发展中国特色社会主义既是习近平新时代中国特色社会主义思想的重要内容，又是贯穿于习近平新时代中国特色社会主义思想全部内容的一条主线。第一，习近平新时代中国特色社会主义思想之奋斗目标。习近平新时代中国特色社会主义思想之奋斗目标，即实现"两个一百年"奋斗目标和中华民族伟大复兴的中国梦。这既是以习近平同志为核心的党中央治国理政的目标追求，也是坚持和发展中国特色社会主义的宏伟目标。第二，习近平新时代中国特色社会主义思想之战略布局。习近平新时代中国特色社会主义思想之战略布局，即"四个全面"：全面建成小康社会（2020年10月，党的十九届五中全会将"全面建设小康社会"调整为"全面建设社会主义现代化国家"）、全面深化改革、全面依法治国、全面从严治党。"四个全面"是新的历史条件下如何坚持和发展中国特色社会主义的战略谋划，是我们党在新形势下治国理政的总方略，是事关党和国家长远发展的总战略。第三，习近平新时代中国特色社会主义思想之发展理念。习近平新时代中国特色社会主义思想之发展理念，即创新、协调、绿色、开放、共享，以及统筹安全与发展。这是中国共产党发展理论的一次重大升华。新发展理念是在深刻总结国内外发展经验教训和深刻分析国内外发展大势的基础上形成的，也是针对我国发展中的突出矛盾和问题提出来的，是在新的历史条件下坚持和发展中国特色社会主义的战略导向。第四，习近平新时代中国特色社会主义思想之总体布局。习近平新时代中国特色社会主义思想之总体布局，即"五位一体"：协调推进经济建设、政治建设、文化建设、社会建设、生态文明建设以及其他各方面建设。这是由中国特色社会主义是全面发展的社会主义所决定的，表明我们党对中国特色社会主义的认识达到了新境界。第五，习近平新时代中国特色社会主义思想之强军战略。习近平新时代中国特色社会主义思想之强军战略，即以党在新形势下的强军目标为引领，坚持政治建军、改革强军、创新兴军、依法治军，着力解决制约国防和军队建设的体制性障碍、结构性矛盾、政策性问题，推进军队组织形态现代化，进一步解放和发展战斗力，进一步解放和增强军队活力，建设同我国国际地位相称、同国家安全和发展利益相适应的巩固国防和强大军队。这是在新的历史条件下坚持和发展中国特色社会主义的坚强力量保证。第六，习近平新时代中国特色社会主义思想之对外战略。习近平新时代中国特色社会主义思想之对外战略，即坚持独立自主和平外交方针，坚定不移走和平发展道路，坚定不移维护世界和平、促进共同发展，推动构建以合作共赢为核心的新型国际关系，提出全球发展倡议、全球安全倡议、全球文明倡议，打造人类命运共同体。这是在新的历史条件下坚持和发展中国特色社会主义的必然要求。第七，习近平新时代中国特色社会主义思想之价值立场。习近平新时代中国特色社会主义思想之价值立场即坚持以人民为价值主体、以实现人民利益为价值取向和价值目标，从而坚持人民主体地位，坚持发展为了人民、发展依靠人民、发展成果由人民共享的以人民为中心的根本立场。这既揭示了以习近平同志为核心的党中央治国理政的根本目的和依靠力量，同时也集中体现了人民在坚持和发展中国特色社会主义事业中的主体地位。

三、坚持和发展中国特色社会主义必须坚定"四个自信"

坚定"四个自信"是中国特色社会主义伟大事业的内在动力和根本保障。中国到了一个需要自信、能够自信的时代。需要自信，是因为这是实现"两个一百年"奋斗目标和中华民族伟大复兴中国梦的迫切需要；能够自信，是因为我们坚持的道路自信、理论自信、制度自信、文化自信，来源于实践、来源于人民、来源于真理。"四个自信"逻辑严密、依据充分、系统科学、内涵丰富。

（一）道路自信

道路自信就是要坚信我们党领导人民开辟的这条道路是正确的、光明的，是能够实现国家富强、民族振兴、人民幸福的康庄大道、人间正道。一是中国特色社会主义是当代中国发展进步的根本方向。方向决定道路，道路决定命运。2013 年 3 月 17 日，习近平总书记在第十二届全国人民代表大会第一次会议上强调，"道路问题是关系党的事业兴衰成败第一位的问题，道路就是党的生命。"① 我们党和人民在长期实践探索中，坚持独立自主走自己的路，取得革命、建设、改革伟大胜利，开创和发展了中国特色社会主义，从根本上改变了中国人民和中华民族的前途命运。可以说，中国特色社会主义，是中国共产党和中国人民团结的旗帜、奋进的旗帜、胜利的旗帜，是当代中国发展进步的根本方向。二是中国特色社会主义道路是实现社会主义现代化和中华民族伟大复兴的必由之路。中国坚持从实际出发，立足基本国情，既学习和借鉴外国经验，又不照抄照搬别国经验、别国模式，走出了一条成长于资本主义体系之外，打破对西方路径依赖的实现社会主义现代化的独特道路。对此，2013 年 12 月 26 日，习近平总书记在纪念毛泽东同志诞辰 120 周年座谈会上指出："历史条件的多样性，决定了各国选择发展道路的多样性。人类历史上，没有一个民族、没有一个国家可以通过依赖外部力量、跟在他人后面亦步亦趋实现强大和振兴。"② 2014 年 8 月 20 日，习近平总书记在纪念邓小平同志诞辰一百一十周年座谈会上强调，"外国有益、好的东西，我们要虚心学习。但是，不能全盘照搬外国，更不能接受外国不好的东西；不能妄自菲薄，不能数典忘祖。"③ 三是中国特色社会主义道路是创造人民美好生活的必由之路。改革开放 40 多年来，中国人民的生活发生了天翻地覆的变化。我们对民生投入的决心之大、力度之大，在世界范围内都是少有的。中国人民从衣食住行的持续改善中、从国家面貌的巨大变化中、从充满希望的憧憬中，切身感受到中国道路的正确性，发自内心地拥护这条道路。

（二）理论自信

2016 年 7 月 1 日，习近平总书记在庆祝中国共产党成立 95 周年大会上强调，"我们要坚信，中国特色社会主义理论体系是指导党和人民沿着中国特色社会主义道路实现中华民族伟大复兴的正确理论，是

---

① 《习近平谈治国理政》第 1 卷，外文出版社 2014 年版，第 21 页。
② 《习近平谈治国理政》第 1 卷，外文出版社 2014 年版，第 29 页。
③ 《习近平谈治国理政》第 2 卷，外文出版社 2017 年版，第 12~13 页。

立于时代前沿、与时俱进的科学理论。"① 一是中国特色社会主义理论体系是实现中华民族伟大复兴的正确理论。以邓小平同志为主要代表的中国共产党人，带领党和人民，成功开创了中国特色社会主义，创立了邓小平理论，是这个理论体系的开山之作。以江泽民同志为主要代表的中国共产党人，带领党和人民，成功把中国特色社会主义推向21 世纪，形成了"三个代表"重要思想，是这个理论体系承上启下的极为重要的组成部分。以胡锦涛同志为主要代表的中国共产党人，带领党和人民，成功在新的历史起点上坚持和发展了中国特色社会主义，形成了科学发展观，是这个理论体系的重要创新成果。党的十八大以来，以习近平同志为核心的党中央团结带领全国各族人民，紧紧围绕实现"两个一百年"奋斗目标和中华民族伟大复兴的中国梦，创立习近平新时代中国特色社会主义思想，续写了中国特色社会主义事业新篇章。习近平新时代中国特色社会主义思想是中国特色社会主义理论体系的最新成果，是马克思主义中国化时代化的最新成果，是指导具有许多新的历史特点的伟大斗争的鲜活的马克思主义。改革开放40 多年来，在中国特色社会主义理论体系指引下，我国以世界上少有的速度持续快速发展起来，社会主义和马克思主义在中国大地上焕发出勃勃生机，给人民带来更多福祉，使中华民族大踏步赶上时代前进潮流、迎来伟大复兴的光明前景。二是中国特色社会主义理论体系是立于时代前沿、与时俱进的科学理论。一方面，这个理论体系始终坚持了科学社会主义基本原则。比如，坚持无产阶级政党领导，坚持以公有制和按劳分配为主的社会主义经济制度，等等。另一方面，这个理论体系是与时俱进的，开辟了马克思主义中国化时代化的新境界。改革开放以来，我们党一直在探索和回答的基本问题就是，什么是社会主义、怎样建设社会主义，建设什么样的党、怎样建设党，实现什么样的发展、怎样发展。中国特色社会主义理论体系，紧紧围绕这三大基本问题展开，创造性地提出了一系列紧密联系、相互贯通的新思想新观点

---

① 《习近平谈治国理政》第 2 卷，外文出版社 2017 年版，第 36 页。

新论断。

（三）制度自信

2016 年 7 月 1 日，习近平总书记在庆祝中国共产党成立 95 周年大会上强调，"我们要坚信，中国特色社会主义制度是当代中国发展进步的根本制度保障，是具有鲜明中国特色、明显制度优势、强大自我完善能力的先进制度。"① 一是中国特色社会主义制度是当代中国发展进步的根本制度保障。适当而完备的制度，是人类社会稳定发展的基本保障。真正实现社会和谐稳定、国家长治久安，要靠制度。中国实行工人阶级领导的、以工农联盟为基础的人民民主专政的国体，实行人民代表大会制度的政体，实行中国共产党领导的多党合作和政治协商制度，实行民族区域自治制度，实行基层群众自治制度。这样一套制度安排，能够有效保证人民享有更加广泛、更加充实的权利和自由，保证人民广泛参加国家治理和社会治理；能够有效调节国家政治关系，发展充满活力的政党关系、民族关系、宗教关系、阶层关系、海内外同胞关系，增强民族凝聚力，形成安定团结的政治局面；能够集中力量办大事，有效促进社会生产力解放和发展，促进现代化建设各项事业，促进人民生活质量和水平不断提高；能够有效维护国家独立自主，有力维护国家主权、安全、发展利益，维护中国人民和中华民族的福祉。改革开放 40 多年来，中国经济实力、综合国力、人民生活水平不断跨上新台阶，不断战胜前进道路上各种世所罕见的艰难险阻，中国经济长期保持快速发展，中国社会长期保持和谐稳定。这些事实充分证明，这一制度安排，符合我国国情，集中体现了中国特色社会主义的特点和优势，是中国发展进步的根本制度保障。二是中国特色社会主义是具有强大自我完善能力的先进制度。中国特色社会主义事业不断发展，中国特色社会主义制度也需要不断完善。2014 年 9 月 5 日，习近平总书记在庆祝全国人民代表大会成立六十周年大会上强调，"制度自信不是自视清高、自我满足，更不是裹足不前、固步自封，

---

① 《习近平谈治国理政》第 2 卷，外文出版社 2017 年版，第 36 页。

而是要把坚定制度自信和不断改革创新统一起来，在坚持根本政治制度、基本政治制度的基础上，不断推进制度体系完善和发展。"① 党的十八届三中全会提出的全面深化改革总目标，就是完善和发展中国特色社会主义制度、推进国家治理体系和治理能力现代化。

（四）文化自信

文化自信是更基础、更广泛、更深厚的自信。2016 年 7 月 1 日，习近平总书记在庆祝中国共产党成立 95 周年大会上强调，"在 5000 多年文明发展中孕育的中华优秀传统文化，在党和人民伟大斗争中孕育的革命文化和社会主义先进文化，积淀着中华民族最深层的精神追求，代表着中华民族独特的精神标识。"② 正因如此，这些先进文化都需要大力弘扬，以凝聚共识、汇聚力量。一是文化是民族生存和发展的重要力量，文化的兴盛是实现中国梦的重要保证。习近平总书记高度重视文化的地位和作用，2017 年 10 月 18 日，习近平总书记在党的十九大上强调，"没有高度的文化自信，没有文化的繁荣兴盛，就没有中华民族伟大复兴。"③ 二是中国优秀传统文化是中华民族的"根"与"魂"。习近平总书记高度重视中国优秀传统文化，并将其作为治国理政的重要思想文化资源。2014 年 9 月 24 日，习近平总书记在纪念孔子诞辰 2565 周年国际学术研讨会上强调，"优秀传统文化是一个国家、一个民族传承和发展的根本，如果丢掉了，就割断了精神命脉。"④ 中华优秀文化传统已经成为中国文化的基因，根植在中国人内心，潜移默化影响着中国人的行为方式。历史和现实都表明，一个抛弃了或者背叛了自己历史文化的民族，不仅不可能发展起来，而且很可能上演一场历史悲剧。三是中国特色社会主义植根于中华文化的沃土。2013 年 3 月 17 日，习近平总书记在第十二届全国人民代表大会第一次会议上强调，"中华民族具有 5000 多年连绵不断的文明历史，创造了博大

---

① 《习近平谈治国理政》第 2 卷，外文出版社 2017 年版，第 289 页。
② 《习近平谈治国理政》第 2 卷，外文出版社 2017 年版，第 36 页。
③ 《习近平谈治国理政》第 3 卷，外文出版社 2020 年版，第 32 页。
④ 《习近平谈治国理政》第 2 卷，外文出版社 2017 年版，第 313 页。

精深的中华文化，为人类文明进步作出了不可磨灭的贡献。"① 2022 年 10 月 16 日，习近平总书记在中国共产党第二十次全国代表大会上强调，中华优秀传统文化"同科学社会主义价值观主张具有高度契合性。"② 可以说，悠久的中华文明，是我们党的道路、理论和制度形成、巩固和发展的重要源泉。中华优秀传统文化的底色，正是中国社会主义的鲜明特色。把文化自信与中国特色社会主义道路自信、理论自信、制度自信并列，其根本道理就在于此。

四、十四条基本方略是坚持和发展中国特色社会主义的行动纲领

习近平新时代中国特色社会主义思想，是指导思想层面的表述，在行动纲领层面称之为中国特色社会主义基本方略。习近平新时代中国特色社会主义思想和基本方略，涵盖了内政国防外交、治党治国治军、改革发展稳定方方面面，体现了理论和实践的统一、战略与策略的统一、指导思想和行动纲领的统一。

（一）坚持党对一切工作的领导

党政军民学，东西南北中，党是领导一切的。必须增强政治意识、大局意识、核心意识、看齐意识，自觉维护党中央权威和集中统一领导，自觉在思想上政治上行动上同党中央保持高度一致，完善坚持党的领导的体制机制，坚持稳中求进工作总基调，统筹推进"五位一体"总体布局，协调推进"四个全面"战略布局，提高党把方向、谋大局、定政策、促改革的能力和定力，确保党始终总揽全局、协调各方。

（二）坚持以人民为中心

人民是历史的创造者，是决定党和国家前途命运的根本力量。必须坚持人民主体地位，坚持立党为公、执政为民，践行全心全意为人

---

① 《习近平谈治国理政》第 1 卷，外文出版社 2014 年版，第 39 页。
② 《党的二十大报告辅导读本》，人民出版社 2022 年版，第 16 页。

民服务的根本宗旨，把党的群众路线贯彻到治国理政全部活动之中，把人民对美好生活的向往作为奋斗目标，依靠人民创造历史伟业。

（三）坚持全面深化改革

只有社会主义才能救中国，只有改革开放才能发展中国、发展社会主义、发展马克思主义。必须坚持和完善中国特色社会主义制度，不断推进国家治理体系和治理能力现代化，坚决破除一切不合时宜的思想观念和体制机制弊端，突破利益固化的藩篱，吸收人类文明有益成果，构建系统完备、科学规范、运行有效的制度体系，充分发挥我国社会主义制度优越性。

（四）坚持新发展理念

发展是解决我国一切问题的基础和关键，发展必须是科学发展，必须坚定不移贯彻创新、协调、绿色、开放、共享的发展理念。必须坚持和完善我国社会主义基本经济制度和分配制度，毫不动摇巩固和发展公有制经济，毫不动摇鼓励、支持、引导非公有制经济发展，使市场在资源配置中起决定性作用，更好发挥政府作用，推动新型工业化、信息化、城镇化、农业现代化同步发展，主动参与和推动经济全球化进程，发展更高层次的开放型经济，不断壮大我国经济实力和综合国力。

（五）坚持人民当家作主

坚持党的领导、人民当家作主、依法治国有机统一是社会主义政治发展的必然要求。必须坚持中国特色社会主义政治发展道路，坚持和完善人民代表大会制度、中国共产党领导的多党合作和政治协商制度、民族区域自治制度、基层群众自治制度，巩固和发展最广泛的爱国统一战线，发展社会主义协商民主，健全民主制度，丰富民主形式，拓宽民主渠道，保证人民当家作主落实到国家政治生活和社会生活之中。

（六）坚持全面依法治国

全面依法治国是中国特色社会主义的本质要求和重要保障。必须把党的领导贯彻落实到依法治国全过程和各方面，坚定不移走中国特色社会主义法治道路，完善以宪法为核心的中国特色社会主义法律体系，建设中国特色社会主义法治体系，建设社会主义法治国家，发展中国特色社会主义法治理论，坚持依法治国、依法执政、依法行政共同推进，坚持法治国家、法治政府、法治社会一体建设，坚持依法治国和以德治国相结合，依法治国和依规治党有机统一，深化司法体制改革，提高全民族法治素养和道德素质。

（七）坚持社会主义核心价值体系

文化自信是一个国家、一个民族发展中更基本、更深沉、更持久的力量。必须坚持马克思主义，牢固树立共产主义远大理想和中国特色社会主义共同理想，培育和践行社会主义核心价值观，不断增强意识形态领域主导权和话语权，推动中华优秀传统文化创造性转化、创新性发展，继承革命文化，发展社会主义先进文化，不忘本来、吸收外来、面向未来，更好构筑中国精神、中国价值、中国力量，为人民提供精神指引。

（八）坚持在发展中保障和改善民生

增进民生福祉是发展的根本目的。必须多谋民生之利、多解民生之忧，在发展中补齐民生短板、促进社会公平正义，在幼有所育、学有所教、劳有所得、病有所医、老有所养、住有所居、弱有所扶上不断取得新进展，深入开展脱贫攻坚，保证全体人民在共建共享发展中有更多获得感，不断促进人的全面发展、全体人民共同富裕。建设平安中国，加强和创新社会治理，维护社会和谐稳定，确保国家长治久安、人民安居乐业。

（九）坚持人与自然和谐共生

建设生态文明是中华民族永续发展的千年大计。必须树立和践行绿水青山就是金山银山的理念，坚持节约资源和保护环境的基本国策，像对待生命一样对待生态环境，统筹山水林田湖草系统治理，实行最严格的生态环境保护制度，形成绿色发展方式和生活方式，坚定走生产发展、生活富裕、生态良好的文明发展道路，建设美丽中国，为人民创造良好生产生活环境，为全球生态安全作出贡献。

（十）坚持总体国家安全观

统筹发展和安全，增强忧患意识，做到居安思危，是我们党治国理政的一个重大原则。必须坚持国家利益至上，以人民安全为宗旨，以政治安全为根本，统筹外部安全和内部安全、国土安全和国民安全、传统安全和非传统安全、自身安全和共同安全，完善国家安全制度体系，加强国家安全能力建设，坚决维护国家主权、安全、发展利益。

（十一）坚持党对人民军队的绝对领导

建设一支听党指挥、能打胜仗、作风优良的人民军队，是实现"两个一百年"奋斗目标、实现中华民族伟大复兴的战略支撑。必须全面贯彻党领导人民军队的一系列根本原则和制度，确立新时代党的强军思想在国防和军队建设中的指导地位，坚持政治建军、改革强军、科技兴军、依法治军，更加注重聚焦实战，更加注重创新驱动，更加注重体系建设，更加注重集约高效，更加注重军民融合，实现党在新时代的强军目标。

（十二）坚持"一国两制"和推进祖国统一

保持香港、澳门长期繁荣稳定，实现祖国完全统一，是实现中华民族伟大复兴的必然要求。必须把维护中央对香港、澳门特别行政区全面管治权和保障特别行政区高度自治权有机结合起来，确保"一国两制"方针不会变、不动摇，确保"一国两制"实践不变形、不走样。必须坚持一个中国原则，坚持"九二共识"，推动两岸关系和平发展，深化两岸经济合作和文化往来，推动两岸同胞共同反对一切分裂国家的活动，共同为实现中华民族伟大复兴而奋斗。

（十三）坚持推动构建人类命运共同体

中国人民的梦想同各国人民的梦想息息相通，实现中国梦离不开和平的国际环境和稳定的国际秩序。必须统筹国内国际两个大局，始终不渝走和平发展道路、奉行互利共赢的开放战略，坚持正确义利观，树立共同、综合、合作、可持续的新安全观，谋求开放创新、包容互惠的发展前景，促进和而不同、兼收并蓄的文明交流，构筑尊崇自然、绿色发展的生态体系，始终做世界和平的建设者、全球发展的贡献者、国际秩序的维护者。

（十四）坚持全面从严治党

勇于自我革命，从严管党治党，是我们党最鲜明的品格。必须以党章为根本遵循，把党的政治建设摆在首位，思想建党和制度治党同向发力，统筹推进党的各项建设，抓住"关键少数"，坚持"三严三实"，坚持民主集中制，严肃党内政治生活，严明党的纪律，强化党内监督，发展积极健康的党内政治文化，全面净化党内政治生态，坚决纠正各种不正之风，以零容忍态度惩治腐败，不断增强党自我净化、自我完善、自我革新、自我提高的能力，始终保持党同人民群众的血肉联系。

十四条基本方略，是习近平新时代中国特色社会主义思想的具体体现和重要组成部分，也是落实习近平新时代中国特色社会主义思想的实践要求，是进行伟大斗争、建设伟大工程、推进伟大事业、实现伟大梦想的行动纲领。十四条基本方略均具有很强的现实针对性和指导性，我们要把党的基本理论、基本路线、基本纲领融会贯通，结合工作实际，毫不动摇地坚持，不折不扣地落实，更好引领党和人民事业发展。

第三章　坚持和发展中国特色社会主义的新目标及总任务

　　中华民族伟大复兴是中国共产党的初心使命。一百多年来，中国共产党团结带领中国人民进行的一切奋斗、一切牺牲、一切创造，归结起来就是一个主题：实现中华民族伟大复兴。实现中华民族伟大复兴的中国梦，是中国共产党第十八次全国代表大会召开以来，习近平总书记所提出的重要指导思想和重要执政理念。2012 年 11 月 29 日，习近平总书记首次提出中华民族伟大复兴的中国梦，概要阐述了中国梦的目标任务和历史渊源。2013 年 3 月 17 日，习近平总书记在第十二届全国人民代表大会第一次会议闭幕会上发表讲话，首次阐释了中国梦的基本涵义。2013 年 5 月 31 日，习近平总书记在接受拉美三国媒体联合书面采访时的讲话中，首次完整提出了中国梦的实现要求。2013 年 6 月 7 日，习近平总书记同奥巴马共同会见记者时，首次明确了中国梦的世界涵义。此后，他又在国内外很多重要场合，围绕中国梦的现实意义、历史渊源、基本涵义、战略安排、实现途径、依靠力量、外部环境等进行了深刻阐述，提出了一系列新观点新思想，深化和丰富了中国梦的内容。在庆祝中国共产党成立 100 周年大会上，习近平总书记开宗明义地指出，中华民族伟大复兴是中国共产党的初心使命。

一、中国梦概念的形成

　　只有创造过辉煌的民族，才懂得复兴的意义；只有历经过苦难的民族，才对复兴有如此深切的渴望。中国国家博物馆的《复兴之路》展览，回顾了中华民族的昨天，展示了中华民族的今天，宣示了中华民族的明天，给人以深刻教育和启示。2012 年 11 月 29 日，习近平总书记在参观《复兴之路》展览时强调："每个人都有理想和追求，都有自己的梦想。现在，大家都在讨论中国梦，我以为，实现中华民族伟大复兴，就是中华民族近代以来最伟大的梦想。"①

（一）雄关漫道真如铁

中华民族在 5000 多年历史中创造了绵延不绝、博大精深、丰厚独特的中华文化，为人类文明进步作出了不可磨灭的贡献。近代以后特别是 1840 年鸦片战争以后，中国逐步沦为半殖民地半封建社会，祖国山河破碎、战乱不已，中国人民饱受欺凌和奴役。但伟大的中华民族并没有就此屈服沉沦。在中国共产党成立之前的旧民主主义革命时期，有林则徐、魏源、徐继畬、梁廷楠等开明人士的富国强兵梦，有曾国藩、李鸿章、左宗棠和张之洞等洋务派自强求富梦，有农民阶级太平天国运动和义和团运动的美好社会梦，有康有为、梁启超等维新派的改良梦，孙中山等资产阶级革命派的共和梦……不甘屈服的中国人民进行了千辛万苦的探索和不屈不挠的斗争，尽管中华民族的前途命运并没有从根本上得到改变，但都不同程度把民族复兴的车轮向前推进。只有中国共产党的诞生，才使得中国人民谋求民族独立、人民解放和国家富强、人民幸福的斗争从此有了主心骨，中国人民由此从精神上由被动转为主动，有了义无反顾肩负这一历史使命的领导力量，有了谱写气吞山河壮丽史诗的光明前景。

在中国共产党的领导下，华夏大地掀起了一场前所未有的彻底反帝反封建的民主革命。在这场前无古人的伟大革命中，中国共产党从蹒跚学步的幼年迅速成长起来，经历过一次又一次血与火的考验。从大革命失败的血雨腥风到井冈山的星火燎原，从第五次反"围剿"失

---

① 《习近平关于实现中华民族伟大复兴的中国梦论述摘编》，中央文献出版社 2013 年版，第 3 页。

败到经过万里长征后在抗日烽火中再起，从奋起反击国民党军的全面内战到五星红旗在天安门广场冉冉升起，我们党紧紧依靠人民，经过土地革命战争、抗日战争、解放战争，进行了 28 年浴血奋战，完成了新民主主义革命，推翻帝国主义和封建主义的统治，最终成立了中华人民共和国，实现了几代人梦寐以求的民族独立、人民解放的伟大梦想。

新中国的诞生，不仅掀开了中华民族历史发展的新纪元，也掀开了中华民族伟大复兴的新篇章。如果说新中国成立之前一百年的奋斗目标是民族独立、人民解放、祖国统一，那么从新中国诞生直至建国一百年的奋斗目标则是国家富强、民族振兴、人民幸福。为了彻底改变国家和民族的面貌，在中国共产党的领导下，我国逐步完成了两大历史任务。一是稳步地实现从新民主主义向社会主义社会的过渡，解决了道路与制度的选择问题。通过社会主义改造，奠定了以公有制为主体的社会主义经济制度。毛泽东同志还亲自主持制定了第一部《中华人民共和国宪法》，建立起具有中国特色、适合中国国情的社会主义根本制度。与此同时，我国逐步建立起以工人阶级为领导、工农联盟为基础、最广泛的人民民主统一战线为纽带的人民民主专政的国体。在此基础上，逐步建立了人民代表大会这一根本政治制度和中国共产党领导的多党合作和政治协商制度、民族区域自治制度等基本政治制度。进入社会主义社会以后，对社会主义道路和制度的探索并没有结束。毛泽东同志出版了《论十大关系》《关于正确处理人民内部矛盾的问题》等重要科学著作，用以解决社会主义改造完成后暴露出来的经济管理体制上的问题。这说明，当时在"以苏为鉴"思想的指引下，探索适合中国国情的社会主义建设道路，已经取得了丰硕的成果，奠定了当代中国一切发展进步的根本政治前提和制度基础。二是逐步地实现从农业国向工业国的转变，解决了如何逐步实现现代化的问题。毛泽东同志等老一辈革命家不仅亲自指导制订了一个又一个现代化的中长期规划，还指导制订了科技发展的两个中长期规划和农业发展纲要，构想"四个现代化"的实现。经过近 30 年的不懈努力，我国建设起独立的比较完整的工业体系和国民经济体系，在国防和高科技领域中以"两弹一星"为标志取得了重要突破，农业现代化、工业现代化、国防现代化、科学技术现代化全面推进，为开辟中国特色社会主义道路提供了宝贵经验、理论准备、物质基础。

（二）人间正道是沧桑

改革开放以来，我们总结历史经验，不断艰辛探索，终于找到了实现中华民族伟大复兴的正确道路，崛起于世界民族之林。

改革开放之初，党团结带领全国各族人民深刻总结我国社会主义建设正反两方面经验，借鉴世界社会主义历史经验，作出把党和国家工作重心转移到经济建设上来、实行改革开放的历史性决策，深刻揭示社会主义本质，确立社会主义初级阶段基本路线，明确提出走自己的路、建设中国特色社会主义，科学回答了建设中国特色社会主义的一系列基本问题，成功开创了中国特色社会主义。

在国内外形势十分复杂、世界社会主义出现严重曲折的严峻考验面前，党团结带领全党全国各族人民坚持党的基本理论、基本路线，捍卫了中国特色社会主义，依据新的实践确立了党的基本纲领、基本经验，确立了社会主义市场经济体制的改革目标和基本框架，确立了社会主义初级阶段的基本经济制度和分配制度，开创全面改革开放新局面，推进党的建设新的伟大工程，成功把中国特色社会主义推向21世纪。

新世纪新阶段，党中央抓住重要战略机遇期，在全面建设小康社会进程中推进实践创新、理论创新、制度创新，强调坚持以人为本、全面协调可持续发展，提出构建社会主义和谐社会、加快生态文明建设，形成中国特色社会主义事业总体布局，着力保障和改善民生，促进社会公平正义，推动建设和谐世界，推进党的执政能力建设和先进性建设，成功在新的历史起点上坚持和发展了中国特色社会主义。

党的十八大以来，中国特色社会主义进入新时代。在以习近平同志为核心的党中央坚强领导下，全党和全国各族人民高举中国特色社会主义伟大旗帜、全面贯彻党的基本路线、基本方略，采取了一系列战略举措，推进一系列变革性实践，实现一系列突破性进展，取得一系列标志性成果，党和国家事业取得新的历史性成就、发生新的历史性变革，推动我国迈上全面建设社会主义现代化国家新征程，实现中华民族伟大复兴梦取得新的伟大进展。

实践证明，中国特色社会主义是改革开放以来历代中央集体带领全党全国各族人民，从中国实际出发，把马克思主义普遍真理同中国具体实际结合起来，坚持社会主义又不照抄照搬别国经验模式的重大发展战略构想，充分体现了全党全国各族人民对美好生活的向往和追求，是实现中华民族伟大复兴中国梦的必由之路。

（三）长风破浪会有时

在不同历史时期和发展阶段，党根据人民意愿和事业发展需要，提出具有科学性、导向性和感召力的奋斗目标，是我们党团结带领人民推进社会主义现代化建设的宝贵经验。经过鸦片战争以来多年的艰难奋争、持续奋斗，中华民族伟大复兴展现出光明的前景。2016 年 7 月 1 日，习近平总书记在庆祝中国共产党成立 95 周年大会上强调，"今天，我们比历史上任何时期都更接近中华民族伟大复兴的目标，比历史上任何时期都更有信心、有能力实现这个目标。我们完全可以说，中华民族伟大复兴的中国梦一定要实现，也一定能够实现。"[1] 他多次就奋斗目标强调，"到 2020 年国内生产总值和城乡居民人均收入将在 2010 年的基础上翻一番，在中国共产党建党 100 年时全面建成小康社会，在新中国成立 100 年时建成富强民主文明和谐的社会主义现代化国家。"[2] 由此可见，中国梦与"两个一百年"奋斗目标相辅相成，在现实条件上构筑了前提与基础的关系。实现中华民族伟大复兴的中国梦是确定"两个一百年"奋斗目标的前提。"两个一百年"奋斗目标，绘制了全面建成小康社会、加快推进社会主义现代化的宏伟

---

[1]　习近平：《在庆祝中国共产党成立 95 周年大会上的讲话》，载于《人民日报》2016 年 7 月 2 日。

[2]　习近平：《顺应时代前进潮流　促进世界和平发展——在莫斯科国际关系学院的演讲》，载于《人民日报》2013 年 3 月 24 日。

蓝图，充分体现了中华民族对未来的憧憬和期望。同时，实现"两个一百年"奋斗目标意味着中国的发展水平将逐次登上两个新台阶，为中华民族伟大复兴铺平道路，并且随着第二个一百年奋斗目标的完成，也意味着中国梦的实现。

党中央多次指出，我们党团结带领人民在"艰苦卓绝的斗争"中深刻认识到，实现中华民族伟大复兴，必须推翻压在中国人民头上的帝国主义、封建主义、官僚资本主义三座大山，实现民族独立、人民解放、国家统一、社会稳定；必须建立符合我国实际的先进社会制度，为解放和发展生产力提供制度基础；必须合乎时代潮流、顺应人民意愿，推动经济发展，勇于改革开放，让党和人民事业始终充满奋勇前进的强大动力，为实现伟大梦想创造坚实的物质基础。为了实现中华民族伟大复兴的历史使命，无论是弱小还是强大，无论是顺境还是逆境，我们党都初心不改、矢志不渝，团结带领人民历经千难万险，付出了巨大牺牲，敢于面对曲折，勇于修正错误，攻克了一个又一个看似不可攻克的难关，创造了一个又一个彪炳史册的人间奇迹。实现中华民族伟大复兴中国梦，是以习近平同志为核心的党中央对全体人民的庄严承诺，是党和国家面向未来的政治宣言，充分体现了我们党高度的历史担当和使命追求，为坚持和发展中国特色社会主义注入了崭新内涵。

二、中国梦的科学内涵

党的十八大以来，以习近平同志为核心的党中央，饱含强烈历史责任感、深沉使命忧患感和对未来必胜的自信心，立足我国实际和现实国情，深刻洞察国际风云变幻，深邃思考中华民族的历史命运，深入研究坚持和发展中国特色社会主义的时代命题，高瞻远瞩中国的未来发展，不断深化对共产党执政规律、社会主义建设规律、人类社会发展规律的认识，提出并深刻阐述了中华民族伟大复兴中国梦的基本涵义。深刻把握中国梦的丰富内涵和特质，是深化中国梦研究的基础，也是实现中国梦的前提和关键。

（一）中国梦的核心内涵

习近平总书记指出，"实现中华民族伟大复兴是中华民族近代以来最伟大的梦想。"① 这说明，中国梦的本义就是实现中华民族伟大复兴。无论中国梦的本质或基本内涵—实现国家富强、民族振兴、人民幸福，还是中国梦现阶段"两个一百年"奋斗目标，抑或和平、发展、合作、共赢的中国梦的世界涵义，都服从服务于中华民族伟大复兴，都是中华民族伟大复兴的现实展开和具体内容。

第一，中华民族的伟大复兴，是相对于中华民族古代文明的繁荣昌盛而言的，是民族本身的复兴。习近平总书记强调，"我们的民族是伟大的民族。在五千多年的文明发展历程中，中华民族为人类文明进步作出了不可磨灭的贡献。"② 中华民族是一个具有悠久历史和深厚文化底蕴的伟大民族，在古代曾经创造了高度繁荣昌盛的文明，经济发达、科技领先、文化繁荣，对世界文明的贡献特别巨大，走在了同期人类文明发展的前列。实现中华民族伟大复兴，指的是中华民族要通过和平发展、合作共赢，既将本民族的优良文化传统发扬光大，又善于学习借鉴其他民族文明的优秀成果，"回复""回归"到曾有过的在世界民族之林的辉煌地位，再次让中华民族走在世界前列。这说明，实现中华民族伟大复兴，决不是恢复古代中国鼎盛时期的疆域版图，但要解决好历史遗留问题，最重要的是实现祖国完全统一；也决不是依靠武力和战争恢复中国过去的世界地位，而是遵守通行的国际法律法规，在与世界各国合作共赢的基础上实现和平崛起。习近平总书记多次强调，"我们还要同国际社会一道，推动实现持久和平、共同繁荣的世界梦，为人类和平与发展的崇高事业作出新的更大的贡献。"③ 中国梦与各国人民追求和平发展、合作共赢的美好梦想是相联相通、

---

① 《习近平著作选读》第 2 卷，人民出版社 2023 年版，第 11 页。
② 习近平：《在庆祝中国共产党成立 100 周年大会上的讲话》，载于《人民日报》2021 年 7 月 2 日。
③ 《习近平关于实现中华民族伟大复兴的中国梦论述摘编》，中央文献出版社 2013 年版，第 3 页。

相辅相成的。它坚持和平合作的战略方针，通过互利共赢的发展模式，在追求中国利益时兼顾他国合理关切，在谋求中国发展中促进各国共同发展，共同破解人类发展难题，在完成中华民族复兴伟业的同时，不断推动世界持久和平与共同繁荣。

第二，中华民族的伟大复兴，是相对于中华民族近代文明衰落与民族危亡而言的，是民族全面复兴。近代以来，随着西方资本主义文明的兴起与扩张，古老的中华文明逐步走向衰落。落后就要挨打，文明衰落必然导致民族危亡。鸦片战争后，这个曾在世界上独占鳌头、傲视诸"夷"的"天朝上国"，迅即成为由多个帝国主义列强疯狂掠夺的积弱积贫的半殖民地半封建国家。中国跌到了文明发展的谷底，中华民族一度濒临亡国灭种边缘。正是在这种苦难的历史背景下，1921 年中国共产党成立，领导中华民族踏上了实现伟大复兴的漫漫征程。经过多年艰苦卓绝的不懈奋斗，终于探索出中国特色社会主义道路，使实现中华民族伟大复兴呈现出光明前景。从这个角度讲，中华民族的伟大复兴不仅仅是简单的"回复""回归"，不仅仅只是表现为中华民族自身的创业兴邦，而是在中国共产党的领导下，挽救近代文明衰落和民族危亡，实现民族解放基础上的现代复兴。正如习近平总书记在多个场合、不同角度强调的那样，它涉及改革发展稳定、治党治国治军、内政外交国防等各领域，涵盖经济建设、政治建设、文化建设、社会建设、生态文明建设等"五位一体"总体布局诸多方面，是包括物质文明、政治文明、精神文明、社会文明、生态文明等在内的全面复兴。

第三，中华民族的伟大复兴，是相对于中华民族文明发展的历史延续性而言的，是民族永续的复兴。习近平总书记强调，"我们的责任，就是要团结带领全党全国各族人民，接过历史的接力棒，继续为实现中华民族伟大复兴而努力奋斗，使中华民族更加坚强有力地自立于世界民族之林，为人类作出新的更大的贡献。"① 从未发生过文明断

---

① 《习近平关于实现中华民族伟大复兴的中国梦论述摘编》，中央文献出版社 2013 年版，第 3 页。

裂的国家，才谈得上文明的复兴。在繁荣昌盛的世界古代文明中，只有中华文明发展绵延了 5000 多年，其间虽然也经历过战乱、分裂与改朝换代，但始终保持着文明发展的历史延续性，从未出现过文明史或文化史的断裂。正因如此，我们今天才能谈论实现中华民族伟大复兴问题。同时，中华文明源远流长、博大精深，又能与时俱进、不断创新，具有极其强大的生命力、创造力和凝聚力，是维系民族团结和国家统一的精神纽带。中华民族不断培育和弘扬的以爱国主义为核心的团结统一、爱好和平、勤劳勇敢、自强不息的民族精神，已成为我们民族历经磨难而世世代代生生不息的精神支柱和力量源泉。这是中华文明之所以保持历史延续性的根本原因所在。实现中华民族伟大复兴，不仅是复兴历史盛世，更重要的是超越历史盛世，创造出更具竞争力和吸引力的文明，重振中华民族在世界的领先地位，使中华民族跻身于先进民族行列，不断扩大为人类作出贡献的份额。

（二）中国梦的本质内涵

中国梦是对近代以来中国人民争取民族独立、人民解放和实现国家富强、人民富裕伟大事业的继承和发展，是以往振兴中华、民族复兴、中国崛起、四个现代化，以及富强、民主、文明、和谐、美丽与自由、平等、公正等国家和社会核心价值的高度概括和精炼浓缩，视野宽广、内涵丰富、意蕴深远。根据习近平总书记的论述，实现中华民族伟大复兴的中国梦，本质是要实现国家富强、民族振兴、人民幸福。这就把国家梦、民族梦、人民梦有机统一起来，把国家追求、民族向往、人民期盼融为一体，把国家利益、民族利益和每个人的具体利益紧紧联系在一起。

国家梦就是国家富强。中国梦的提出，是源于中华民族自身发展的内在逻辑和时代发展的必然要求。近代以来，中国人民饱尝因为落后而造成的屈辱与痛苦，使得我们比任何时代都更懂得国家富强的意义。改革开放 40 多年来，中国的经济发展、社会进步、人民幸福所抒写的"中国故事"和创造的"中国奇迹"，展现出的理论自信、道路自信、制度自信和文化自信，为国家走向繁荣富强奠定了坚实基础。

当前我国面临的生存安全问题和发展安全问题、传统安全威胁和非传统安全威胁相互交织，要求我们国家必须既富且强。历史与现实的启示，更加坚定我们所要实现的中国梦，首先就是要实现国家繁荣富强。这也是建立在现代化宏伟蓝图的可行性与科学性基础上的。党的十八大提出"两个一百年"奋斗目标，进一步细化和支撑了中国梦就是要实现国家富强的基本内涵。党的十八届三中、四中、六中全会具体勾画出了全面深化改革、全面依法治国、全面从严治党的宏伟蓝图，为实现中国梦提供了路线图、时间表、路径、手段和动力。党的十九大综合分析国际国内形势和我国发展条件，把实现中国梦作了两个阶段的战略安排。党的二十大号召全党以中国式现代化全面推进中华民族伟大复兴。这一伟大梦想是到 21 世纪中叶全面建成富强民主文明和谐美丽的社会主义现代化强国。到那时，物质文明极大丰富，科技发展、经济实力和人均水平赶上发达国家水平，在世界上占据领先地位，政治昌明、文化繁荣、社会和谐、生态良好，拥有较高的国际影响力，祖国实现完全统一，国防和军队建设与国家综合实力更加匹配，国家安全更有保障，人民实现共同富裕、生活更加幸福，中华文明在国际上产生广泛影响，中国特色社会主义得到广泛认同。这一伟大梦想集中体现了富裕中国、民主中国、文明中国、和谐中国、美丽中国和强大中国的有机统一，体现了在中国特色社会主义"五位一体"总体布局及国防军队、内政外交下推进各项建设、改革和发展的必然要求。

民族梦就是民族振兴。近代以来的实践证明，只有在中国共产党的领导下，才能完成民族解放、民族振兴的历史使命。民族振兴是建立在民族解放基础之上国家富强的根本标志，是人民幸福的重要保障。我国是统一的多民族国家，各民族之间相互离不开。振兴中华民族首先是 56 个民族的共同振兴。新中国成立后，我国铲除了民族压迫和民族歧视的阶级根源，逐步形成了平等团结互助和谐的社会主义新型民族关系。我国处理民族关系的原则是坚持民族平等、民族团结和各民族共同繁荣。这为中华各民族共同振兴提供了基础和条件。民族振兴本身有多方面的内涵，不仅包括经济、军事的振兴，更包括文化和国际影响力的振兴，以及国民素质与时俱进的提升，实现社会治理能力和治理体系的现代化等。中国人民有能力实现经济发展、政治昌明、文化繁荣、社会和谐、生态文明、人民安居乐业，中国人民有能力通过自己成功的实践来科学定义价值观和现代性，也能成为世界发展新模式、新制度和新标准的示范者和践行者。民族振兴不是简单地重寻昔日的中华民族荣耀与辉煌，更不是追求中华民族的世界霸权和唯我独尊的霸主地位，而是要让曾经饱受沧桑、历经磨难的中国人民，通过中国梦来达成共识、凝聚力量、提振精神，逐步建成富强民主文明和谐美丽的社会主义现代化强国，为世界文明增光添彩。

　　人民梦就是人民幸福。国家梦、民族梦由个人梦汇聚而成，个人梦又可以推动国家梦、民族梦的实现。中国梦是国家的梦、民族的梦，也是每个中国人的梦，归根到底是人民的梦。习近平总书记说，生活在我们伟大祖国和伟大时代的中国人民，共同享有人生出彩的机会，共同享有梦想成真的机会，共同享有同祖国和时代一起成长与进步的机会。但是，人民梦不等同于个体梦的相加。只有那些对社会发展、时代进步、国家富强、民族振兴奉献正能量，同国家和民族荣辱与共的同方向的个体梦才构成真正的人民梦。习近平总书记强调，"我们的人民热爱生活，期盼有更好的教育、更稳定的工作、更满意的收入、更可靠的社会保障、更高水平的医疗卫生服务、更舒适的居住条件、更优美的环境，期盼孩子们能成长得更好、工作得更好、生活得更好。人民对美好生活的向往，就是我们的奋斗目标。"① 因此，人民梦追求人民幸福的目标，主要体现在让人民群众过上幸福安康的生活。首先，人民幸福意味着人民拥有幸福美好的生活。改革开放40多年来，中国人民的生活水平与质量都得到了极大的提高，初步实现了康居乐业。但是，不能忽视的是，伴随着社会发展，出现了一些新的民生问题，如上学难、看病贵、住房难、食品安全、生存环境恶化等问题，这些问题解决不了，人民幸福就是一句空话，人民梦也难以实现。"共筑

---

① 《全面小康：让人民过上更好生活》，载于《人民日报》2015年3月4日。

中国梦，需要经济社会的不断发展，需要民生的持续改善，这是复兴之本、梦想之基。"① 其次，人民幸福意味着物质和精神持续满足的幸福。人生在世，每个人都想追求幸福，每个人都在内心深处渴望得到幸福。人民幸福是一个动态的历史过程，不仅是一个物质财富和精神财富不断创造的过程，还是人们的一种心理体验过程，更是一种生存状态和生活质量的生动体现。中国梦有其物质的一面，但不限于物质，而给人以更高层次的精神满足。最后，人民幸福最终体现在人的自由而全面的发展。未来社会是"建立在个人全面发展和他们共同的社会生产能力成为他们的社会财富这一基础上的自由个性"。② 这既涵盖了人民的自由、人格、平等，也体现了人与人之间形成相互尊重的和谐关系、拥有公正和谐的社会环境。人的自由而全面发展是一个动态过程，需要我们不断努力，从经济、政治、文化、人自身等方面不断加以推进和提升。总之，人民幸福，就是要让中国人民过上更加富裕、更加满足、更有尊严的生活，实现共同富裕，实现每个人自由而全面的发展。

（三）中国梦的目标涵义

中国梦，概而言之是中华民族伟大复兴，是把我国全面建成富强民主文明和谐美丽的社会主义现代化强国。

第一，富强。富强作为一种价值目标，不仅反映了不同社会主体的生存需要，也是推动社会主体发展的主要动因。一部人类发展史，就是人类追求富强的历史，中华民族亦是如此。自中国共产党成立以来，国家富强的目标就写进了不同时期的党的大会报告或党章中。在新民主主义革命时期，中国共产党领导全国人民力图"建立独立、自由、民主、统一和富强的新中国"。党的八大通过的党章中明确提出，要把中国建设成为一个"伟大的、富强的、先进的"社会主义国家。改革开放以来，中国共产党带领中国人民进入了建设富强国家的新时

---

① 《民生改善是梦想的最好诠释——五论同心共筑中国梦》，载于《人民日报》2013 年 3月 25 日。

② 《马克思恩格斯全集》第 46 卷（上），人民出版社 1976 年版，第 104 页。

期，生产发展、国家强大、人民富裕，被纳入社会主义的本质内涵。

"富强"的含义，笼统讲就是民富国强。"富强"首先在于富民，即人民富裕。中华民族自古以来就有"凡治国之道，必先富民"之说。马克思主义也认为，无论是社会生产力的发展，还是国家财富的创造，其根本目的都在于丰富人民的物质生活和精神生活，进而促进人的自由全面发展。富强除了体现为富民之外，也体现为国家拥有巨大的经济财富和强大的综合国力，能对他国和国家秩序产生强大的影响力。国家强盛和人民富裕互为条件，相辅相成。在社会主义国家，由于国家利益和个人利益是根本一致的，人民富裕和国家富强是有机统一的。一方面，国家的富强是为民造福的重要前提；另一方面，实现富强的最终目的是增进人民的自由和幸福。

富强作为国家层面的首要价值目标，体现了中国特色社会主义的本质。"贫穷不是社会主义""社会主义必须摆脱贫穷"。社会主义的优越性之一就是利用更先进的生产力，创造出更多的物质财富。"两极分化也不是社会主义"。社会主义社会的富裕，不是资本主义社会的少部分人的富裕，而是全体人民的共同富裕。"如果走资本主义道路，可以使中国百分之几的人富裕起来，但是绝对解决不了百分之九十几的人生活富裕的问题。"① 社会主义的本质是解放生产力，发展生产力，消灭剥削，消除两极分化，最终达到共同富裕。这一本质概括，既包含生产力发展标准，也包含共同富裕的价值目标。但是，共同富裕并不等于同步富裕、同等富裕，必须允许一部分人、一部分地区先富起来，先富带动后富，最终达到共同富裕。先富不是目的，而是实现共同富裕的途径和手段。共同富裕价值标准更多强调社会公正。实现富强的要义是人民共同富裕。社会主义制度在本质上不同于以往剥削阶级占统治地位的社会制度，不是追求少数人的富裕，而是努力实现最大多数人的富裕。社会主义的富强观，兼顾生产力标准的效率原

---

① 中共中央文献研究室：《邓小平年谱（1975—1997）》（下），中央文献出版社2004年版，第986页。

则和共同富裕价值标准的公正诉求。需要指出的是，社会主义的富强观体现的不是弱肉强食的丛林法则，而是追求共享、共赢的新发展模式。在人类历史上，很多强国的诞生，往往以武力为手段，侵吞他国利益，划分势力范围，甚至威胁他国生存。中国的发展、强大是和平发展；中国的发展、强大对他国不是威胁，而是机遇。我们倡导的社会主义富强观强调富强的公正性和世界性，具有服务于世界和平和人类进步的积极价值导向。中国的发展，将为世界和平和人类文明注入正能量，提供新模式。

第二，民主。民主是人类追求的一般价值理念。自马克思主义产生以来，就以推翻专制和剥削制度，建立人民民主的社会为己任。以马克思主义为指导思想的中国共产党自成立之日起，就为争取实现人民民主而不懈奋斗。早在新中国成立前，毛泽东同志就明确指出，"没有广大人民的民主，就没有人民当家作主的国家"。在1945年的延安，毛泽东同志与来访的民主人士黄炎培探讨了历史周期率和民主问题。黄炎培对毛泽东同志说："一部历史，'政怠宦成'的也有，'人亡政息'的也有，'求荣取辱'的也有。总之没有能跳出这周期率。"毛泽东同志满怀信心地回答说："我们已经找到了新路，我们能跳出这周期率。这条新路，就是民主。只有让人民起来监督政府，政府才不敢松懈。只有人人起来负责，才不会人亡政息。"① 新中国成立后，我们党领导全国各族人民建立了人民民主专政的国体，为人民民主的实现提供了政治前提；通过社会主义改造，建立了社会主义制度和人民代表大会制度，为人民民主的实现奠定了制度基础。党的十一届三中全会以来，我们总结发展社会主义民主正反两方面的经验，开创了中国特色社会主义民主发展的新道路。新世纪、新阶段，党的十八大提出了两个一百年目标，中国特色社会主义民主政治展现出更加旺盛的生命力和更加辉煌灿烂的发展前景。党的二十大指出，全过程

---

① 中共中央文献研究室：《毛泽东年谱（1893—1949）》（中），中央文献出版社2013年版，第610页。

人民民主是社会主义民主政治的本质属性，是最广泛、最真实、最管用的民主，并对"发展全过程人民民主，保障人民当家作主"作出全面部署、提出明确要求。在实现中国梦的历史征程中，每一个中国人正以前所未有的主人翁姿态，通过各种途径和形式管理国家和社会事务、管理经济和文化事业，共同建设，共同享有，共同发展，成为国家、社会和自己命运的主人。

何谓民主？在中国和西方，人们对民主的阐释既有相通之处，也有明显差异。在中国传统文化中，民主的意思是为民做主。在《说文解字》中，"民"的解释是："众萌也"，意为众多之数；"主"的解释是："灯中火主也"，意为指明方向的人。"民主"一词最早见于《尚书》，如"天惟时求民主""诞作民主"等。这里的"民主"即"民之主"，就是管理人民的君主，有为民做主之意。我国古代政治实践中，为约束君权，又提出了"国以民为本"的政治理念，形成了中国传统的民本政治思想。现代意义的民主制度源于西方，英文的"democracy"源于古希腊文 demokratia，由 demos（平民）及 kratia（权力或治理）两个词组合而成，意为"平民的治理"。两千多年前的古希腊实行公民直接治理国家的模式，被誉为西方民主的起源。古希腊雅典时期的伯里克利说："我们的制度之所以被称为民主政治，因为政权在全体公民手里。"近现代意义上的民主，直至18、19世纪才在英美诸国确立。到了20世纪，民主制度逐步成为西方发达国家的普遍政治制度。

民主作为政治理想和价值理念，具有一般性特点。但在人类历史发展中，民主往往表现为一种政治实践和政治制度，它又是历史的、具体的、相对的。世界上从来就没有抽象的、绝对的民主，没有一成不变的民主发展道路和民主模式。一个国家选择什么样的政治发展道路和民主模式，是由这个国家的历史文化传统、经济社会发展水平决定的。由于历史传统、具体国情和发展阶段的不同，各个国家的民主道路和模式呈现出不同的特征。比如，英国是在君主制基础上通过改良方式发展为君主立宪制；美国是在移民文化基础上通过革命形式建立起以联邦制为基础的总统共和制；而法国则在革命和复辟的多次反复中，建立了兼具议会制和总统制特征的混合制。

世界上没有放之四海而皆准的民主发展道路和民主模式，我们不能以某种所谓普遍的民主模式为标准来评判其他国家的民主实践和道路选择。英国学者马丁·雅克曾在《卫报》撰文指出："西方的民主模式就像其他所有事物一样，都是历史长河中的一个特定阶段。它不是普遍适用的，也不会永远存在下去。"一系列经验和教训告诉我们，不同国家和民族必须根据自己的历史传统与现实条件，选择和探索适合自身发展的政治道路和民主模式，照抄照搬只会水土不服，南橘北枳。

资本主义民主相比于封建等级和世袭制度，具有历史进步性和一定的世界历史意义。列宁在谈到近代西方政治制度时指出，"资产阶级的共和制、议会和普选制，所有这一切，从全世界社会发展来看，是一大进步。"① 但是，西方国家的民主不是绝对的、普世的民主形态，资产阶级民主仍然是民主的阶段性形态。资产阶级民主是与资本主义私有制紧密联系在一起的，这就决定了资本主义民主只能是少数人享有的民主。西方的选举制度和代议民主在现实中往往受资本和金钱主导，邓小平对此鲜明地指出，"资本主义社会讲的民主是资产阶级的民主，实际上是垄断资本的民主。"②

只有社会主义才能"建立更高的民主制"，社会主义是比资本主义民主更先进的民主。社会主义民主继承了人类政治文明史积累的积极价值，代表着人类民主政治的核心要义和未来发展趋势。首先，从所有权意义上说，社会主义民主意味着人民做主，即人民是国家的主人。资本主义国家虽然也标榜"主权在民"，但在生产资料私有制条件下，国家权力控制在少数人手里。社会主义民主建立在生产资料公有制基础上，这是一种"真正实现大多数人享受的民主制度，使大多

---

① 《列宁全集》第 37 卷，人民出版社 2017 年版，第 76 页。
② 《邓小平文选》第 3 卷，人民出版社 1993 年版，第 240 页。

数人即劳动者实际参加国家的管理"。其次，从利益角度而言，社会主义民主要求发展和维护人民的根本利益。国家服务人民，是社会主义民主的内在要求；维护绝大多数人民的利益，是社会主义民主的根本职责。西方资本主义民主也宣称为全体国民利益服务，但实际上却是为资产阶级的利益集团服务。"我们在那里却看到两大帮政治投机家，他们轮流执掌政权，……这些人表面上是替国民服务，实际上却是对国民进行统治和掠夺"。① 最后，从效率上讲，中国特色社会主义民主有利于发挥集中力量办大事、提高效率办成事的政治优势。我国人民代表大会作为国家权力机关统一行使国家权力，国家行政机关、审判机关、检察机关都由人大产生、对人大负责。这就保证了各国家机关协调一致、高效运转。相比于西方资本主义国家的三权分立和相互掣肘而言，这是我们的一大政治优势。邓小平指出："社会主义国家有个最大的优越性，就是干一件事情，一下决心，一做出决议，就立即执行，不受牵扯。"②

社会主义民主发展不是孤立的，它要受到经济文化条件、社会环境等多种因素的制约。正如马克思所说，权利永远不能超出社会的经济结构以及由经济结构制约的社会的发展。当前，我国仍处于并将长期处于社会主义初级阶段，这就决定了我们必须走中国特色社会主义民主政治发展道路。马克思主义及其中国化的理论成果是中国特色社会主义民主政治的灵魂，党的领导、人民当家作主、依法治国的有机统一是中国特色社会主义民主政治的核心机制，人民代表大会制度、中国共产党领导的多党合作与政治协商制度、民族区域自治制度以及基层群众的自治制度构成了中国特色社会主义民主政治的基本制度框架。

第三，文明。文明是社会进步和国家发展的精神动力、文化体现和重要标志。在东西方文化中，"文明"一词在词源学上的含义，都

---

① 《马克思恩格斯全集》第 1 卷，人民出版社 1956 年版，第 302 页。
② 《邓小平文选》第 3 卷，人民出版社 1993 年版，第 240 页。

与社会个体在文化和道德品行上的素质紧密相关。英文中的"文明"（civilization）一词源于拉丁文"civis"，意思是指罗马的城市公民身份，含有比非城市人生活状态优越的意思，后引申为一种先进的社会和文化发展状态。汉语的"文明"一词，最早出自《周易》。《乾》卦："见龙在田，天下文明"，有"光明"之意。在其他典籍中，文明一词更多意指人的教养和开化。正是在文明的教化之下，中华民族在长期的历史发展中不仅物质文明昌盛，而且博得礼仪之邦的美誉。

文明不仅是社会个体文化素养的表征，还是国家发展的目标和动力。在历史唯物主义看来，文明是对国家发展状态的一种总体描述，文明即国家创造的物质财富与精神财富的总和。文明的产生，与生产力发展紧密相连，恩格斯曾指出，"文明时代是学会天然产物进一步加工的时期，是真正的工业和艺术产生的时期。"① 而生产力和生产关系的矛盾运动，促进文明形态的发展变化："通过私有财产及其富有和贫困—或物质的和精神的富有和贫困—的运动，正在生成的社会发现这种形成所需的全部材料。"②

当今时代，文化在综合国力竞争中的地位日益重要，文明成为国家发展的灵魂和精神动力。当代国际竞争中，谁占据了文化发展的制高点，谁就能在国际竞争中掌握主动权。改革开放以来，中国的社会主义现代化建设取得了举世瞩目的成就，社会主义文明也取得了长足发展。但不可否认的是，相对于物质文明建设所取得的成就而言，我们在文化和精神文明建设方面还存在诸多问题。人类文明进步的历史充分表明，"没有先进文化的积极引领，没有人民精神世界的极大丰富，没有全民族创造精神的充分发挥，一个国家、一个民族不可能屹立于世界先进民族之林。"③

建设文明国家，是中国共产党始终不变的价值诉求。在革命战争年代，建设文明国家就是共产党领导人民进行革命的目标之一。毛泽东

---

① 《马克思恩格斯选集》第4卷，人民出版社1972年版，第23页。
② 《马克思1844年经济学哲学手稿》，人民出版社2018年版，第84页。
③ 习近平：《在文艺工作座谈会上的讲话》，人民出版社2015年版，第5页。

同志指出，"我们不但要把一个政治上受压迫、经济上受剥削的中国，变为一个政治上自由和经济上繁荣的中国，而且要把一个被旧文化统治因而愚昧落后的中国，变为一个被新文化统治因而文明先进的中国。"① 在社会主义建设和改革开放新时期，我们党一再强调，不仅要建设高度发展的物质文明，还要建设高度发展的精神文明。二者都是社会主义建设的重要内容，相互支撑，不可偏废。"社会主义的优越性不仅表现在经济政治方面，表现在能够创造出高度的物质文明上，而且表现在思想文化方面，表现在能够创造出高度的精神文明上。贫穷不是社会主义；精神生活空虚，社会风气败坏也不是社会主义。……必须充分认识到，两个文明建设缺少任何一个方面的发展，都不成其为有中国特色的社会主义。"② 党的十八大以来，我们党将社会主义文明上升到兴国之魂的高度。习近平总书记指出，中国共产党人要领导中国人民实现民族复兴的中国梦，就必须弘扬凝聚社会主义核心价值体系精髓的中国精神。

在人类文明发展历程中，人们对文明一词的理解大致可归结为广义、狭义两个层次。广义上的文明，是人类改造世界的物质成果和精神成果的总和；狭义上的文明则主要是指精神文明，特指思想上的进步以及文化上的先进。文明既是一个客观描述社会发展状况的描述性概念，也是一个评价社会发展状况是否合理的价值概念。当文明作为一个客观描述性概念时，它与文化有相通之处。文化是一个中性词，"文化即人化"，人的一切实践活动及其产物都可以叫作文化。文化的累积，则构成文明。这里的文明相当于广义上的文明，是人类改造世界的物质成果和精神成果的总和。它横向展开为物质文明、政治文明、精神文明、社会文明和生态文明五大构成系统。这五个系统，是对社会文明完整形态的把握，它们各自从自己特定的方面描述出人类社会的发展状况。

---

① 《毛泽东选集》第 2 卷，人民出版社 1991 年版，第 663 页。
② 江泽民：《社会主义精神文明建设文献选编》，中央文献出版社 1996 年版，第 473 ~ 474 页。

马克思主义认为，随着社会生产力的不断发展，人类文明不断由低级向高级发展，社会主义文明是人类社会发展迄今为止最先进的文明形态。社会主义文明之所以比以往社会文明更先进，首先就在于它是建立在公有制和人民当家作主这样的经济和政治基础之上的。在社会主义文明产生之前，其他几种文明类型都是建立在生产资料私有制和少数人对多数人进行阶级统治基础之上的"文明"。这些文明有名无实，恩格斯甚至将这些所谓的文明时代称为人类的史前时期。恩格斯指出，只有消灭了私有制，建立了社会主义制度，才使人们之间的"生存斗争停止了，于是人才在一定的意义上最终地脱离了动物界，从动物的生存条件进入真正人的生存条件。……人们第一次成为自然界的自觉的和真正的主人，因为他们已经成为自身的社会结合的主人了。"① 只有从这时起，才揭开了真正人的历史的序幕，"人们才完全自觉地自己创造自己的历史""这是人类从必然王国进入自由王国的飞跃。"② 由此可见，人类文明才发展到一个全新的历史阶段，社会主义文明才开辟了"真正的人"的文明广阔发展前景。此外，社会主义文明以最广大劳动人民为服务对象，以最终实现人的自由全面发展为最高价值目标。在社会主义文明产生前的诸种文明中，创造社会文明的广大劳动者不仅不能充分享受文明成果，反而越来越被"工具化"，人最终成了"单面人"。社会主义文明则不然，人的解放、人的自由全面发展始终是社会主义文明发展的主题和目标。在从社会主义到共产主义的发展链条中，社会主义文明将为未来"每个人的自由全面发展"的共产主义高级阶段准备条件、提供基础。与此同时，只有在社会主义文明中，最广大的劳动人民才第一次真正成为服务对象。列宁明确指出，社会主义文明要"为千千万万劳动人民，为这些国家的精华、国家的力量、国家的未来服务"。③ 毛泽东同志在谈到社会主义文艺的服务对象时也提出："历史是人民创造的，但在旧戏的舞台上人

① 恩格斯：《社会主义从空想到科学的发展》，人民出版社 2014 年版，第 79 页。
② 恩格斯：《反杜林论》，人民出版社 2018 年版，第 306～307 页。
③ 《列宁专题文集·论无产阶级政党》，人民出版社 2009 年版，第 170 页。

民却成了渣滓，由老爷太太少爷小姐们统治着舞台，这种历史的颠倒，现在由你们再颠倒过来，恢复了历史的面目。"[1]

第四，和谐。自人类社会产生以来，对和谐社会的追求就成为一种重要的价值取向。在中国，和谐自古以来就是中华文明遵循的核心价值理念。在西方，法国空想社会主义者在18世纪就提出了建立"和谐社会"的构想。

构建和谐社会是中国共产党执政兴国的一贯诉求。今天，中国共产党人正带领中国人民行进在实现中华民族伟大复兴的历史征程上。一方面，经过改革开放40多年的发展，我们经济建设取得重大发展，社会变革日新月异。另一方面，我们也面临诸多社会矛盾，城乡、贫富、区域差距拉大，教育、医疗、社会保障等方面矛盾突出，人与自然关系紧张，等等。这迫切要求我们党把构建社会主义和谐社会摆在更加突出的地位，最大限度激发社会活力，最大限度增加和谐因素，最大限度减少不和谐因素。

2004年，党的十六届四中全会首次明确提出"和谐社会"的概念。2006年党的十六届六中全会通过的《中共中央关于构建社会主义和谐社会若干重大问题的决定》，指出要切实把构建社会主义和谐社会作为贯穿中国特色社会主义建设全过程的长期历史任务和全面建设小康社会的重大现实课题抓紧抓好。2012年党的十八大报告提出"两个一百年"奋斗目标，并把"必须坚持促进社会和谐"作为在新的历史条件下，夺取中国特色社会主义新胜利必须牢牢把握的八个基本要求之一。

在人类发展史上，和谐是一种共同的价值诉求。但是，在社会主义产生之前，其他社会形态由于自身的制度局限，都不可能建立真正的和谐社会。马克思主义批判地吸收了空想社会主义理论中的合理成分，科学地描绘了未来理想社会的蓝图，认为只有建立社会主义制度，才能真正实现社会和谐和人的自由全面发展。什么才是未来真正和谐

---

① 《毛泽东选集》第3卷，人民出版社1996年版，第88页。

社会的特征呢？马克思在他的共产主义理想中做了这样的描绘："这种共产主义，……是人和自然界之间、人和人之间的矛盾的真正解决，是存在和本质、对象化和自我确证、自由和必然、个体和类之间的斗争的真正解决。"① 未来理想社会的本质特征之一，就在于它完全实现了各种矛盾关系（人与自然、人与人）的和谐。中国特色社会主义是迈向未来共产主义社会的初始阶段，将为最终实现马克思描绘的未来理想的和谐社会准备条件、提供基础。在此意义上，社会和谐不仅是未来理想社会的要求，更是中国特色社会主义的本质属性。

这里的社会和谐，一是人与人的和谐，即社会关系的和谐。人是社会关系的产物，"人的本质并不是单个人所固有的抽象物。在其现实性上，它是一切社会关系的总和。"② 作为社会关系的产物，人的全面发展必然蕴涵着正确处理个体与个体、个体与社会的关系。马克思主义认为，人的发展取决于社会关系的发展。社会关系实际上决定着一个人能够发展到什么程度。在资本主义条件下，由于私有制和旧的分工的存在，人的各种社会关系是异化、颠倒的。要实现人的自由全面发展，就必须把各种异化的社会关系颠倒过来，"推翻那些使人成为被侮辱、被奴役、被遗弃和被蔑视的一切关系"，③ 所以，要实现人与人关系的和谐，就必须推翻资本主义私有制和旧的社会分工，建立社会主义生产关系和政治制度。二是人与自然的和谐，即人与自然界和谐。人是自然的一部分，自然界"是我们人类（本身就是自然界的产物）赖以生长的基础"。马克思主义认为，人的解放面临的两大基本问题，是如何处理人与自然以及人与人之间的矛盾："我们这个世界面临的两大变革，即人同自然的和解以及人同本身的和解。"④ 在资本主义制度下，私有制刺激人们不断追求个体利益最大化，人也以自然界征服者的身份出现。恩格斯对资本主义造成的生态失衡问题提出

① 《马克思恩格斯文集》第 1 卷，人民出版社 2009 年版，第 185 页。
② 《马克思恩格斯文集》第 1 卷，人民出版社 2009 年版，第 501 页。
③ 《马克思恩格斯文集》第 1 卷，人民出版社 2009 年版，第 11 页。
④ 《马克思恩格斯全集》第 1 卷，人民出版社 1965 年版，第 603 页。

了严肃警告：“我们不要过分陶醉于我们人类对自然界的胜利。对于每一次这样的胜利，自然界都对我们进行报复。”① 人类要实现与自然的“和解”，“需要对我们迄今存在过的生产方式以及和这种生产方式在一起的我们今天整个社会制度的完全的变革”②。对于在资本主义制度内发展起来的对自然环境的破坏力，需要有“联合起来的生产者的控制”才能够加以克服。因此，人与自然的和谐，只有在社会主义制度中才能真正实现：“社会化的人，联合起来的生产者，将合理地调节他们和自然之间的物质变换，把它置于他们的共同控制之下。”③ 三是国际关系的和谐。和谐作为中国特色社会主义的本质属性，不仅是我们国内建设遵循的价值准则，也是我们积极倡导的处理国际关系的价值准则。中国对内提出构建和谐社会，对外则主张共建和谐世界。和谐世界的构想是和谐社会构想在国际上的延伸，二者在价值追求与行为逻辑上是一致的。社会主义和谐世界理念主张，面对族群矛盾、国家冲突、文明差异等问题，应以开放的态度包容差异，以对话的方式解决冲突，以合作的方式谋求共赢。社会主义和谐价值观所蕴含的和谐世界观，代表着人类世界的普遍要求和未来方向，是社会主义和谐观的世界历史意义的现实体现，反映了人类世界的共同价值诉求。

第五，美丽。党的十八大首次提出“美丽中国”的执政理念，强调把生态文明建设放在突出地位，融入经济建设、政治建设、文化建设、社会建设各方面和全过程。党的十九大报告指出，加快生态文明体制改革，建设美丽中国。党的二十大强调，中国式现代化是人与自然和谐共生的现代化。要坚定不移走生产发展、生活富裕、生态良好的文明发展道路。在日常生活中，“美丽”和“中国”都是最普通不过的字眼，即使在平时偶尔谈起“美丽中国”，人们也不会有过多的关注。但在党的全国代表大会上提出，就被赋予了崭新的内涵，蕴藏

---

① 《马克思恩格斯选集》第4卷，人民出版社1995年版，第383页。
② 恩格斯：《自然辩证法》，人民出版社1984年版，第306页。
③ 《马克思恩格斯文集》第7卷，人民出版社2009年版，第928页。

着重要寓意。

一是"美丽中国"首重生态文明的自然之美。从"人定胜天"的万丈豪情到"必须树立尊重自然、顺应自然、保护自然的生态文明理念",再到可感、可知、可评价的"美丽中国",说明我们党的执政理念越来越尊重自然,越来越尊重人民感受。改革发展让我们摆脱贫困,我们不要山清水秀却贫穷落后,但是强大富裕环境质量很差同样不是美丽的中国。中华文化最强调天地人的和谐相处,既要金山银山,也要绿水青山——这是对"美丽中国"的最直观解读。党的十八大报告首次单篇论述"生态文明",并把生态文明建设摆在总体布局的高度来论述,提出"推进绿色发展、循环发展、低碳发展"等措施;党的十九大把"美丽"写进第二个百年奋斗目标里。党的二十大把人与自然和谐共生作为中国式现代化的重要特征。这表明,我们党对中国特色社会主义总体布局的认识深化了,也彰显了中华民族对子孙、对世界负责的精神。

二是"美丽中国"体现科学发展的和谐之美。建设美丽中国、实现可持续发展、建设和谐社会,归根结底是人与自然相和谐的发展。提倡"美丽中国"是落实"五位一体"总体布局和"四个全面"战略布局的一种方式。可以说,"美丽中国"的提法既给我们指出了提质增效、转型升级的具体方式,又给我们指明了经济社会发展的美好愿景。党的十六大以来,"绿色发展"的理念逐渐进入党的执政视野,已经在中国生根发芽。多年来特别是党的十八大以来,从巴厘岛到哥本哈根、德班,历届气候大会上,中国带头许下并切实履行绿色发展的庄严承诺;从首次设立约束性指标,到清理整顿钢铁等高耗能行业,从实施京津风沙源治理等系列生态工程到出台节能减排计划,从单位国内生产总值能耗大幅下降到生态补偿机制稳步推进,向实现能源总量和强度"双控"到"双碳"目标的提出,中国正逐渐告别粗放发展、高排放发展,走上"前人种树、后人乘凉"的绿色低碳发展之路。我们有理由相信,在"美丽中国"理念的指导下,我们一定能实现给自然留下更多修复空间、给农业留下更多良田、给子孙后代留下天更蓝、地更绿、水更净美好家园的美好愿景。

三是"美丽中国"展现温暖感人的人文之美。以人民为中心的执政理念是党的十八大以来中央执政理国最富有创新和特色的地方。近些年来，"美丽"成为各级党组织和政府的"高频词"。习近平总书记多次视察地方生态文明建设、树立生态文明范本、惩处地方危害生态行为，党中央多次作出加强生态文明建设部署、整治和解决环境污染问题，让我们切身感受到了中央对人民群众生活环境的关心和对解决生态问题的密切关注。"美丽中国"，美在山川，美在文化，美在历史，更美在人文——最美的是人。"美丽中国"，若没有了最美中国人，便如无根之萍、无源之水，徒具美丽外表，不具美丽生命。

三、实现中国梦的基本遵循

习近平总书记多次提出，实现伟大中国梦，必须走中国道路，必须弘扬中国精神，必须凝聚中国力量。他强调，"中国人自古就主张和而不同。我们希望国与国之间、不同文明之间能够平等交流、相互借鉴、共同进步，""中国梦是和平、发展、合作、共赢的梦"等。[①]习近平总书记的论述，鼓舞人心、催人奋进，为指引全党全国人民凝心聚力、共同实现伟大中国梦提供了基本遵循，指明了前进方向。

（一）实现中国梦必须走中国道路

历史告诉我们，坚持和发展中国特色社会主义，关乎国家前途、民族命运、人民福祉。道路选择是实现中国梦的首要问题。这条道路就是中国特色社会主义道路，也是实现中华民族伟大复兴的必由之路。艰难困苦，玉汝于成。回顾历史，这条道路来之不易。它既不是从天上掉下来的，也不是外国人恩赐给予的，而是党和人民历尽千辛万苦、付出各种代价探索开创的。

在社会主义革命和建设中，以毛泽东同志为主要代表的中国共产

---

① 《习近平关于实现中华民族伟大复兴的中国梦论述摘编》，中央文献出版社2013年版，第63、68页。

党人把马克思主义基本原理同中国具体实际相结合，经过多年艰辛奋斗，成立新中国，实现了民族独立、人民解放，并开启了新中国各项事业的建设征程，为开创中国特色社会主义道路、实现中华民族伟大复兴提供了宝贵经验、理论准备、物质基础。党的十一届三中全会以后，以邓小平同志为主要代表的中国共产党人坚持解放思想、实事求是，坚持走自己的路，开创中国特色社会主义，找到了实现中华民族伟大复兴的正确道路。党的十三届四中全会以后，以江泽民同志为主要代表的中国共产党人带领全国人民努力奋斗，我国工业化进程进一步加快，人民生活水平总体实现了从温饱向小康的历史性跨越，取得了举世瞩目的现代化建设成就，成功把中国特色社会主义推向21世纪。党的十六大以后，以胡锦涛同志为主要代表的中国共产党人面对前所未有的机遇和挑战，面对复杂的国内外形势，团结带领全党全国各族人民齐心协力，锐意进取，中国特色社会主义事业展现出勃勃生机。党的十八大以来，以习近平同志为核心的党中央挺立时代潮头，引领"中国号"巨轮，向着实现中华民族伟大复兴的光辉彼岸前进，中国特色社会主义事业写下了人类新篇章。

历史和现实充分证明，无论是封闭僵化的老路，还是改旗易帜的邪路，都是绝路、死路。只有中国特色社会主义道路才能发展中国、稳定中国，这是一条通往复兴梦想的康庄大道、人间正道。它是在改革开放40多年的伟大实践中走出来的，是在中华人民共和国成立70多年的持续探索中走出来的，是在对近代180多年以来中华民族发展历程的深刻总结中走出来的，是在对中华民族5000多年悠久文明的传承中走出来的，具有深厚的历史渊源和广泛的现实基础。它寄托着无数仁人志士的夙愿和期盼，凝结着几代中国共产党人和亿万人民的奋斗与牺牲，是近代以来中国社会发展的必然，也是中国实现国家富强、民族振兴、人民幸福伟大中国梦的唯一正确道路。

中国特色社会主义道路是适合中国国情的发展道路。它既坚持以经济建设为中心，又全面推进经济建设、政治建设、文化建设、社会建设、生态文明建设以及其他各方面建设；既坚持四项基本原则，又坚持改革开放；既不断解放和发展社会生产力，又逐步实现全体人民共同富裕、促进人的全面发展等。我们坚信，在中国共产党的坚强领导下，随着中国特色社会主义不断发展，我们的道路必将越走越宽广，中华民族复兴的伟大梦想必将实现。面对未来，我们完全有这样的道路自信、理论自信、制度自信、文化自信。

（二）实现中国梦必须弘扬中国精神

伟大的事业需要并产生伟大的精神，伟大的精神支撑并推动伟大的事业。一个国家和民族在长期生存发展的实践中，要把全社会的意志和力量凝聚起来，实现伟大梦想，就必须有一个具有自身特色、与经济基础和政治制度相适应的共同精神家园。历史已从正反两个方面证明，没有人民精神世界的极大丰富，没有全民族精神力量的凝聚发挥，没有全社会共同的理想目标和精神追求，一个国家和民族就没有前途和希望，当然也不可能屹立于世界民族之林。

实现中国梦，要求我们不仅在物质上强大起来，而且在精神上强大起来。中华文明生生不息，中国精神薪火相传。这里讲的"中国精神"，就是以爱国主义为核心的民族精神和以改革创新为核心的时代精神这两种精神所凝聚起来的全民族的"精气神"。民族精神和时代精神，是中华民族自强不息、发展壮大的强大精神支柱。二者相辅相成、相融相生，统一于中华民族的精神品格之中。爱国主义是中华民族的精神基因，维系着华夏大地上各个民族的团结统一，激励着一代又一代中华儿女为祖国发展繁荣而不懈奋斗。中华民族所以能延续5000年，谱写人类悠久文明历史，一个重要原因就在于以爱国主义为核心的民族精神使我们这个民族生生不息。改革创新体现了中华民族最深沉的民族禀赋，反映了当代中国发展进步的要求，始终是鞭策我们在改革开放中与时俱进的精神力量。中国共产党之所以有强大的生命力，就在于它完全继承了以爱国主义为核心的民族精神，又不断与时俱进，开启和弘扬了以改革创新为核心的时代精神，并且将这两个强大的精神力量融合一起，形成使中国人民和中华民族不但要站起来、富起来，还要强起来的"精气神"。所以，习近平总书记强调，"这种精神是凝心聚力的兴国之魂、强国之魂。"①

爱国主义是中华民族精神的核心，贯穿于中华民族精神形成与发展的全过程，渗透于中华民族精神的所有领域，体现在中华民族精神的方方面面。可以说，爱国主义始终是把中华民族团结在一起的精神力量。在外敌入侵、国家危亡之际，爱国主义是团结中华民族戮力御辱、救亡图存的奋斗旗帜；在国家分裂、战乱纷争年代，爱国主义是团结中华民族促进祖国统一、中华儿女相亲共睦的精神纽带；在和平建设、繁荣发展时期，爱国主义是团结中华民族共建美好幸福家园的精神力量。正是爱国主义精神使中华民族生生不息、融合兴盛，使中华文明发展传承、绵延不绝。在当代中国，爱国主义精神被赋予新的时代内涵，它将团结统一、爱好和平、勤劳勇敢、自强不息与热爱祖国、热爱人民、热爱社会主义有机结合起来，成为凝聚全党全国各族人民智慧和力量，实现中华民族伟大复兴的强大精神动力，成为为实现中国梦而奋斗的最深厚的政治思想基础。每一个中华儿女都是民族精神的传播者和弘扬者，都应从自己做起、从现在做起、从点滴做起，把对祖国、对人民的热爱转化为实现伟大梦想的实际行动。

波澜壮阔的改革开放和现代化建设实践，孕育和形成了以改革创新为核心的时代精神。改革开放40多年来，我们党团结带领全国各族人民，通过改革创新不断解放和发展社会生产力，同时也在解放思想中统一思想、凝聚共识，形成了推进改革开放的强大正能量。改革创新的时代精神继承了中华民族革故鼎新的传统，体现了当代中国发展进步的要求。它表现为突破陈规、大胆探索、勇于创造的思想观念，不甘落后、奋勇争先、追求进步的责任感和使命感，坚韧不拔、自强不息、锐意进取的精神状态。这一时代精神顺应当今世界大势和时代潮流，融入当代中国共产党人和中华民族的主流意识和社会心理，鞭

---

① 习近平：《在第十二届全国人民代表大会第一次会议上的讲话》，载于《人民日报》2013年3月18日。

策我们在改革开放伟大事业中不断解放思想、实事求是、与时俱进、求真务实，成为全党全国各族人民团结奋斗的强大精神支撑，成为中华民族进步的灵魂和生生不息、继往开来的不竭动力。站在新时代新起点上，我们必须永远保持逢山开路、遇河架桥的精神，大力发扬敢于啃硬骨头、敢于涉险滩的精神，不断推进理论创新、实践创新、制度创新，为夺取中国特色社会主义新胜利、实现中华民族伟大复兴奠定坚实基础。

（三）实现中国梦必须凝聚中国力量

凝聚中国力量是实现中国梦的主体依靠和强大动力，也是中华民族伟大复兴的胜利之本和力量之源。人民群众是人类历史活动的主体，是历史发展和社会变革的决定性力量，是我们力量的源泉。中国特色社会主义是亿万人民自己的事业，中国梦归根到底是人民的梦，必须紧紧依靠人民群众来实现。中国力量来自中国特色社会主义事业各个领域、各条战线、各行各业的共同力量。它不是全体中国人民个体力量的简单相加，也不是在中国社会发展中各种力量自发性的集合生成，而是在中国梦的目标引领下，凝心聚力、同心同德、群策群力，生成无坚不摧的磅礴力量。这种磅礴力量，我们在前赴后继的革命战争年代感受过，在激情燃烧的建设岁月体验过，在波澜壮阔的改革浪潮中亲历过。生活在今天我们伟大祖国和伟大时代的中国人民，共同享有人生出彩的机会，共同享有梦想成真的机会，共同享有同祖国和时代一起成长与进步的机会。但是，实现中国梦的美好理想，不可能唾手而得，都要求每个人不分阶层、不分宗教、不分地域，都参与到中华民族伟大复兴的进程中来，把个人的理想追求融入实现国家繁荣富强当中，在实现国家和民族的共同梦想中实现个人的理想；都离不开携手共进、筚路蓝缕、手胼足胝的艰苦奋斗；都需要凝聚成强大力量，共同书写中华民族发展的时代华章。只要我们紧密团结，万众一心，众志成城，为实现共同梦想而奋斗，实现梦想的力量就无比强大。

什么是中国力量？习近平总书记指出，中国力量就是中国各族人民大团结的力量。① 凝聚中国力量，就是在中国共产党的领导下，充分调动广大党员和人民群众的积极性、主动性和创造性，最大限度团结一切可以团结的力量，就是 14 亿多人心往一处想、劲往一处使，汇集起不可战胜的磅礴力量。

首先，凝聚中国力量必须实现认识上的觉醒。这是凝聚中国力量的前提。凝聚中国力量的自觉性，源自对近代以来列强入侵和帝国主义侵略唤起的民族觉醒。无论在清政府还是在北洋军阀抑或是在中华民国统治下，看起来是拥有 4 亿多民众的"泱泱大国"，兵力也占绝对优势，实则外强中干、"一盘散沙"，导致敌强我弱，屡战屡败。我之弱，在国力强大的清政府那里，主要是统治阶级腐朽没落、人民麻木无知。此后的我之弱，不仅是国力弱、军力弱、装备弱，更是精神弱、意志弱、斗志弱。而抗战和解放战争胜利的过程，就是中国共产党的领导下，包括国力、军力、精神力、意志力、领导力等在内的中国力量不断凝聚、壮大的过程。只有代表中国发展方向先进力量足够强大，才能一雪国耻，实现一百多年来梦寐以求的民族独立和民族解放。当前和今后一个时期，世界各国的竞争实质是综合国力的竞争。我们只有不断增强凝聚中国力量，才能强大综合国力，实现中华民族伟大复兴的中国梦，在世界竞争中立于不败之地。

其次，凝聚中国力量必须坚持党的正确领导。这是凝聚中国力量的核心。实践证明，办好中国的事情，凝聚中国力量，关键在党。现阶段的改革已进入攻坚期，利益格局多样化、社会意识多样化和人民利益诉求多样化交织叠加，面临的矛盾和问题比以往更加复杂。这些都使统筹兼顾各方面利益的难度不断加大，迫切需要一个能代表最广大人民根本利益的领导力量发挥其利益整合的优势。我们党是用科学理论武装起来的中国工人阶级的先锋队、中国人民和中华民族的先锋队，是带领人民实现中华民族伟大复兴的坚强领导核心。中国共产党的根本宗旨是全心全意为人民服务，这就决定了中国共产党能够根据

---

① 《凝聚实现中国梦的中国力量》，载于《光明日报》2013 年 6 月 2 日。

中国社会发展的客观条件和要求，正确把握全国人民的整体利益、长远利益和根本利益，制定出符合科学发展规律的路线、方针、政策，努力实现人民利益的最大化。在新的历史起点上，我们党坚持全面从严治党，不断提高自我净化、自我完善、自我革新、自我提高能力，保持和发展党的先进性和纯洁性。坚持党的正确领导，凝聚中国力量就有了根本保证。

再次，凝聚中国力量必须发挥人民主体地位。这是凝聚中国力量的源泉。实现中华民族伟大复兴是亿万人民自己的事业。要扩大人民民主，拓宽人民民主参与的渠道，充分发挥人民群众的主人翁精神，保证人民当家作主。要最广泛地动员和组织人民依法管理国家事务和社会事务、管理经济和文化事业、积极投身社会主义现代化建设，更好地维护最广大人民根本利益，保障人民群众对美好生活的向往和追求。人民群众中蕴藏着无穷的智慧和创造力，要尊重人民群众的首创精神，发挥人民群众的创新活力，不断从中吸取营养和力量。要全面贯彻尊重劳动、尊重知识、尊重人才、尊重创造的方针，激发人民群众的创造活力。现阶段，中国人民除了包括工人、农民、知识分子等阶级阶层以外，还包括其他新的社会阶层人士。所谓凝聚中国人民的力量，就是凝聚上述各阶级阶层的共同力量。要营造鼓励人们干事业、支持人们干成事业的社会氛围，让一切劳动、知识、技术、管理和资本的活力竞相迸发，让一切创造社会财富的源泉充分涌流，以造福于人民。

最后，凝聚中国力量必须做好统战工作。这是凝聚力量的重要法宝。现阶段爱国统一战线是全体社会主义劳动者、社会主义事业的建设者、拥护社会主义的爱国者和拥护祖国统一的爱国者的最广泛的联盟。它涵盖了不同阶层、不同群体、不同民族、不同信仰、不同所有制的人士，共同组成了中国力量。当前，要巩固和发展最广泛的爱国统一战线，充分发挥统一战线在团结和凝聚各方力量，以及促进政党关系、民族关系、宗教关系、阶层关系、海内外同胞关系和谐中的独特优势，最大限度团结一切可以团结的力量。要加强中国共产党同民主党派和无党派人士团结合作，巩固和发展平等团结互助和谐的社会主义民族关系，发挥宗教界人士和信教群众在促进经济社会发展中的积极作用，最大限度地团结港澳台同胞和海外侨胞共同为实现中华民族伟大复兴中国梦而努力奋斗。

（四）实现中国梦必须坚持和平发展、合作共赢

党的十八大以来，中国作为世界最大发展中国家，要在各国竞相发展的大格局中实现中华民族伟大复兴中国梦，必然引起国际社会的高度关注。"中国梦对世界具有吸引力""中国的梦想，不仅关乎中国的命运，也关系世界的命运"，成为国际社会对中国梦的主流认识。但是，在人类文明发展史上，大国的崛起和兴盛往往伴随着血腥和战争，经验思维和国强必霸的历史观使国外有些人担心，中国发展起来后会跌入"修昔底德陷阱"，搞霸权主义、欺负别人。这些人把中国形象描绘成歌德《浮士德》中可怕的"墨菲斯托"，把中国梦曲解为"扩张梦""霸权梦"，不遗余力地在国际社会兜售"中国威胁论"。而帝国主义的殖民主义历史和发达国家新殖民主义的策略又使国内外一些人认为，中国为实现中国梦，主动参与和推进全球化进程，搞"一带一路"倡议，目的是转移过剩产能，是新殖民主义的翻版。

中国梦是和平、发展、合作、共赢的梦，与世界各国人民的美好梦想相通。走和平发展、合作共赢之路是中华民族从自己根本利益、长远利益出发所作出的必然选择，中国永远不会动摇；中国将始终做全球发展的贡献者，坚持走和平发展道路，继续奉行互利共赢的开放战略，将自身发展经验和机遇同世界各国分享，欢迎各国搭乘中国发展"顺风车"，实现共同发展，让大家一起过上好日子；以为中国发展起来后搞霸权主义、发展中搞新殖民主义的担心完全没有必要。

中国梦是和平发展的梦。中国梦需要和平发展，只有和平发展才能实现梦想。从国内看，和平发展是中国人民的共同愿望。中华民族历来就是爱好和平的民族，天下太平、共享大同是中华民族绵延数千年的理想。中国历史上曾长期是世界上最强大的国家之一，但没有留

下殖民和侵略他国的记录。近代以来，中华民族蒙受了百年的外族入侵和内部战争，中国人民对战争苦难有着刻骨铭心的记忆，对和平有着孜孜不倦的追求，十分珍惜和平安定的生活。消除战争，实现和平，是中国人民最迫切、最深厚的愿望。尽管中国经济总量已居世界第二位，但人均国内生产总值同世界平均水平相比还有不小差距，实现富民强国还有很长的路要走。中国人民怕的就是动荡，求的就是稳定，盼的就是天下太平。中国已经多次向国际社会庄严承诺，中国将坚定不移走和平发展道路，永远不称霸，永远不搞扩张。从国际看，和平与发展是时代主题。历史上，世界各国之间彼此争斗不止甚至战争不断，就会给各国人民带来巨大损失和深重灾难。据瑞典、印度学者统计，从公元前 3200 年到公元 1964 年这 5164 年中，世界上共发生战争14513 次，只有 329 年是和平的。这些战争使 36.4 亿人丧生，损失的财富折合成黄金，可以铺一条宽 150 千米、厚 10 米、环绕地球一周的金带。仅在第二次世界大战中，战死的军人共达 5480 万人，造成的物资损失约合 13000 亿美元。实践证明，只有和平发展，才是人类社会走向美好未来的必然选择；坚持和平发展，是实现中国梦的基本前提和重要方针。

中国梦是合作共赢的梦。只有合作共赢，才能促进世界各国包括中国的繁荣发展，为实现中国梦创造良好外部环境、提供重要保证。当今世界，是合作共赢的世界。在经济全球化背景下，世界各国联系日益密切，国际交往日益频繁，利益越来越休戚与共。各国资本需要赢得更多海外空间，商品需要寻求更多国外市场，就必须坚持合作共赢的方针，平等相待、互惠互利、共同收益。合作共赢成为世界各国最大的公约数。帝国主义、新殖民主义零和博弈、弱肉强食、你输我赢、赢者通吃的二元对立旧思维模式，不但破坏日益密切的国际关系，而且成为世界各国发展的绊脚石和拦路虎，早已过时。世界各国必须坚持合作共赢的原则，相互理解、相互尊重、求同存异、相互学习借鉴、平等互利，才能逐步走向繁荣强大。

合作共赢的中国梦蕴含一种世界新思维或政治智慧。中国梦不仅是中国的，也是世界的，是坚持合作共赢与维护国家利益的有机统一，是发展自己与为人类文明作贡献的有机统一。实现中国梦，中国始终不渝奉行互利共赢的开放战略，不仅致力于中国自身发展，也强调对世界的责任和贡献。处于伟大复兴进程中的中国，开展的是对话和合作而不是对抗，实现的是双赢和共赢而不是单赢。这不仅造福中国人民，而且造福世界人民。随着中国梦的不断推进、国力的不断增强，中国将进一步发挥负责任大国的作用，在力所能及的范围内承担更多国际责任和义务，为中华民族伟大复兴、人类和平发展的崇高事业作出更大贡献。中国用事实证明，中国的发展对世界不是新殖民主义的威胁，世界各国都能得到发展机遇、从中受益。一个合作共赢的中国，以维护各国人民的根本利益为出发点和落脚点，顺应了世界相互依存的大势，越来越得到世界各国的理解和支持，也必将会完成中华民族复兴伟业，引领全球治理朝着更加公正合理的方向发展，成为世界持久和平与共同繁荣的保障。

合作共赢的中国梦有利于促进世界和平进步。合作共赢的中国梦启示我们，世界各国在发展好、实现好、维护好本国人民自身根本利益的同时，尽最大可能建立平等相待、互商互谅的伙伴关系，营造公道正义、共建共享的安全格局，谋求开放创新、包容互惠的发展前景，促进和而不同、兼收并蓄的文明交流。这种做法，不仅改变了传统国际关系中的单赢甚至损人利己的功利主义思维，也破解了那些不利于世界共同发展的霸权主义、强权政治、新殖民主义等杂音。同时，使国际社会达成共识、通力合作，有效治理生态恶化、臭氧层受损、生物多样性下降等全球问题。实践已经并将继续证明，世界各国只有坚持合作共赢的原则，大力提升全球合作，才能确保全球政治、经济、科技和社会有序、繁荣发展，不断开创人类美好未来。

四、分两阶段建设富强民主文明和谐美丽的社会主义现代化强国

党的十九大报告明确提出从十九大全面建成小康社会、实现第一个百年奋斗目标，到二十大向第二个百年奋斗目标进军，是"两个一百年"奋斗目标的历史交汇期，阐明了从2020年到本世纪中叶"两个阶段"走的战略目标。第一个阶段，从2020年到2035年，在全面建成小康社会的基础上，再奋斗十五年，基本实现社会主义现代化。第二个阶段，从2035年到本世纪中叶，在基本实现现代化的基础上，再奋斗十五年，把我国建成富强民主文明和谐美丽的社会主义现代化强国。党的二十大在我国全面建成小康社会的历史性成就基础上，再次强调分两步走的全面建成社会主义现代化强国的战略安排，并具体阐述了第一阶段的总体目标。

党的十九大、二十大提出的分两阶段建成社会主义现代化强国的战略目标，经过14亿人团结奋斗一定能够实现。我们有中国共产党的坚强领导，有习近平新时代中国特色社会主义思想的指引，有社会主义制度的优越性，有改革开放40多年来所形成的雄厚物质基础，有14亿人的超大规模市场，我国总体上还处于经济社会高质量发展的机遇期，发展动能强劲，空间和潜力巨大。中国近现代史上多少代人梦寐以求的国富民强、人民民主、文化繁兴、民生充裕、社会和谐、山川美丽的社会主义现代化强国梦，一定会在我们几代人手中变成现实。

党的十九大、二十大明确的战略目标是新时代中国特色社会主义发展的战略安排。新时代开启新未来。习近平总书记作出的"中国特色社会主义进入了新时代"的重大判断，发出了奋进新时代、开启新征程的进军号令。分两阶段全面建成社会主义现代化强国的战略目标，是党和国家发展经验的积累、治国理政战略的传承，体现了目标导向与问题导向相统一，体现了坚持战略性和操作性相结合，为新时代条件下坚持和发展中国特色社会主义提供了战略安排。

这一战略目标顺应了人民过上美好生活的新期待。带领人民创造幸福生活，是我们党始终不渝的奋斗目标。从全面建成小康社会到基本实现现代化，再到全面建成社会主义现代化强国的系列战略目标设计，是以习近平同志为核心的党中央站在中国特色社会主义新时代这一我国发展新的历史方位，向满足人民日益增长的美好生活需要作出的庄严承诺。党中央根据我国发展程度的变化，第一次创造性地提出，新时代条件下我国社会主要矛盾已经转化为人民日益增长的美好生活需要和不平衡不充分的发展之间的矛盾，提出在继续推动发展的基础上，着力解决好发展不平衡不充分问题，大力提升发展质量和效益，更好满足人民在经济、政治、文化、社会、生态等方面日益增长的需要。报告提出坚持以人民为中心的发展思想，并就保障和改善民生作出一系列重要论述。这些论述，全面印证了我们党全心全意为人民谋福利的执政理念，充分彰显了"把人民对美好生活的向往作为奋斗目标"的价值追求。

这一战略目标为实现中华民族伟大复兴中国梦提供了行动指南。实现中华民族伟大复兴，是中华民族近代以来最伟大的梦想，也是我们党一贯诉求。2020 年实现的全面建成小康社会的第一个百年奋斗目标，以及从 2020 年到 2035 年基本实现社会主义现代化的第二个百年奋斗目标第一阶段和从 2035 年到本世纪中叶全面建成社会主义现代化强国的第二个百年奋斗目标第二阶段，都是和中华民族伟大复兴相互联系、相互交融的。没有全面建成小康社会，就没有基本社会主义现代化的实现，没有基本实现社会主义现代化，就没有全面建成社会主义现代化强国，中华民族伟大复兴就无从谈起。今天为基本实现社会主义现代化而奋斗，就是在为未来实现中华民族伟大复兴而奋斗。全面建成小康社会、基本实现社会主义现代化是中华民族伟大复兴征程上的重要里程碑，是实现中华民族伟大复兴的重要基础、关键之步。从 2020 年到本世纪中叶第二个百年奋斗目标的第二阶段，把我国建成富强民主文明和谐美丽的社会主义现代化强国，就意味着实现了中华民族伟大复兴。党所确立的这一战略目标，对于实现中华民族伟大复兴是非常必要、十分有利的，是我们党带领全党全国人民凝心聚力、推动实现中华民族伟大复兴的方向和旗帜。

五、在"四个伟大"实践中实现中国梦

党中央强调，今天，我们比历史上任何时期都更接近、更有信心

和能力实现中华民族伟大复兴的目标。党把"进行伟大斗争、建设伟大工程、推进伟大事业、实现伟大梦想"放在一起加以强调,是党的理论和实践创新的重要生长点和聚焦点。党的十八大以来的实践表明,"四个伟大"已形成一个有机整体,贯穿于党中央治国理政新理念新思想新战略之中,是以习近平同志为核心的党中央治国理政的大格局、大战略、大逻辑,构成了当前和今后党和国家全部工作的总纲。

(一)"进行伟大斗争"明确宣示了我们"以什么样的精神状态"治国理政

社会是在矛盾运动中前进的,有矛盾就会有斗争。党的十八大以来,习近平总书记反复强调,"我们正在进行具有许多新的历史特点的伟大斗争,面临的挑战和困难前所未有""发展中国特色社会主义是一项长期的艰巨的历史任务,必须准备进行具有许多新的历史特点的伟大斗争""我们党要团结带领人民有效应对重大挑战、抵御重大风险、克服重大阻力、解决重大矛盾,必须进行具有许多新的历史特点的伟大斗争,任何贪图享受、消极懈怠、回避矛盾的思想和行为都是错误的"。进行具有许多新的历史特点的伟大斗争,就是我们党站在新的历史起点上,面对前进道路上的各种艰难险阻,凝聚全国各族人民的智慧和力量,带领和团结全国各族人民以敢于斗争的精神状态,以永不懈怠的精神状态和一往无前的奋斗姿态,在坚持和发展中国特色社会主义的历史进程中攻坚克难,为建设富强民主文明和谐美丽的社会主义现代化强国,实现中华民族伟大复兴中国梦而顽强奋斗、艰苦奋斗、不懈奋斗。

近代以来,面对"数千年未有之变局",中国共产党领导人民经历艰苦卓绝的伟大斗争,终于实现了救亡图存的历史使命,初步实现了国家繁荣富强和人民共同富裕的历史目标。今天,经过革命、建设和改革,我们比历史上任何时期都更接近实现中华民族伟大复兴的目标,比历史上任何时期都更有信心、更有能力实现这个目标。在实现中华民族伟大复兴的历史征程中,我们站在了一个新的历史起点上。但是,实现中国梦不可能一帆风顺,越接近目标,面临的风险就越大,遇到的问题就越复杂。当前，我国发展既面临大量的新情况新问题，同时又面临长期努力解决但还没有解决好的老问题，这些问题叠加交织在一起，成为继续推进中国特色社会主义伟大事业、实现"两个一百年"奋斗目标和中华民族伟大复兴的中国梦的现实羁绊。这就要求我们发扬斗争精神，通过进行具有许多新的历史特点的伟大斗争，来开拓迈向理想境界的前行道路。我们要更加自觉地坚持党的领导和我国社会主义制度，坚决反对一切削弱、歪曲、否定党的领导和我国社会主义制度的言行；更加自觉地维护人民利益，坚决反对一切损害人民利益、脱离群众的行为；更加自觉地投身改革创新时代潮流，坚决破除一切顽瘴痼疾；更加自觉地维护我国主权、安全、发展利益，坚决反对一切分裂祖国、破坏民族团结和社会和谐稳定的行为；更加自觉地防范各种风险，坚决战胜一切在政治、经济、文化、社会等领域和自然界出现的困难和挑战。要充分认识这场伟大斗争的长期性、复杂性、艰巨性，发扬斗争精神，提高斗争本领，不断夺取伟大斗争新胜利。通过进行伟大斗争，领导人民为创造美好未来而攻坚克难，披荆斩棘，爬坡过坎，推动中国由大国走向强国，建成富强民主文明和谐美丽的社会主义现代化强国，实现中华民族伟大复兴的中国梦。

（二）"建设伟大工程"明确宣示了我们"以什么样的主体力量"治国理政

习近平总书记强调，党要团结带领人民进行伟大斗争、推进伟大事业、实现伟大梦想，必须毫不动摇坚持和完善党的领导，毫不动摇推进党的建设新的伟大工程，把党建设得更加坚强有力。[①]

实现中华民族伟大复兴的中国梦，进行具有许多新的历史特点的伟大斗争，坚持和发展中国特色社会主义伟大事业，必须紧紧依靠人民、团结带领人民来完成。历史一再证明，中国这样一个大国，最怕的就是一盘散沙、四分五裂。而能够把中国各地区、各民族十几亿人

[①] 《党的二十大报告辅导读本》，人民出版社 2022 年版，第 544 页。

的力量凝聚起来，除了中国共产党，没有任何一个政治组织具有这样的条件和能力。实践证明，无论遇到什么样的风险、危机和艰难险阻，我们党都能带领人民不断从胜利走向胜利。中国特色社会主义最本质的特征是中国共产党领导，中国特色社会主义制度的最大优势是中国共产党领导，党是最高政治领导力量。坚持和完善党的领导，是党和国家的根本所在、命脉所在，是全国各族人民的利益所在、幸福所在。

坚持和完善党的领导，必须加强和改进党的建设。"打铁还要自身硬"，讲的就是这个道理。实践使我们越来越深刻地认识到，管党治党不仅关系党的前途命运，而且关系国家和民族的前途命运，必须以更大的决心、更大的勇气、更大的气力抓紧抓好。我国正处在改革开放的关键时期，随着经济体制深刻变革、社会结构深刻变动、利益格局深刻调整、思想观念深刻变化，各种社会矛盾逐渐显露。这些新情况，尤其是世情、国情、党情的发展变化，使我们党面临着许多前所未有的新考验，党的建设任务比以往任何时候都更加繁重。全党要以自我革命的政治勇气，着力解决党自身存在的突出问题，不断增强党自我净化、自我完善、自我革新、自我提高能力，经受"四大考验"，克服"四种危险"，确保党始终成为中国特色社会主义事业的坚强领导核心。

中国共产党承担着带领广大人民群众实现中华民族伟大复兴的历史使命，要进行具有许多新的历史特点的伟大斗争，面临的挑战很严峻，责任很重大，使命很光荣，需要自身更加坚强有力。必须全面从严治党，保持党的先进性和纯洁性，着力提高执政能力和领导水平，着力增强抵御风险和拒腐防变能力，不断把党的建设新的伟大工程推向前进。正是在这个意义上，习近平总书记指出，全党要坚持问题导向，保持战略定力，推动全面从严治党向纵深发展，把全面从严治党的思路举措搞得更加科学、更加严密、更加有效，确保党始终同人民想在一起、干在一起，引领承载着中国人民伟大梦想的航船破浪前进，胜利驶向光辉的彼岸。①

（三）"推进伟大事业"明确宣示了我们治国理政要"举什么旗、走什么路"

无论搞革命、搞建设、搞改革，道路问题都是最根本的问题。我们之所以能够创造出人类历史上前无古人的发展成就，最根本的原因就在于走出了中国特色社会主义的正确道路。习近平总书记指出："中国特色社会主义是改革开放以来党的全部理论和实践的主题，全党必须高举中国特色社会主义伟大旗帜，牢固树立中国特色社会主义道路自信、理论自信、制度自信、文化自信，确保党和国家事业始终沿着正确方向胜利前进。"② 现在，最关键的是坚定不移走这条道路、与时俱进拓展这条道路，推动中国特色社会主义道路越走越宽广。

中国特色社会主义伟大实践，不仅使我们国家快速发展起来，使我国人民生活水平快速提高起来，使中华民族大踏步赶上时代前进潮流、迎来伟大复兴的光明前景，而且使中国人民和中华民族为世界和平与发展作出了重大贡献。党的十八大以来，在新中国成立特别是改革开放以来我国发展取得重大成就的基础上，党和国家事业发生历史性变革，我国发展站到了新的历史起点上，中国特色社会主义进入了新时代、开启了新征程。

事实雄辩地证明，要发展中国、稳定中国，要加快推进社会主义现代化，要实现中华民族伟大复兴的中国梦，必须坚定不移坚持和发展中国特色社会主义。因此，我们要牢牢把握我国发展的阶段性特征，牢牢把握人民群众对美好生活的向往，继续统筹推进"五位一体"总体布局、协调推进"四个全面"战略布局，夺取新时代中国特色社会主义伟大胜利，为实现中华民族伟大复兴的中国梦不懈奋斗。

---

① 《习近平谈治国理政》第 2 卷，外文出版社 2017 年版，第 64 页。
② 《不忘初心　继续前进》，人民出版社、学习出版社 2017 年版，第 8 页。

（四）"实现伟大梦想"明确宣示了我们"朝着什么样的目标"治国理政

中国梦是历史的、现实的，也是未来的，既承担着中华民族的历史使命，又承担着当代中国的使命，也承担着未来中国发展走向的使命。中国梦的孕育昭示近代中国为实现民族独立、人民解放和国家富强、人民富裕两大历史任务作出的不懈努力。我们的民族是伟大的民族。在5000多年的文明发展历程中，中华民族为人类文明进步作出了不可磨灭的贡献。近代以来，我们的民族历经磨难，中华民族到了最危险的时候，为了实现中华民族伟大复兴，无数仁人志士奋起抗争，但一次又一次地失败了。中国共产党成立后，团结带领人民前仆后继、顽强奋斗，把贫穷落后的旧中国变成日益走向繁荣富强的新中国，中华民族伟大复兴展现出前所未有的光明前景。

习近平总书记指出："实现中华民族伟大复兴是一项光荣而艰巨的事业，需要一代又一代中国人共同为之努力。空谈误国，实干兴邦。我们这一代共产党人一定要承前启后、继往开来，把我们的党建设好，团结全体中华儿女把我们国家建设好，把我们民族发展好，继续朝着中华民族伟大复兴的目标奋勇前进。"我们的责任，就是要团结带领全党全国各族人民，接过历史的接力棒，继续为实现中华民族伟大复兴的伟大梦想而奋斗，使中华民族更加坚强有力地自立于世界民族之林，为人类作出新的更大的贡献。

"四个伟大"相互关联、相辅相成。以中华民族伟大复兴的中国梦为归宿，以中国特色社会主义的伟大事业为基础，以党的建设新的伟大工程为保障，以具有许多新的历史特点的伟大斗争为抓手，构成具有内在逻辑关联的有机整体。首先，"伟大事业"是实现"伟大梦想"的基础条件，也是"伟大斗争"和"伟大工程"的目标导向，具有承上启下的作用。离开了"伟大事业"，"伟大梦想"就是一句空话，"伟大工程"和"伟大斗争"也失去了方向。其次，"伟大工程"是实现"伟大梦想""伟大事业"和"伟大斗争"的政治保证，是"四个伟大"的关键所在。只有把"伟大工程"做好了，才能发挥好党的领导这一中国特色社会主义制度的最大优势，才能赢得"伟大斗争"，实现"伟大事业"和"伟大梦想"。再次，"伟大斗争"是推进其他三个"伟大"的途径和抓手，在"四个伟大"中处在第一线。只有坚持不懈地进行具有许多新的历史特点的伟大斗争，"伟大梦想""伟大事业"和"伟大工程"才能立于不败之地。换一个角度看，"四个伟大"环环相扣，层层递进。只有进行"伟大斗争"，才能建设"伟大工程"；只有建设"伟大工程"，才能推进"伟大事业"；只有推进"伟大事业"，才能实现"伟大梦想"。总之，对于"四个伟大"的战略总格局要贯通起来领会、联系起来把握、结合起来推进。最后，"伟大梦想"是"伟大事业""伟大工程"和"伟大斗争"的灯塔和归宿，在"四个伟大"中具有战略愿景的意义。"伟大事业""伟大斗争""伟大工程"归根结底就是要实现中华民族伟大复兴的中国梦。在新的历史起点上，实现中华民族伟大复兴的中国梦，既需要攻坚克难进行具有许多新的历史特点的伟大斗争这样的精神状态和锐利武器以提供强大动力，也需要毫不动摇推进党的建设新的伟大工程打造坚强领导主体力量以提供组织保证，还需要坚定不移推进中国特色社会主义伟大事业以确保改革和发展的正确方向和道路。进行伟大斗争、建设伟大工程、推进伟大事业，共同托起实现社会主义现代化和民族复兴中国梦的伟大梦想。

第四章 我国社会主要矛盾的 变化与贯彻新发展理念

党的十九大报告指出，中国特色社会主义进入了新时代，我国社会主要矛盾已经转化为人民日益增长的美好生活需要和不平衡不充分的发展之间的矛盾。这两个重大判断，关系我国发展全局和现代化国家进程。在新时代，党和国家工作的着力点就是要为满足人民日益增长的美好生活需要，更加努力地解决不平衡不充分的发展问题。

党的十八大以来的十年，是党和国家发展进程中极不平凡的十年。以习近平同志为核心的党中央坚持以人民为中心的发展思想，应对发展进程中的新矛盾新挑战，提出一系列新理念新思想新战略，推动党和国家事业发生了历史性变革、取得历史性成就。创新、协调、绿色、开放、共享的发展理念，是治国理政新理念新思想新战略的重要组成部分。提出新发展理念是党始终坚持以人民为中心的发展思想的体现，是党对发展理论的重大创新，开辟了马克思主义关于发展的最新境界。

深入学习充分领会习近平新时代中国特色社会主义思想，就必须坚定不移贯彻创新、协调、绿色、开放、共享的发展理念，加快构建新发展格局，建设现代化经济体系和产业体系，有力推动我国发展不断朝着更高质量、更有效率、更加公平、更可持续、更为安全的方向迈进。

一、我国社会主要矛盾发生了历史性变化

马克思主义哲学告诉我们，社会运动在不同阶段有不同的矛盾，社会运动的矛盾是普遍存在的。社会矛盾不断地变化，是社会发展的动力所在。认识和把握社会主要矛盾，有助于更好地解决矛盾，促进社会的发展。正确认识和把握我国在不同发展阶段的社会主要矛盾，也是确定党和国家中心任务、推动社会发展进步的重要前提。

（一）党对我国社会主要矛盾的认识过程

按照唯物辩证法的观点，人类社会同自然界的运动发展一样，是由众多矛盾构成的，矛盾无时不在、无处不在。在任何事物中存在多种矛盾，但各个矛盾的地位是不一样的，其中处于支配地位、对事物发展起决定作用的矛盾是主要矛盾，其他处于从属地位、对事物的发展不起决定作用的矛盾是次要矛盾。社会主要矛盾是社会运动中的客观存在，由矛盾运动的特殊性所决定，关系着社会的发展方向。由于矛盾方面发展的不平衡，又会引起社会主要矛盾的不断发展变化。社会主要矛盾的变化趋势有两种：一个是主要矛盾不变，随条件变化出现新的表现形态，旧的表现形态转化为新的表现形态；一个是原有主要矛盾退居次要矛盾而出现新的主要矛盾的表现形态。

毛泽东同志在《矛盾论》中指出："在复杂的事物的发展过程中，有许多的矛盾存在，其中必有一种是主要的矛盾，由于它的存在和发展规定或影响着其他矛盾的存在和发展。""任何过程如果有多数矛盾存在的话，其中必定有一种是主要的，起着领导的、决定的作用，其他则处于次要和服从的地位。"他认为，事物的主要矛盾不是一成不变的，主要矛盾和次要矛盾在一定条件下可以相互转化。当次要矛盾逐步发展，量的积累达到临界点之后，就会形成质变，次要矛盾转化为主要矛盾。

正确把握社会主要矛盾及其变化，是唯物辩证法和马克思主义认识论的客观要求，有助于及时处理和解决矛盾，更好促进社会运动向前发展。这既是实事求是的现实立足点，也是始终引领社会前进的出发点。

新中国成立以后，党对我国社会主要矛盾的认识总体上是不断深化的。1956 年，党的八大报告指出："我们国内的主要矛盾，已经是人民对于建立先进的工业国的要求同落后的农业国的现实之间的矛盾，已经是人民对于经济文化迅速发展的需要同当前经济文化不能满足人民需要的状况之间的矛盾。"这个主要矛盾是基于生产资料私有制的社会主义改造基本完成以后的判断，基本符合当时的中国国情。但1962 年，党的八届十中全会提出"无产阶级同资产阶级的矛盾为整个社会主义历史阶段的主要矛盾"，对这个主要矛盾判断出现了重大偏差，结果干扰了国家的发展建设，给党和国家事业带来了巨大的损失。

改革开放和社会主义现代化建设新时期是从正确认识和把握了我国社会主要矛盾开始的。1979 年，中央召开的理论工作务虚会明确指出，"我们的生产力发展水平很低，远远不能满足人民和国家的需要，这就是我们目前时期的主要矛盾"。1981 年，党的十一届六中全会通过的《关于建国以来党的若干历史问题的决议》对我国社会主要矛盾作了规范性的表述："在社会主义改造基本完成以后，我国所要解决的主要矛盾，是人民日益增长的物质文化需要同落后的社会生产之间的矛盾。"1987 年，党的十三大报告指出"我国正处在社会主义初级阶段"，重新明确"我们现阶段所面临的主要矛盾，是人民日益增长的物质文化需要同落后的社会生产之间的矛盾"。在社会主义初级阶段，一是剥削阶级已经消灭，阶级斗争虽然还在一定范围内存在，但社会的主要矛盾已经不是阶级斗争；二是社会主义初级阶段的生产力发展水平还很低，还落后于发达国家，远远不能满足人民的需要，社会主义具体制度也还不完善，仍然要把经济建设作为党和国家全部工作的中心。在此之后，"我国社会主义初级阶段的主要矛盾"这样的描述一直沿袭到党的十八大报告，为中国经济发展步入改革开放新时代提供了巨大的理论支撑。

党的十八大以来的十年，中国经济社会发生了全方位、开创性的历史性变革。以习近平同志为核心的党中央带领全国人民高瞻远瞩、把握大势，开拓进取、奋力拼搏，推动我国经济实力、科技实力、国防实力、综合国力进入世界前列，推动我国国际地位实现前所未有的提升，党的面貌、国家的面貌、人民的面貌、军队的面貌、中华民族的面貌发生了前所未有的变化，中华民族正以崭新姿态屹立于世界的东方。站在这个我国发展新的历史方位上，习近平总书记在党的十九大上向世人昭示，"中国特色社会主义进入新时代，我国社会主要矛盾已经转化为人民日益增长的美好生活需要和不平衡不充分的发展之间的矛盾"，我国社会主要矛盾的变化是关系全局的历史性变化。

提出新时代我国社会主要矛盾，是意义重大、影响深远的重大判断，是党的理论创新的重大成果，是科学社会主义理论的重大发展，将对今后党和国家工作提出全局性、历史性的新要求。

（二）全面理解新时代社会主要矛盾变化的基本内涵

全面理解新时代我国社会主要矛盾即"人民日益增长的美好生活需要和不平衡不充分的发展之间的矛盾"的科学内涵十分重要，可以从需求和供给两个方面的变化来分析。

一是从需求上认识人民日益增长的美好生活需要。党的十九大报告指出，我国稳定解决了十几亿人的温饱问题，总体上实现小康，不久将全面建成小康社会，人民美好生活需要日益广泛，不仅对物质文化生活提出了更高要求，而且在民主、法治、公平、正义、安全、环境等方面的要求日益增长。从人民对"美好生活需要"与"物质文化需要"的对比看，美好生活需要包括物质文化需要，但不全是物质文化需要；物质文化需要是美好生活需要中基础性、主体性的需要，但在较高发展阶段，仅有物质文化需要不一定完全满足美好生活需要。美好生活需要不仅包括物质文化生活需要，还包括更多层面的需要。

二是从供给上认识不平衡不充分的发展。"发展的不平衡"指出了供给的结构性问题，表现为我国经济、政治、文化、社会和生态文明"五位一体"建设上还存在突出的发展不平衡问题，具体表现在产品、产业、区域、城乡、收入、分配等方面的不平衡。如东中西及东北地区、沿海与内地、陆地与海洋、内地与边疆地区少数民族之间发展的不平衡、区域内部发展的各种不平衡，还包括发展中的先富、后富及贫困问题，等等。"发展的不充分"指出了供给水平不够高的问题，具体表现为无供给、低端供给、无效供给、短缺供给及错配供给等还在不同区域、不同层面、不同形式存在。另外，经济发展质量和效益还不高，创新能力不够强；生态环境保护欠账较多；民生领域还有不少短板；社会文明水平尚需提高；全面依法治国任务依然繁重，国家治理体系和治理能力有待加强等，也都体现了发展的不充分。

三是人民对美好生活的需要是日益增长的，发展必须与时俱进，不断进步。新时代中国社会主要矛盾的发展变化，本质上是社会主义初级阶段内部的矛盾转化，是更高发展水平上的矛盾关系，需求的内涵会不断拓展、外延不断提升。目前我们已然不同于过去40多年的需求状况，是更高水平的需求，反映出新时代中国消费需求换挡和升级。在中国特色社会主义新时代，人民对美好生活的需要和向往在未来还要不断充实、不断丰富，人民将从过去单一性、数量型物质文化需求扩展到多样化、高质量、内容丰富的美好生活需要，对经济、政治、文化、社会、生态"五位一体"的需要，对民主、法治、公平、正义、安全、环境等各方面的发展诉求会不断增加，这是更加全面、更高水平的需要。我们必须要用发展的、动态的、扩展的眼光去看待人民不断提升的需求，通过不断加快有质量、有效益、有创新的发展加以满足。这既是未来社会生产力发展的方向，也是中国经济社会转型发展的重要内生动力。在我们实现全面建成小康社会第一个百年奋斗目标后，按照党的二十大擘画的宏伟蓝图，我们再实现第一阶段"基本现代化"和第二阶段"富强民主文明和谐美丽的社会主义现代化强国"的目标。

四是正确把握"一个变化"和"两个没有变"的关系。党中央强调，我国社会主要矛盾的变化，没有改变我们对我国社会主义所处历史阶段的判断，我国仍处于并将长期处于社会主义初级阶段的基本国情没有变，我国是世界最大发展中国家的国际地位没有变。全党要牢牢把握社会主义初级阶段这个基本国情，牢牢立足社会主义初级阶段这个最大实际，牢牢坚持党的基本路线这个党和国家的生命线、人民的幸福线。这就要求我们必须正确认识"一个变化"和"两个没有变"的关系。第一，我们说社会主要矛盾发生变化，是在社会主义初级阶段这个历史阶段中发生的变化，不意味着社会主义初级阶段这个基本国情本身发生了变化。中国社会主要矛盾的变化没有改变对社会主义初级阶段基本国情的判断，不要把社会主要矛盾变化同社会主义初级阶段的关系对立。第二，我们所说的社会主义初级阶段是指社会主义的不发达阶段，在这个阶段，经济发展非常重要。同时也要认识到，经济发展水平并不是决定初级阶段的唯一条件，还应该同社会总体发展水平相联系。第三，社会主义初级阶段是一个很长的历史阶段，在这一长的历史进程中，我国社会主要矛盾必然随着社会的发展而变化。我们一定要准确地把握这种不断变化的特点，并根据这个变化来不断解决发展过程中遇到的矛盾和问题，必须继续坚持社会主义初级阶段理论，坚持以经济建设为中心不动摇，同时要更好地实现各项事业的全面发展。

（三）深刻把握新时代社会主要矛盾变化的重大意义

党中央作出新时代我国社会主要矛盾的重大判断，是我们党坚持辩证唯物主义和历史唯物主义的方法论，从历史和现实、理论和实践、国内和国际等方面的结合上进行思考，从我国社会发展的历史方位上进行思考，从党和国家事业发展大局出发进行思考得出的正确结论，具有重要的理论价值、深远的历史意义和重大的实践意义，必须深刻领会。

从理论价值上说，提出新时代社会主要矛盾是马克思主义基本原理的实践运用。唯物史观指出，物质资料的生产是人类生存和发展的基础，物质需求是人的第一需求，人们只有在物质需求基本满足之后，才能向精神文化、社会尊重等高层次需求发展。正如恩格斯在1883年发表的《在马克思墓前的讲话》中所指出的，"马克思发现了人类历史的发展规律，即历来为繁芜丛杂的意识形态所掩盖着的一个简单事实：人们首先必须吃、喝、住、穿，然后才能从事政治、科学、艺术、宗教等等。"当今中国，党和国家事业发生了历史性变革，中国特色社会主义进入新时代，习近平总书记坚持以马克思主义基本原理为指导，运用具体问题具体分析的方法，深刻分析我国社会主要矛盾运动发展的状态和趋势，准确把握人民日益增长的对美好生活的需要不断丰富的发展趋势，作出了我国社会主要矛盾转化的科学结论。这是我们党实事求是、与时俱进，善于聆听时代声音，创新21世纪马克思主义真理力量的重要体现。

从历史意义上说，提出新时代社会主要矛盾是深刻总结历史经验教训、顺应中国社会发展大势的重大决策。实践表明，能否正确地认识和把握社会主义社会的主要矛盾，并以此来确定工作重心和根本任务，事关社会主义的前途和命运。重大理论判断往往是开启发展新阶段的思想基础，是关乎全局的重大问题。"文化大革命"期间，党对中国社会主要矛盾的认识出现误判，党和国家工作的重心就出现了偏差，给党和人民事业带来重大损失，教训十分深刻。改革开放以后，党正确认识了发展阶段我国社会主要矛盾，坚持以经济建设为中心，作出改革开放的重大决策，中国面貌就发生了巨大变化。进入中国特色社会主义新时代，我国生产力发展水平和人民生活水平大幅提高，中国特色社会主义事业取得巨大发展，对社会主要矛盾的准确把握成为执政党必须面对的重大时代课题。党正确分析当今我国基本国情，作出新时代我国社会主要矛盾的科学判断，反映了以习近平同志为核心的党中央，始终坚持以人民为中心的发展思想，总结历史经验，顺应社会发展潮流，立足新时代新矛盾，开启新历史新征程的深厚的为民情怀和强烈的使命担当。紧扣社会主要矛盾变化，推进国家现代化进程，得到人民认可，经得起历史检验。

从实践意义上来说，提出新时代社会主要矛盾为制定新时代中国特色社会主义的新思路、新战略、新举措提供了基本依据。社会主要矛盾的变化，对社会发展起着根本性、全局性的作用。对社会主要矛盾的认识是党和国家制定正确路线方针政策的基础，是中国共产党确立发展理念、制定发展战略的关键。对"人民日益增长的美好生活需要"的判断，有助于党和国家更加全面分析和把握多方面、多样化、个性化、多变性、多层次的人民需要，更好地坚持以人民为中心的发展思想，不断满足人民群众追求美好生活的各项需求，与时俱进地研究分析人民群众需要的时代特点和演变发展规律，制定具体的路线、方针、政策和战略；对"不平衡不充分的发展"的判断，实事求是地反映了新时代中国特色社会主义的主要问题，要求我们党和国家的大政方针据此作出重大创新发展。我国社会主要矛盾的变化是关系全局的历史性变化，对党和国家的工作提出了许多新要求。在继续推动发展的基础上，我们要更加注重发展与人民美好生活需要相适应，更加注重发展提供更高水平更高质量的供给，更加注重发展的均衡性，更好推动人的全面发展和社会全面进步。

二、新发展理念的科学内涵和内在逻辑

我国社会主要矛盾的变化是关系全局的历史性变化，对党和国家工作提出了许多新要求。我们要深入贯彻落实新发展理念，着力解决好发展不平衡不充分问题，大力提升发展质量和效益，更好满足人民在经济、政治、文化、社会、生态等方面日益增长的需要，实现高质量发展，更好推动人的全面发展、社会全面进步。

（一）坚持以人民为中心的发展思想

人民是历史的创造者，是决定党和国家前途命运的根本力量。习近平总书记在党的十九大报告中指出，中国共产党人的初心和使命，就是为中国人民谋幸福，为中华民族谋复兴。我们党自成立之日起，就把坚持人民利益高于一切鲜明地写在自己的旗帜上，把全心全意为人民服务作为根本宗旨，把实现好维护好发展好最广大人民根本利益作为一切工作的出发点和落脚点，把实现人民对美好生活的向往作为我们党的奋斗目标。始终坚持以人民为中心的发展思想贯穿在我们党治国理政的全部实践中，我们党也始终依靠人民创造了历史的辉煌。

以人民为中心的发展思想诠释党的根本政治立场和价值取向。中国共产党作为马克思主义政党，根基在人民、力量在人民。党的性质

和根本宗旨决定了我们党必须始终坚持以人民为中心，任何时候都必须把人民利益放在第一位，把人民对美好生活的向往作为奋斗目标，把全心全意为人民服务作为党一切行动的根本出发点和最终目标。党的历史进程和宝贵经验也说明，密切联系群众是我们党最大的政治优势，始终坚持以人民为中心，始终保持党同人民群众的血肉联系，自觉从人民群众的伟大实践中汲取智慧和力量，真正为群众办实事、解难事、做好事，才能巩固党的执政地位，把党和人民的事业不断推向前进。习近平总书记在党的二十大报告中指出，"江山就是人民，人民就是江山。中国共产党领导人民打江山、守江山，守的是人民的心。"一切为了人民、一切依靠人民，坚持人民利益高于一切，是永葆党的创造力、凝聚力、战斗力的关键所在，是推进中国特色社会主义伟大事业的动力所在。

以人民为中心的发展思想是马克思主义发展观的题中应有之义。马克思主义经典作家认为，社会公正是人类发展的价值追求。社会主义制度就是给所有人提供"健康而有益的工作""充裕的物质生活和闲暇时间""真正的自由"，这体现了马克思主义的社会公正价值理念，最终只有消灭一切阶级，才能真正实现社会公正。马克思、恩格斯深切地关注人的发展、全人类的前途和命运，把人的全面、自由发展、全人类的解放，作为自己毕生研究的主题和为之奋斗的最高目标，作为衡量社会发展的最高价值标准。《共产党宣言》向全世界宣告了人的解放和自由发展的必然性，指出，"代替那存在着阶级和阶级对立的资产阶级旧社会的，将是这样一个联合体，在那里，每个人的自由发展是一切人的自由发展的条件。"马克思、恩格斯阐释的人的全面发展，既是人的需要的全面发展，也是人的能力的全面发展。人类社会发展的历史趋势，必然是人类本身向着全面自由发展。这些论述，是以人为中心发展思想的理论基础。

以人民为中心的发展思想，不是一个抽象的、玄奥的概念，不能只停留在口头上、止步于思想环节，而要体现在经济社会发展各个环节；党的一切工作必须以最广大人民根本利益为最高标准，要坚持把人民群众的小事当作自己的大事,从人民群众关心的事情做起,从让人民群众满意的事情做起。这就要求在中国特色社会主义进入新时代,我们党必须把以人民为中心的发展思想贯彻到治国理政全部活动之中,落实在扎扎实实的各项工作之中,更好满足人民在经济、政治、文化、社会、生态等方面日益增长的需要,让改革发展成果更多更公平惠及全体人民,更多体现为全体人民不断提升的获得感、幸福感和安全感,能够朝着实现全体人民共同富裕不断迈进,从而进一步赢得人民群众的认可和支持,汇聚起进行伟大斗争、建设伟大工程、推进伟大事业、实现伟大梦想的磅礴伟力。

创新、协调、绿色、开放、共享的发展理念,就是我们党紧扣社会主要矛盾的变化,聚焦解决人民群众最关注的热点难点焦点问题,总结实践经验形成的。贯彻好新发展理念,我们才能在已有经济社会发展的基础上,不断解决人民日益增长的美好生活的需要和不平衡不充分的发展之间的矛盾,不断实现好维护好发展好最广大人民的根本利益,不断推进人的全面发展和社会全面进步。

(二) 五大发展理念的科学内涵

关于创新发展。创新是引领发展第一动力。必须把创新摆在国家发展全局的核心位置,不断推进理论创新、制度创新、科技创新、文化创新等各方面创新,让创新贯穿党和国家一切工作,让创新在全社会蔚然成风。历史经验表明,崇尚创新,国家才有光明前景,社会才有蓬勃活力。上世纪 30 年代,美国经济学家约瑟夫·熊彼特在《经济发展理论》一书中最早提出了"创新理论"。他指出,技术不断创新,产业不断变迁,出现所谓的"创造性破坏",这是现代经济增长的最重要本质。对一些后发经济国家,在现代化进程中,一旦"后发优势""比较优势"等红利渐趋用尽,一国进入到更加成熟的发展阶段,创新能力不强就会成为制约经济增长的"阿喀琉斯之踵"。

当前我国已经成为全球经济大国和贸易大国,但经济规模大而不强、经济增长快而不优,关键领域核心技术受制于人的格局没有根本改变。在国际发展竞争日趋激烈和我国发展动力转换的形势下,没有创新发展，我们就难以摆脱过多依靠要素投入推动经济增长的路径依赖，难以实现经济持续健康发展，难以成为经济强国和创新大国。当前我国经济发展进入新常态，比以往任何时候都需要强化创新这个引领发展的第一动力。

一是要把创新摆在国家发展全局的核心位置。创新发展是提高社会生产力和综合国力的战略支撑，是适应和引领经济发展新常态的关键之举，也是适应时代发展大势和把握发展主动权的根本之策。在推进中国式现代化征程上，我们要切实把发展基点放在创新上，重点解决发展动力问题，深入实施创新驱动发展战略，塑造更多依靠创新驱动、更多发挥先发优势的引领型发展。要全面把握创新的丰富内涵，不断推进理论创新、制度创新、科技创新、文化创新等各方面创新。理论创新是社会发展和变革的先导，是各类创新活动的思想灵魂和方法来源；制度创新是持续创新的保障，是激发各类创新主体活力的关键；科技创新是国家竞争力的核心，是全面创新的主要引领；文化创新是一个民族永葆生命力和富有凝聚力的基础，各类创新活动不竭的精神动力。四个创新相互贯通，可以释放巨大的发展潜能。

二是要大力实施创新驱动发展战略。要紧紧抓住科技创新这个"牛鼻子"，发挥科技创新在全面创新中的引领作用。坚持战略和前沿导向，加强基础研究，强化原始创新、集成创新和引进消化吸收再创新，重视颠覆性技术创新，加快突破新一代信息通信、新能源、新材料、航空航天、生物医药、智能制造等领域核心技术；加快建设制造强国，支持战略性新兴产业、高技术产业发展，构建新型制造体系，建设现代产业新体系，全面发展现代服务业；推动基础设施、网络经济、蓝色经济等领域创新发展，释放新需求，创造新供给，拓展发展新空间，增强经济发展新动能。

要重点破除体制机制障碍，最大限度解放和激发科技作为第一生产力所蕴藏的巨大潜能。要深化科技等相关领域改革，加快形成有利于创新发展的市场环境、产权制度、投融资体制、分配制度、人才培养引进使用机制，强化企业创新主体地位和主导作用，形成一批有国际竞争力的创新型领军企业；坚持和完善基本经济制度，毫不动摇巩固和发展公有制经济，毫不动摇鼓励、支持、引导非公有制经济发展；持续推进简政放权、放管结合、优化服务，激发市场活力和社会创造力；还要创新和完善宏观调控方式，按照总量调节和定向施策并举、短期和中长期结合、国内和国际统筹、改革和发展协调的要求，创新调控思路和政策工具。

三是要努力形成全社会创新的浓厚氛围。党的二十大报告指出，教育、科技、人才是全面建设社会主义现代化国家的基础性、战略性支撑。要坚持创新在我国现代化建设中的核心地位，加快实施创新驱动发展战略，优化劳动力、资本、土地、技术、管理等要素配置，加快实现发展动力转换，激发创新创业活力，推动新技术、新产业、新业态蓬勃发展。要把人才作为支撑创新发展的第一资源，在创新实践中发现人才，在创新活动中培养人才，在创新事业中凝聚人才，在全社会大兴识才、爱才、敬才、用才之风，开创人人皆可成才、人人尽展其才的生动局面。

只有坚持创新发展，注重解决好发展动力问题，让创新贯穿党和国家的一切工作，让创新在全社会蔚然成风，我们才能推动中国经济实现高质量发展。

关于协调发展。协调是持续健康发展的内在要求。必须牢牢把握中国特色社会主义事业总体布局，正确处理发展中的重大关系，重点促进城乡区域协调发展，促进经济社会协调发展，促进新型工业化、信息化、城镇化、农业现代化同步发展，在增强国家硬实力的同时注重提升国家软实力，不断增强发展整体性。

当前我国区域发展不平衡、城乡发展不协调、产业结构不合理、经济和社会发展"一条腿长、一条腿短"等矛盾仍很突出。这制约了中国经济长期可持续发展，也是当前经济下行压力加大的重要原因，只有按照中国特色社会主义事业的总体布局，按照经济社会持续健康发展的内在要求，正确处理好经济发展中的这些重大关系，切实把调整比例、补齐短板、优化结构作为当前乃至更长一个时期的重大而紧迫的任务，在协调发展中拓宽发展空间，在加强薄弱领域中增强发展后劲，不断增强发展的整体性和协调性，我国经济发展才能行稳致远。

一要促进区域协调发展。要统筹东中西、协调南北方，继续实施西部开发、东北振兴、中部崛起、东部率先的区域发展总体战略。重点实施"一带一路"建设、京津冀协同发展、长江经济带建设、黄河流域生态保护和高质量发展等发展战略，加快构建要素有序自由流动、主体功能约束有效、基本公共服务均等、资源环境可承载的区域协调发展新格局。

二要促进城乡协调发展。要坚持工业反哺农业、城市支持农村，健全城乡发展一体化体制机制，推进城乡要素平等交换、合理配置和基本公共服务均等化，促进农业发展、农民增收，持续推进乡村振兴。深入推进以人为核心的新型城镇化，深化户籍制度改革，着力提高户籍人口城镇化率，努力实现基本公共服务常住人口全覆盖。

三要促进新型工业化、信息化、城镇化、农业现代化同步发展。要以信息化牵引产业结构升级，通过信息技术和产业深度融合，推动技术创新、产品创新、商业模式创新和管理创新。以新型工业化、城镇化带动农业现代化，以农业现代化保障国家粮食安全，夯实工业化、城镇化基础。

四要促进物质文明和精神文明协调发展。要坚持"两手抓、两手都要硬"，弘扬社会主义核心价值观，坚持社会主义先进文化前进方向，加快文化改革发展，加强社会主义精神文明建设，在增强国家硬实力的同时注重提升国家软实力，建设社会主义文化强国。

五要促进经济建设和国防建设融合发展。要坚持军民结合、寓军于民，加快形成全要素、多领域、高效益的军民深度融合发展格局，增强先进技术、产业产品、基础设施等军民共用的协调性等。

只有坚持协调发展，注重解决发展不平衡问题，切实树立大局意识、协同意识和补短意识，我们才能着力增强发展的整体性。

关于绿色发展。绿色是永续发展的必要条件和人民对美好生活追求的重要体现。必须坚持节约资源和保护环境的基本国策，坚持可持续发展，坚定走生产发展、生活富裕、生态良好的文明发展道路，加快建设资源节约型、环境友好型社会，形成人与自然和谐发展现代化建设新格局，推进美丽中国建设，为全球生态安全作出新贡献。

走向生态文明新时代，建设美丽中国，是实现中华民族伟大复兴中国梦的重要内容。我国资源约束趋紧，环境污染严重，生态系统退化，发展与人口资源环境之间的矛盾日益突出，已成为经济社会可持续发展的重大瓶颈制约。党的十八大以来，我们党将生态文明建设融入经济建设、政治建设、文化建设、社会建设各方面和全过程，坚持绿水青山就是金山银山的理念，坚持走生产发展、生活富裕、生态良好的文明发展道路，开创了社会主义生态文明新时代。

绿色是永续发展的必要条件和人民对美好生活追求的重要体现。纵观世界和中国发展实践，绿色发展符合自然规律和经济社会发展规律，是我国发展转型升级的战略选择，反映我国对生态环境认识的最新理念，是解决人与自然和谐发展的一把钥匙。"生态兴则文明兴，生态衰则文明衰"。面对当前我国生态环境破坏加剧的严峻形势，我们必须正确处理经济发展与生态环境保护的关系，树立尊重自然、顺应自然、保护自然的绿色发展理念，推动形成绿色发展方式和生活方式，协同推进人民富裕、国家富强、中国美丽。

一是要加快转变改造自然和利用自然的方式。要有度有序利用自然，促进人与自然和谐共生。按照人口资源环境相均衡、经济社会生态效益相统一的原则，控制开发强度，调整优化空间结构，构建科学合理的城市化格局、农业发展格局、生态安全格局和自然岸线格局，推动各地区依据主体功能定位发展。

二是要构建生态利用和保护的产业和制度体系。要全面节约和高效利用资源，推动低碳循环发展。强化约束性指标管理，对能源和水资源消耗、建设用地等实行总量和强度双控，加强高能耗行业能耗管控，实施全民节能行动，促进节能、节水、节地、节材、节矿，全面提高资源利用效率。推进能源革命，加快能源技术创新，建设清洁低碳、安全高效的现代能源体系。按照"减量化、再利用、资源化、减量化优先"的原则，推进生产、流通、消费各环节的循环经济发展。

要健全生态文明制度体系，用制度保护生态环境。健全法律法规，完善标准体系，建立自然资源资产产权制度和用途管制制度，推行生态保护补偿机制，严格生态环境监管制度和政绩考核制度，加快建立系统完整的生态文明制度体系，引导、规范和约束各类开发、利用、保护自然资源的行为。

三是要加大生态环境治理力度实现生态环境质量总体改善。要推进多污染物综合防治和环境治理，实行联防联控和流域共治，继续打好大气、水、土壤污染防治"三大战役"。坚持城乡环境治理并重，工业污染源必须全面达标排放，加大农业面源污染防治力度，千方百计确保食品安全，加快解决人民群众反映强烈的环境问题。要加强生态保护和修复，筑牢生态安全屏障。坚持保护优先、自然恢复为主，实施山水林田湖草沙等生态保护和修复工程，构建生态廊道和生物多样性保护网络。对重要生态区、脆弱区，要合理退出人口和产业，降低经济活动强度。开展大规模国土绿化行动，完善天然林保护制度，扩大退耕还林还草，系统整治江河流域，推进荒漠化、石漠化、水土流失综合治理。

四是大力培育公民和社会保护生态环境意识。要牢固树立绿水青山就是金山银山的理念，在全社会形成浓厚的环境保护氛围，切实提高全社会保护生态环境的自觉性和积极性，让环境文明深入到每个群众的生活之中，让环境文明成为普通老百姓的基本价值观。

只有坚持绿色发展，注重解决人与自然和谐问题，加快建设资源节约型、环境友好型社会，形成人与自然和谐发展现代化建设新格局，我们才能建成天蓝地绿水清的美丽中国。

关于开放发展。开放是国家繁荣发展的必由之路。必须顺应我国经济深度融入世界经济的趋势，奉行互利共赢的开放战略，坚持内外需协调、进出口平衡、引进来和走出去并重、引资和引技引智并举，发展更高层次的开放型经济，积极参与全球经济治理和公共产品供给，提高我国在全球经济治理中的制度性话语权，构建广泛的利益共同体。

改革开放以来，我国坚持对外开放的基本国策，形成了全方位、多层次、宽领域的对外开放格局，建立了中国特色开放型经济体系。当前，我国已经发展成为世界第二大经济体、第一大货物贸易国、第一大外汇储备国，是名副其实的经济大国。中国发展奇迹得益于对外开放，引领新常态仍然要靠进一步扩大对外开放。开放是国家繁荣发展的必由之路。必须坚持立足国内和全球视野相统筹，既以新理念新思路新举措主动适应和积极引领经济发展新常态，又从全球经济联系中进行谋划，重视提高在全球范围配置资源的能力。新常态下，开放发展是提高发展质量和解决发展内外联动问题的必然选择。

面对经济全球化深入发展，世界经济深度调整，我国经济与世界经济的相互联系相互影响明显加深的新形势，我们必须顺应我国经济深度融入世界经济的趋势，坚定不移奉行互利共赢的开放战略，统筹国内国际两个大局，更好利用两个市场两种资源，努力形成深度融合的互利合作格局，把我国开放型经济提升到新水平。

一是要完善对外开放新布局。创新开放模式，加快培育国际经济合作竞争新优势。促进沿海内陆沿边开放优势互补，形成各有侧重的对外开放基地。坚持进出口平衡，推动外贸向优质优价、优进优出转变。发展服务贸易，建设贸易强国。坚持引进来和走出去并重、引资和引技引智并举，放宽外商投资准入限制，支持企业走出去，推进国际产能合作，深度融入全球产业链、价值链、物流链。

二是要形成对外开放新体制。要进一步完善法治化、国际化、便利化的营商环境。保持外资政策稳定、透明、可预期，健全有利于合作共赢并同国际贸易投资规则相适应的体制机制。全面实行准入前国民待遇加负面清单管理制度，促进内外资企业一视同仁、公平竞争。提高自由贸易试验区建设质量，在更大范围推广复制。

三是要统筹推进"一带一路"建设。"一带一路"建设是扩大对外开放的重大战略举措，要坚持共商共建共享原则，秉持亲诚惠容，以"五通"即政策沟通、设施联通、贸易畅通、资金融通、民心相通为主要内容，以企业为主体，实行市场化运作，推进同有关国家和地区多领域互利共赢的务实合作，打造陆海内外联动、东西双向开放的全面开放新格局。与此同时，还要深化粤港澳大湾区建设，支持香港、澳门更好融入国家发展大局；继续致力于促进两岸经济文化交流合作，深化两岸各领域发展，为实现中华民族伟大复兴更好发挥作用。

四是要积极参与全球经济治理和公共产品供给。要推动国际经济治理体系改革完善，积极承担国际责任和义务，促进国际经济秩序朝着平等公正、合作共赢的方向发展。加快实施自由贸易区战略，致力于形成面向全球的高标准自由贸易区网络。坚持共同但有区别的责任原则、公平原则、各自能力原则，积极参与应对全球气候变化谈判，落实减排承诺，为发展中国家的发展和世界的共同繁荣创造更好的国际环境。

只有坚持开放发展，注重解决发展内外联动问题，推进公平开放、全面开放、双向开放、共赢开放，提高我国在全球经济治理中的制度性话语权，构建广泛的利益共同体，我们才能进一步提升开放型经济水平。

关于共享发展。共享是中国特色社会主义的本质要求。必须坚持发展为了人民、发展依靠人民、发展成果由人民共享，作出更有效的制度安排，使全体人民在共建共享发展中有更多获得感，增强发展动力，增进人民团结，朝着共同富裕方向稳步前进。

坚定不移走共同富裕道路，是社会主义的本质要求，是社会主义制度优越性的集中体现。改革开放以来，我国人民生活水平、居民收入水平、社会保障水平持续提高，但仍存在收入差距较大、社会矛盾较多、部分群众生活比较困难等问题，全面建成小康社会还有不少"短板"要补。

习近平总书记在 2013 年十二届全国人大一次会议闭幕会上发表重要讲话指出："中国梦归根到底是人民的梦，必须紧紧依靠人民来实现，必须不断为人民造福。"他在党的十八届五中全会上强调，"人民是推动发展的根本力量，必须坚持以人民为中心的发展思想，把增进人民福祉、促进人的全面发展作为发展的出发点和落脚点，发展人民民主，维护社会公平正义，保障人民平等参与、平等发展权利，充分调动人民积极性、主动性、创造性。"坚持共享发展就是落实以人民为中心的发展思想，坚持发展为了人民、发展依靠人民、发展成果由人民共享，使全体人民在共建共享中有更多获得感。

要增加公共服务供给，提高公共服务共建能力和共享水平。坚持普惠性、保基本、均等化、可持续方向，从解决人民最关心最直接最现实的利益问题入手，完善基本公共服务体系，努力实现基本公共服务全覆盖。加快社会事业改革发展，坚持教育优先发展，促进起点公平和机会公平。增加财政转移支付，重点向中西部、农村和贫困地区倾斜。完善社会保障制度，兜住兜牢人民群众生活底线。坚持计划生育的基本国策，全面实施一对夫妇可生育两个孩子政策，促进人口均衡发展，积极应对人口老龄化。

要深化收入分配制度改革，形成合理的收入分配格局。坚持居民收入增长和经济增长同步、劳动报酬提高和劳动生产率提高同步，完善市场评价要素贡献并按贡献分配的机制。实施更加积极的就业政策，鼓励以创业带就业，推动实现更加充分、更高质量的就业。构建初次分配、再分配、三次分配协调配套的体制机制，加大税收、社保、转移支付等调节力度，增加低收入群体收入，扩大中等收入群体比重，合理调节高收入，取缔非法收入，形成两头小、中间大的橄榄型收入分配结构。

只有坚持共享发展，注重解决社会公平正义问题，作出更有效的制度安排，增强发展动力，增进人民团结，我们才能不断增进人民福祉，朝着实现全体人民共同富裕的目标稳步前进。

（三）五大发展理念的内在逻辑和辩证关系

五大发展理念是一个相互影响、相互贯通、相互促进的有机整体，有着深刻的内在联系，体现着辩证思维和统筹兼顾的科学方法论。

创新发展，体现了发展的本质，是五大发展理念的灵魂，居于发展的核心位置，是发展的内在动力。创新发展的要义，是以创新驱动代替要素驱动，其根本任务是让科技、制度、管理、文化等系列创新，贯穿打造发展新引擎、培育发展新动力的全过程，驱动全局实现更高质量、更高效益的发展。坚持创新发展，可以为其它发展提供持续的驱动力，通过自身发展强力驱动协调、绿色、开放和共享发展，促使一个行业、一个地区的发展更加均衡、更加环保、更加优化、更加包容的整体发展。创新发展对其它四个发展具有驱动作用，也受到其它四个发展的反向驱动，构成了其自身的辩证法和方法论。

协调发展，体现了发展的方式，是五大发展理念的骨干，是推动发展变革的根本手段，也是提升发展的根本标志。协调发展的要义，是以"协调"保证发展的均衡和全面，强调的是注重补短板，杜绝片面性、破坏性和畸形的发展，表明了其在发展全局中具有统筹地位。协调发展，抓住了辩证发展认识论和方法论的要领，形成以创新发展带动绿色、开放和共享发展的局面，用这四个发展的充分发展来体现协调发展。但协调发展又深受这四个发展的制约，任何一个发展的不好或不够好，就不是真正的协调发展。协调发展其自身统筹的特性，凸显了重点论与两点论的辩证法。

绿色发展，体现了发展的性质，是五大发展理念的血脉，也是其他发展的哲学基础。坚持绿色发展，注重的是更加环保、更加和谐，深刻影响着一个地区的发展模式和幸福指数，将显著提高人们的生活质量，使共享发展成为有质量的发展。实现绿色发展，需要不断地进行技术创新和理念创新，客观要求以创新为前提，以协调为手段，以群众的满意为目标，实现经济与环保发展的和谐、人与自然发展的和谐。绿色发展既是对其它发展的内在要求，又是衡量其它发展的标准，能很好地表达其它发展的发展质量，体现了人与自然的矛盾对立统一规律和矛盾转化方法的运用，彰显了其包含的辩证法的方法论。

开放发展，体现了发展的姿态，是五大发展理念的翅翼，是拓展发展空间，繁荣发展的必由之路。坚持开放发展，强调的是以开放带动战略，显现发展的开放性和竞争性，推动更加优化的发展，更加融入世界的发展，实现各国之间、各地区之间互利共赢、共同发展。开放发展，对创新发展要求特别迫切，对协调、绿色和共享发展有特殊的要求。开放发展又能为创新、协调、绿色和共享发展带来借鉴、带来生机和活力。同时，这四个发展又进一步刺激了开放发展。开放发展以其联动性和带动性，显示了创造矛盾转换条件和推进因果变化的辩证方法。

共享发展，体现了发展的目的，是五大发展理念的生命，也是其他发展的根本出发点和最终落脚点。坚持共享发展，强调的是一切的发展都是为了人的发展，突出的是以更加公平、更加正义确保人民享有发展成果，这将为其他四种发展提供理论支持和治理动力。同时，共享发展，又能调动人民群众支持和参与发展的积极性，挖掘群众中蕴藏的无穷无尽的创新能量，促进创新、协调、绿色、开放的发展，推动更新发展理念和根本变革发展的坚定性，从而形成了发展目标和发展手段的辩证统一。

总的来说，五大发展理念，既各有侧重又相互支撑，共同构成了一个开辟未来发展前景的顶层设计，形成了一个系统化的逻辑体系。习近平总书记指出，"五大发展理念是不可分割的整体，相互联系、相互贯通、相互促进，要一体坚持，一体贯彻，不能顾此失彼，也不能相互替代。"[1] 深刻把握五大发展理念的内在逻辑和辩证关系，树立全面系统的思维，掌握科学统筹的方法，我们才能统一思想、统一贯彻，切实以发展新理念推动发展全局的变革，推进我国经济社会迈向一个新的发展阶段。

三、牢固树立和自觉践行新发展理念

理念是行动的先导。新发展理念管全局、管根本、管方向、管长远。习近平总书记指出，新发展理念要落地生根、变成自觉实践，关键在各级领导干部的认识和行动。[2] 党员干部特别是领导干部要牢固

---

[1] 《习近平关于社会主义经济建设论述摘编》，中央文献出版社 2017 年版，第 33 页。

[2] 习近平：《全党必须完整、准确、全面贯彻新发展理念》，载于《求是》2022 年 16 期。

树立和自觉践行新发展理念，思想上要纯正，认识上要深刻，行动上要到位，切实把发展新理念作为引领发展的指挥棒和红绿灯，不断提高贯彻新发展理念的能力和水平。

要深学笃用、辩证思维。"知之愈明，则行之愈笃"。确立新发展理念，需要不断学、深入学、持久学，领会好、领会透；需要结合历史学、多维比较学、联系实际学，在时间与空间的审视中，在历史与现实的观照中，认识新发展理念的真理力量，从灵魂深处确立对新发展理念的自觉和自信，使之变成改造客观世界的物质力量。还要用好辩证法，对贯彻落实新发展理念进行科学设计和施工。既要把握新发展理念的指导意义，也要有专业思维、专业素养、专业方法；既要坚持系统的观点，做到相互促进、齐头并进，也要坚持"两点论"和"重点论"的统一，区分轻重缓急、抓住主要矛盾。要增强大局意识、战略意识，善于算大账、总账、长远账，不能单打独斗、顾此失彼，不能偏执一方、畸轻畸重。对不适应、不适合甚至违背新发展理念的认识要立即调整，对不适应、不适合甚至违背新发展理念的行为要坚决纠正，对不适应、不适合甚至违背新发展理念的做法要彻底摒弃。

要创新手段、勇于实践。"非知之难，行之惟难"。要善于通过改革和法治推动贯彻落实新发展理念。在贯彻落实中，对中央改革方案中的原则性要求，可以结合实际，创新手段，落实主体责任，进一步具体化。既要发挥改革的推动作用，遇到改革方案的空白点，遇到思想阻力和工作阻力，要积极探索、大胆试验，又要发挥法治的保障作用，注重运用法治思维和法治方式；既要积极主动、未雨绸缪，下好先手棋、打好主动仗，不能松懈斗志、半途而废；又要见微知著、防微杜渐，做好应对任何矛盾风险挑战的准备。在深化改革中贯彻落实，在推进法治中稳步向前，在防范风险中不断完善，才能顺利实现这场关系发展全局的深刻变革。

要奋发有为、敢于担当。"良好的精神状态，是做好一切工作的重要前提"。落实新理念、引领新常态，迫切需要干部队伍拿出奋发有为的状态、敢闯敢试的斗志、开拓进取的精神，迫切需要发挥干部队伍主观能动性和创造精神推动发展。要把严格管理干部和热情关心干部结合起来，推动广大干部心情舒畅、充满信心，层层负责、人人担当。要把先行先试的失误和明知故犯的违纪违法行为区分开来，把探索性试验中的失误同我行我素的违纪违法行为区分开来，把推动发展的无意过失同谋取私利的违纪违法行为区分开来，从而保护那些作风正派又敢作敢为、锐意进取的干部，最大限度调动广大干部的积极性、主动性、创造性，用新状态贯彻落实新理念，以新理念开拓发展新境界，真正做到崇尚创新、注重协调、倡导绿色、厚植开放、推进共享。

四、加快构建新发展格局

面对百年大变局加速演进的时代之变，为在风云激荡的国际竞合中，牢牢把握建设社会主义现代化国家的战略主动权，习近平总书记多次强调要加快构建以国内大循环为主体、国内国际双循环相互促进的新发展格局。习近平总书记这一重大论述，是我们党对新形势下经济发展客观规律的正确把握和实践运用，是习近平经济思想的重要内容，是马克思主义政治经济学的最新理论成果，是新发展阶段统筹中华民族伟大复兴战略全局和世界百年未有之大变局，谋划和开展经济工作的根本遵循和行动指南。

（一）深刻认识加快构建新发展格局的重大战略意义

习近平总书记指出："加快形成以国内大循环为主体、国内国际双循环相互促进的新发展格局，是根据我国发展阶段、环境、条件变化作出的战略决策，是事关全局的系统性深层次变革。"[1] 明者因时而变，知者随事而制。以国内大循环为主体是统筹发展与安全、筑牢高质量发展的安全之基，国内国际双循环相互促进是统筹国内国际两个大局、强化高质量发展的动力之源。面对美西方对我的围堵打压升级

---

① 习近平：《关于〈中共中央关于制定国民经济和社会发展第十四个五年规划和二〇三五年远景目标的建议〉的说明》，载于《经济日报》2020 年 11 月 4 日。

和乌克兰危机的冲击外溢，只有加快构建新发展格局，更充分发挥国内超大规模市场优势，更好利用两种资源、两个市场，才能更加积极有效应对不稳定、不确定因素，在危机中育先机、于变局中开新局。

　　加快构建新发展格局是新发展阶段下贯彻新发展理念、推动高质量发展的战略选择。习近平总书记指出，"新时代新阶段的发展必须贯彻新发展理念，必须是高质量发展"。① 我国进入新发展阶段，要深刻认识错综复杂的国际环境带来的新矛盾新挑战，深刻认识我国社会主要矛盾变化带来的新特征新要求。防范化解各类风险隐患，积极应对外部环境变化带来的冲击挑战，关键在于办好自己的事，提高发展质量。我国社会主要矛盾已经转化为人民日益增长的美好生活需要和不平衡不充分的发展之间的矛盾，发展中的矛盾和问题也集中体现在发展质量上。当前，发展不平衡不充分，主要表现为创新能力不适应高质量发展要求，供给结构不匹配问题较为突出，流通体系现代化程度不高，城乡区域发展和收入分配差距较大，民生保障存在短板，生态环保任重道远，社会治理还有弱项，经济安全存在一些隐患等。解决发展不平衡不充分问题，推动高质量发展，必须从各个环节、各个部门、各个领域全面畅通国内大循环。打通生产、流通、分配、消费等环节内部和相互之间的堵点，促进现代金融、科技创新与实体经济的良性循环，畅通产业循环、市场循环、经济社会循环，进而提升供给体系对国内需求的适配性，实现需求牵引供给、供给创造需求的更高水平动态平衡，在更高水平、更高质量社会生产和再生产的循环中不断满足人民日益增长的美好生活需要。解决发展不平衡不充分问题，推动高质量发展，必须立足国内国际双循环相互促进。畅通国内大循环，以国内促国际，可以为正在受保护主义上升、全球市场萎缩困扰的世界经济增添发展新动力，在推动全球复苏中畅通国际大循环。参与国际大循环，以国际促国内，可以进一步为我国企业开拓更大的成

---

　　① 习近平：《关于〈中共中央关于制定国民经济和社会发展第十四个五年规划和二〇三五年远景目标的建议〉的说明》，载于《经济日报》2020 年 11 月 4 日。

长空间，实现更高水平的国内大循环。国内国际双循环相互促进，必将推动国内市场和国际市场更好联通，必将推动国内资源和国外资源更有效利用，促进国民经济实现更加强劲、更可持续、更高质量的发展。

加快构建新发展格局是新发展环境下统筹发展与安全、实现更为安全发展的必由之路。习近平总书记指出，"今后一个时期，我们将面对更多逆风逆水的外部环境，必须做好应对一系列新的风险挑战的准备。"以国内大循环为主体，就能用国内市场之盈补海外市场之缺，就能用国内的稳定性确定性对冲国际的不稳定性不确定性，就能在变局中牢牢把握住我国经济发展的主动权。"中国经济是一片大海，而不是一个小池塘。""狂风骤雨可以掀翻小池塘，但不能掀翻大海。经历了无数次狂风骤雨，大海依旧在那儿！"只要我们集中力量办好自己的事，发挥巨大市场需求潜力，用超大规模市场容量容纳更多市场主体提供的产品和服务，激发上亿市场主体活力，尽快突破关键核心技术，推动经济持续健康发展，就能持续提升我国在世界经济中的地位和影响力，就能在全球供应链大重构、全球复苏进程大分化、新一轮科技革命和产业变革加速演变中占据主动。实现国内国际双循环相互促进，顺应和引领全球化历史潮流，就能在推动构建人类命运共同体中实现更为安全的发展。"经济全球化仍是历史潮流，各国分工合作、互利共赢是长期趋势。"[①] 畅通国内大循环，以国内促国际，可以为其他国家提供更广阔的市场机会，为更多的外资外企提供更大的成长空间，有助于推动建设开放型世界经济，在促进全球包容性增长中维护经济全球化。参与国际大循环，以国际促国内，将进一步增强国内国际经济联动效应，使我国成为吸引国际商品和要素资源的巨大引力场。国内国际双循环相互促进将使我国既深度参与国际分工，又牢牢掌握发展主动权，实现安全与发展的相互增进。

---

① 习近平：《共建创新包容的开放型世界经济——在首届中国国际进口博览会开幕式上的主旨演讲》，人民出版社 2018 年版。

加快构建新发展格局是新发展条件下培育新增长动力、重塑竞争优势的根本举措。习近平总书记指出，"构建新发展格局，是与时俱进提升我国经济发展水平的战略抉择，也是塑造我国国际经济合作和竞争新优势的战略抉择。"① 我国要素禀赋条件已经发生深刻变化，要素成本低、环境容量大等传统优势正在逐步削弱，同时国内生产总值将超过100万亿元人民币、中等收入群体超过4亿人、科技人力资源总量超过1亿人等超大规模市场优势进一步显现。畅通国内大循环，实现以国内大循环为主体，是加快形成竞争新优势的基础。习近平总书记指出，"实践反复告诉我们，关键核心技术是要不来、买不来、讨不来的。"② 突破关键核心技术，提升自主创新能力，必须要依托我国超大规模市场和完备产业体系，打通阻碍产业与科技、需求与供给高水平循环的淤点堵点，创造有利于新技术快速大规模应用和迭代升级的独特优势，加速科技成果向现实生产力转化。同时，"国内循环越顺畅，越能形成对全球资源要素的引力场，越有利于构建以国内大循环为主体、国内国际双循环相互促进的新发展格局，越有利于形成参与国际竞争和合作新优势。"国内国际双循环相互促进，才能不断巩固和增强竞争新优势。"中国经济要发展，就要敢于到世界市场的汪洋大海中去游泳"。在游泳中才能学会游泳，在竞争中才能获得竞争优势。畅通国内大循环，以国内促国际，可以增强全球产业链、供应链、创新链的韧性，国内市场越大、创新能力越强，就越有利于畅通创新资源的国际大循环。参与国际大循环，以国际促国内，可以更好学习和吸收全球先进技术、管理经验、创新文化，在开放中推进自主创新。国内国际双循环相互促进，将在更高起点上、更大空间内推动科技创新和优势的转换，在竞争中不断提升我国在全球产业链、供应链、价值链、创新链中的地位和竞争力。

---

① 《中共中央关于制定国民经济和社会发展第十四个五年规划和二〇三五年远景目标的建议》，人民出版社 2020 年版，第 52 页。

② 习近平：《论把握新发展阶段、贯彻新发展理念、构建新发展格局》，中央文献出版社 2021 年版，第 271 页。

（二）新发展格局理论是对新发展理念和总体安全观的深化和拓展

新发展格局理论是对新发展理念的深化和拓展。党的十八大以来，以习近平同志为核心的党中央继承和发展了马克思主义发展观，科学把握当今世界和当代中国的发展大势，党和国家事业取得历史性成就，发生历史性变革，并形成了以"创新、协调、绿色、开放、共享"为主要内容的新发展理念，深刻回答了我们需要"实现什么样的发展、怎样实现发展"的重大问题，这是党领导经济工作必须长期坚持的基本方针。发展必须是创新发展，要解放思想，把创新放在我国发展全局的核心位置，因循守旧是没有出路的。发展必须是协调发展，统筹兼顾、综合平衡，着力解决我国长期存在的发展不平衡问题。发展必须是绿色发展，这是突破资源环境瓶颈约束，调整经济结构、实现可持续发展的必然选择。发展必须是开放发展，只有发展更高层次的开放型经济，才能更好顺应和平、发展、合作、共赢的世界潮流。发展必须是共享发展，国家建设是全体人民共同的事业，国家发展过程也是全体人民共享成果的过程，共享是发展的出发点和落脚点。

新发展格局理论拓展和丰富了新发展理念，使安全成为新发展理念的重要内容。习近平总书记多次强调要统筹发展与安全，"必须把新发展理念贯穿发展全过程和各领域，实现更高质量、更有效率、更加公平、更可持续、更为安全的发展。"推动创新发展、协调发展、绿色发展、开放发展、共享发展，前提都是国家安全、社会稳定。要处理好发展和安全的关系，有效防范和应对可能影响现代化进程的系统性风险。新发展格局理论在实现更高质量、更有效率、更加公平、更可持续的发展基础上，强调了"更为安全"的发展要求；在实现发展规模、速度、质量、结构、效益相统一的基础上，强调了"安全"的目标，这标志着"安全"已成为新发展理念的重要内容，是对新发展理念的最新贡献。

新发展格局理论是总体国家安全观的深化和拓展。习近平总书记指出，"当前我国国家安全内涵和外延比历史上任何时候都要丰富，时空领域比历史上任何时候都要宽广，内外因素比历史上任何时候都要复杂，必须坚持总体国家安全观""安而不忘危，存而不忘亡，治而不忘乱"。[①] 我国发展仍然处于重要战略机遇期，但机遇和挑战都有新的发展变化，面临的矛盾、风险、博弈也前所未有，要立足国际秩序大变局来把握规律，立足防范风险的大前提来统筹谋划，建设更高水平的平安中国。

新发展格局理论，把新发展理念和总体国家安全观有机结合起来，更加强调国家安全必须以经济安全为基础。新发展格局理论强调以国内大循环为主体，把安全发展贯穿国家发展各领域和全过程，并把提升自主创新能力、加快突破关键核心技术作为关键，就是要将创新主动权、发展主动权牢牢掌握在自己手中，就是为了筑牢保障国家安全的经济技术基础，就是更加突出在国内国际双循环相互促进过程中，不断增强自身竞争能力、开放监管能力和风险防控能力。明者防祸于未萌，智者图患于将来。新发展格局理论就是要求全党，认清形势，未雨绸缪，统筹好发展与安全这两件大事，做好应对任何情况下和任何形式的矛盾风险挑战的准备。

（三）在加快构建新发展格局中推动社会主义现代化强国建设

党的二十大吹响了全面建设社会主义现代化国家的冲锋号。推动中国式现代化，必须认真学习贯彻习近平总书记的新发展格局理论，把加快构建新发展格局作为现代化强国建设全局和全过程的大逻辑，实现更高质量、更有效率、更加公平、更可持续、更为安全的发展。

坚持供给侧结构性改革战略方向，提升供给体系对国内需求的适配性。加快构建新发展格局，要始终坚持"实体经济是基础，各种制造业不能丢"的原则，坚持以供给侧结构性改革为主线，保持制造业在整个经济中始终占有一个合适的比例，重视信息技术等生产性服务业发展，按照"巩固、增强、提升、畅通"八字方针，提升供给体系

[①]《习近平关于总体国家安全观论述摘编》，中央文献出版社 2018 年版。

对国内需求的适配性，在更高质量、更高层次、更高水平上满足我国全体人民特别是中等收入群体消费升级的需求，促进供给与需求的动态平衡。要以加快技术改造、提升质量标准和强化市场监管为重点，增强高水平供给能力，减少从生产到消费的各种中间环节，努力实现满足最终需求的产品和服务从无到有、从有到优、从优到强的转变。要抓住"降成本"这个核心，继续推进减税降费、减租降息，帮助企业解决当前面临的租金、税费、社保、融资等各方面难题，保住市场主体。要加大对5G、人工智能等新型基础设施投资和企业技术改造，加快补齐公共服务体系的短板，创造传统产业转型升级、融合发展的基础保障条件。要增强微观主体活力，发挥企业主观能动性，破除各类要素流动壁垒。要鼓励引导企业加强技术改造，促进数字化、智能化、绿色化转型，注重利用技术创新和规模效应形成新的竞争优势，提升产业链水平。要畅通国民经济循环，以推动实体经济、金融业、房地产业等部门报酬结构再平衡为重点，引导各类资源和生产要素更多流向实体经济。

坚持扩大内需这个战略基点，夯实国内市场主导的国民经济循环。经济循环是一个周而复始的过程，以国内大循环为主体，关键是打通生产、分配、流通、消费各个环节内部和相互之间的障碍。生产环节方面，要减少和消除制度、技术、成本等方面的制约，提供高质量产品和服务供给。分配环节方面，要健全体现效率、促进公平的收入分配制度，稳步提高居民收入，扩大中等收入群体，完善覆盖全民的社会保障体系，在居民收入持续稳定增长和减少消费者的后顾之忧中扩大内需。流通环节方面，要进一步发展高效的流通和物流体系，切实规范市场秩序，大幅减少各种交易环节，提高流通效率和降低流通成本。消费环节方面，要以强化市场科学监管为重点，减少从生产到消费的各种中间环节，塑造干净透明、活力高效的消费环境，让消费者买得放心省心安心，提升消费者信心，不断满足消费升级对高质量产品和服务的需求。

坚持以增强科技创新能力为核心，提高产业链供应链稳定性、安全性和竞争力。创新是统筹发展与安全的交汇点，既是引领发展的第一动力，也是确保产业安全和国家经济安全的根本保障。要发挥集中力量办大事的制度优势、超大规模市场优势和完备产业体系的配套优势，把有效市场和有为政府结合起来，按照不同技术的创新规律，强化关键环节、关键领域、关键产品保障能力和科技自立自强能力，在"长板"上夯实拉紧全球产业链对我国的依存关系，形成对外方人为断供的强有力反制和威慑能力，在"短板"上制定不同情境下的应对办法，有计划、有重点地逐步攻克"卡脖子"的关键核心技术。要改革完善政府采购、考核评价等体制和政策，创造有利于国内新技术快速大规模应用和迭代升级的机会，促进资金、技术、应用、市场等要素对接，努力解决成果转化、市场应用"最后一公里"有机衔接问题，加速科技成果向现实生产力转化。要完善金融支持政策，构建以风险投资和直接融资为主体的创新友好型金融体系。要弘扬科学家精神，坚持问题导向、目标导向，优化基础研究布局，提高基础创新和原始创新能力，从源头上化解各种"卡脖子"技术瓶颈背后的重大科学问题。要弘扬企业家精神，发挥企业在技术创新中的主体作用，推动产业链上中下游、大中小企业融通创新，使企业成为创新要素集成、科技成果转化的生力军。要坚持开放创新，加强国际科技交流合作。要实施产业基础再造和产业链提升工程，巩固传统产业优势，强化优势产业领先地位，着力打造自主可控、安全可靠的产业链、供应链，抓紧布局战略性新兴产业、未来产业，提升产业基础高级化和产业链现代化水平，全面提高我国经济发展的质量、效益和国际竞争力。

坚持更大力度破除体制机制障碍，使各项改革朝着推动形成新发展格局聚焦发力。加快构建新发展格局面临不少新情况、新问题，要善于运用改革思维和改革办法去解决。要把增强市场主体活力和发展的内生动力作为改革的出发点和立足点。要强化竞争政策的基础性地位，全面实施市场准入负面清单制度，全面落实公平竞争审查制度，打造市场化、法治化、国际化营商环境，依法平等保护国有、民营、外资等各种所有制企业产权和自主经营权，促进各类市场主体公平竞争。要加快国有经济布局优化和结构调整，深化国资国企改革。要以要素市场化配置改革为重点，加快建设统一开放、竞争有序的市场体系，实现要素价格市场决定、流动自主有序、配置高效公平。要以保护产权、维护契约、统一市场、平等交换、公平竞争、有效监管为基本导向，不断完善社会主义市场经济法治体系。要构建亲清政商关系，真正让市场在资源配置中起决定性作用，同时要更好发挥政府作用。

坚持扩大高水平对外开放，打造国际合作和竞争新优势。要适应新发展格局的要求，对接国际高标准市场规则体系，实行更加积极主动的开放战略，实施更大范围、更宽领域、更深层次的全面开放，在更高水平开放中促进国内国际双循环。要加快构建全方位、多层次、多元化的开放合作格局，"凡是愿意同我们合作的国家、地区和企业，包括美国的州、地方和企业，我们都要积极开展合作"①，特别要重视与欧盟、日本等发达经济体的开放合作，推动共建"一带一路"走深走实和高质量发展。要加快国内自由贸易试验区、自由贸易港建设，促进形成对外开放新高地，健全外商投资准入前国民待遇加负面清单管理制度，推动规则、规制、管理、标准等制度型开放。要加强国际产业安全合作，形成具有更强创新力、更高附加值、更安全可靠的产业链供应链。抓住新冠肺炎疫情后的共识，推动与金砖国家和其他国家之间的数字经济合作，打造具有国际竞争力的数字产业集群。要积极参与全球经济治理体系改革，促进贸易和投资自由化便利化，推动构建更高水平的国际经贸规则，形成更加公平合理的国际经济治理体系。

坚持完善宏观经济治理，实现稳增长和防风险统筹兼顾和长期均衡。加快构建新发展格局有赖于一个稳定、可预期的宏观环境。要充分发挥制度优势，健全以五年规划和中长期远景目标为战略导向，财政、货币、就业、投资、消费、产业、区域等各类政策的协调和协同的顶层设计。要把握好宏观调控时度效，发挥好宏观政策逆周期调节

---

① 习近平：《在经济社会领域专家座谈会上的讲话》，新华每日电讯，2020年8月25日。

作用。要健全中央银行货币政策决策机制，完善基础货币投放机制，推动货币政策从数量型调控为主向价格型调控为主转型。要更好发挥财政政策对经济结构优化升级的支持作用，健全货币政策和宏观审慎政策双支柱调控框架。要完善政府市场监管、社会管理、公共服务、生态环境保护等职能，进一步提高宏观经济治理能力。要坚持底线思维，高度重视经济、科技、社会等领域的风险，早识别、早预警、早发现、早处置，既要有防范风险的先手，也要有应对和化解风险挑战的高招；既要打好防范和抵御风险的有准备之战，也要打好化险为夷、转危为机的战略主动战，力争不出现重大风险，即使出现重大风险也能扛得住、过得去。

第五章 中国特色社会主义事业发展的
总体布局和战略布局

党的十八大以来，中国特色社会主义进入新时代。以习近平同志为核心的党中央把握历史大势和时代潮流，掌握党和国家事业发展的历史主动，统筹把握中华民族伟大复兴战略全局和世界百年未有之大变局，在中国特色社会主义的整体部署上，创造性地提出统筹推进"五位一体"总体布局、协调推进"四个全面"战略布局，丰富和发展了我国改革开放和社会主义现代化建设的顶层设计。"五位一体"总体布局和"四个全面"战略布局相互促进、统筹联动，从全局上确立了新时代坚持和发展中国特色社会主义的战略规划和部署，体现出我们党对中国特色社会主义建设规律的认识达到了新高度，具有重大现实意义和深远历史意义。

一、"五位一体"总体布局和"四个全面"战略布局的形成过程

（一）"五位一体"总体布局的形成

"五位一体"总体布局是中国共产党深刻总结社会主义建设历史经验形成的重要理论认知。早在上个世纪七十年代至八十年代，党和国家的领导人已经考虑在社会发展过程中，社会不同层面、不同领域的划分和互相配合关系。邓小平同志在给1979年中国文艺工作者第四

次代表大会的祝词中，提出在建设高度物质文明的同时还要建设高度的社会主义精神文明①。这是对社会两大领域关系的表述，当时对二者关系的表达叫"两手抓，两手都要硬"。

1986 年 9 月党的十二届六中全会通过的《中共中央关于社会主义精神文明建设指导方针的决议》，提出了我国社会主义现代化建设的总体布局，即：以经济建设为中心，坚定不移地进行经济体制改革，坚定不移地进行政治体制改革，坚定不移地加强精神文明建设，并且使这几个方面互相配合，互相促进。这个总体布局已经涉及到经济、政治、文化三大领域，强调它们之间的协调和配合。这可以理解为"三位一体"总体布局的初步表达。1997 年，党的十五大报告提出，建设有中国特色社会主义的经济、政治、文化的基本目标和基本政策，有机统一，不可分割，构成党在社会主义初级阶段的基本纲领②。这里将经济、政治、文化的"有机统一"表达为"基本纲领"，并认为这是邓小平理论的重要内容，是党的基本路线在经济、政治、文化等方面的展开，已经包含着总体布局的意思。

2005 年，胡锦涛同志在省部级主要领导干部提高构建社会主义和谐社会能力专题研讨班上的讲话中，提出经济建设、政治建设、文化建设、社会建设"四位一体"的问题。党的十七大报告提出："要按照中国特色社会主义事业总体布局，全面推进经济建设、政治建设、文化建设、社会建设，促进现代化建设各个环节、各个方面相协调，促进生产关系与生产力、上层建筑与经济基础相协调。"③

2012 年 11 月党的十八大报告中提出："在全面建设小康社会进程中推进实践创新、理论创新、制度创新，强调坚持以人为本、全面协调可持续发展，提出构建社会主义和谐社会、加快生态文明建设，形成中国特色社会主义事业总体布局""建设中国特色社会主义，总依

---

① 《邓小平文选》第 3 卷，人民出版社 1993 年版，第 180 页。

② 《江泽民文选》第 2 卷，人民出版社 2006 年版，第 18 页。

③ 胡锦涛：《高举中国特色社会主义伟大旗帜　为夺取全面建设小康社会新胜利而奋斗》，载于《人民日报》2007 年 10 月 25 日。

据是社会主义初级阶段，总布局是五位一体，总任务是实现社会主义现代化和中华民族伟大复兴。"① 这是对"五位一体"总体布局的经典性表述。社会主义建设的总体布局的表述经历了"二位一体""三位一体""四位一体"再到"五位一体"的过程。这体现着中国特色社会主义实践不断推进、理论不断创新的进程。

（二）"四个全面"战略布局的形成过程

"四个全面"战略布局是对马克思主义思想的继承、对中国优秀传统文化和国际治理经验的借鉴，是在对中国特色社会主义实践经验的概括基础上形成的。

"四个全面"战略布局具有马克思主义的思想渊源。马克思主义关于社会发展趋势、发展阶段、发展目标、发展动力及社会发展战略的思想，构成了建成小康社会的理论来源。马克思、恩格斯深刻地阐述了生产力和生产关系、经济基础和上层建筑的矛盾是推动人类社会发展的基本动力，推动着人类社会的发展，社会改革是为了让人得到自由而全面的发展，因此必须树立人民群众是历史的创造者的观点，这些思想构成了全面深化改革的理论基础。马克思、恩格斯批判地继承了历史上的法治思想，深刻指出法律是要为民服务的，社会主义法治建设的前提是无产阶级掌握政权的国家的建立，并指明了社会主义法治的本质是民主的法治，这些思想构成了依法治国的理论来源。马克思、恩格斯起草了世界无产阶级政党的第一个纲领性文件《共产党宣言》，明确了无产阶级政党的性质和宗旨，强调加强无产阶级政党的思想建设和组织建设。无产阶级政党既要坚持党内民主，又要坚持党的纪律和统一的原则。这些思想构成了全面从严治党的理论来源。

"四个全面"战略布局思想继承着中国优秀传统文化的资源。小康社会是中华民族自古以来追求的理想社会状态。全面建成小康社会蕴含传统的"民本""富民"思想。"民为邦本"体现了古代传统的

---

① 胡锦涛：《坚定不移沿着中国特色社会主义道路前进　为全面建成小康社会而奋斗》，人民出版社 2012 年版，第 13 页。

"民本"思想；"富民而教之""百姓足，君孰与不足"等体现了古代传统的"富民"思想。全面深化改革蕴含传统治理的"变通""不循古""穷则变，变则通，通则久"的思想。全面依法治国承袭着传统治理"法治"思想中的合理因素。"法令既行，纪律自正，则无不治之国，无不化之民""有治法而后有治人"等体现了传统的法治思想萌芽。全面从严治党承袭着传统治理"贤人政治"思想中的合理因素。"圣人治吏不治民""若安天下，先正其身""朋党误国"等体现的传统吏治思想，重视执政者的自身修养，是中国传统治国思想的一大特点。这种"贤人政治"思想，是全面从严治党的重要思想来源之一。

"四个全面"战略布局是中国特色社会主义实践经验的概括。全面建成小康社会是党不断总结小康社会建设实践经验，对以邓小平同志为代表的中国共产党人关于"三步走"发展战略之第二步的重大战略定位。从改革开放初邓小平提出小康社会，到20世纪末我国完成第二步战略目标，实现了总体小康；从党的十六大提出要用20年建设全面小康的新目标，到党的十八大提出确保到2020年达成全面建成小康社会的宏伟目标，再到习近平总书记在庆祝中国共产党成立100周年大会上庄严宣布，我们实现了第一个百年奋斗目标，在中华大地上全面建成了小康社会。多年来，党不断总结改革开放以来小康社会建设的历史经验与现实经验，并随着实践变化发展，不断对战略目标进行调整和完善，逐步形成了关于全面建成小康社会的理论认识。

特别需要指出的是，随着全面建设小康社会取得决定性进展，2020年10月，党的十九届五中全会对"四个全面"战略布局作出新的表述，将"全面建成小康社会"调整为"全面建设社会主义现代化国家"。这一调整是对我党一百年来浴血奋战、百折不挠、自力更生、发奋图强、锐意进取伟大进程，以及对我国四十多年来解放思想、改革开放、接续奋斗推进小康社会建设伟大历史进程的科学总结，是开启全面建设社会主义现代化国家新征程、实现第二个百年奋斗目标的动员令，在推进新的"四个全面"战略布局中具有历史转折性意义。

　　全面深化改革是党系统总结改革开放实践经验和理论经验的集中成果。1978 年党的十一届三中全会，作出了把工作重点转移到经济建设上来、实行改革开放的重大决策，改革大幕正式拉开，中国进入了生机勃勃的改革创新时期。经历了 30 多年改革，党的十八届三中全会明确判断：中国改革步入了深水区和攻坚期，进入全面深化改革的历史时期。党在系统总结改革经验基础上，作出关于全面深化改革的重大决定。改革开放的历史成就，是推动全面深化改革的实践新起点；改革开放的宝贵经验，是关于全面深化改革理论的逻辑新起点。

　　全面依法治国是党总结我国法治建设经验教训作出的重要决策。改革开放之后，我国的法治建设取得了长足的发展和巨大的进步，2010 年年底中国特色社会主义法律体系已经形成。但是还必须清醒地看到，有法不依、执法不严、违法不究的现象还在一定范围内存在。基于对中国法治建设现实状况的清醒认识，党的十八大提出要加快我国社会主义法治国家建设的步伐。党的十八届四中全会确立了全面推进依法治国的总目标。

　　全面从严治党是我党最鲜明品格。我们党始终高度重视从严治党。毛泽东同志强调的"加强纪律性，革命无不胜"家喻户晓，他还强调要"厉行廉洁政治，严惩公务人员之贪污行为，禁止任何公务人员假公济私之行为，共产党员有犯法者从重治罪"①。邓小平同志曾经指出："但对我们来说，要整好我们的党，实现我们的战略目标，不惩治腐败，特别是党内高层的腐败现象，确实有失败的危险。"②党的十三大报告中提出"党要管党、从严治党"，此后在党的历届代表大会的报告中不断强调、予以推进。党的十八大以来，新一届中央领导集体在总结过去党的自身建设经验的基础上，对全面从严治党进行了部署，显示出从严治党的坚定决心。习近平总书记强调，"全面从严治党，核心是加强党的领导，基础在全面，关键在严，要害在治。"③

---

　　① 《毛泽东文集》第 2 卷，人民出版社 1993 年版，第 335 页。
　　② 《邓小平文选》第 3 卷，人民出版社 1993 年版，第 313 页。
　　③ 习近平：《论坚持党对一切工作的领导》，中央文献出版社 2019 年版，第 122 页。

"全面从严治党是党的十八大以来党中央抓党的建设的鲜明主题。办好中国的事情，关键在党，关键在党要管党，从严治党。"[①] 在以习近平同志为核心的党中央坚强领导下，经过党的自我革命，管党治党宽松软状况得到根本扭转，风清气正的党内政治生态不断形成和发展。

"四个全面"战略布局是对国际治理有益经验的借鉴。全面建成小康社会战略目标的提出汲取了国际上"以人为中心的发展观"的治理经验。全面建成小康社会，就是要使社会大众共同享受社会发展的红利，逐步消除贫困。全面建设社会主义现代化国家，就是在全面小康的基础上，不断推进中国式现代化，实现中华民族伟大复兴。全面深化改革汲取了打破"中等收入陷阱"的国际发展经验，旨在实现包容性发展。国际经验表明，跨越"中等收入陷阱"，必须全面深化改革，调适政治经济系统，打破阻碍持续发展、共享发展的一切体制机制障碍，推进国家治理走向善治。全面依法治国汲取"法治是良政善治基石"的国际治理经验，旨在建设法治中国。纵观人类政治文明史，国家的良政善治无不依赖于法治，国家治理的最大特征便是推崇法治精神。全面从严治党汲取政党兴衰的国际治理经验，旨在建设组织化、制度化、科学化的现代政党。处于现代化过程的国家，政党的制度化、组织化程度至关重要。没有政党治理的制度化和现代化，就不可能有国家治理的制度化和现代化，全面从严治党是国家治理现代化的题中之义。

"四个全面"战略布局是推进中华民族伟大复兴历史进程的现实需要。马克思说："理论在一个国家实现的程度，总是决定于理论满足这个国家的需要的程度。"科学理论必然是时代的产物、实践的产物。"四个全面"战略布局是我们党站在新的历史起点上，深刻总结国内国际发展实践，适应新的形势任务要求，坚持和发展中国特色社会主义新探索新实践的重要成果。"四个全面"战略布局不是凭空得来的，而是从我国发展现实需要中得出来的，从人民群众的热切期待

---

① 《十八大以来主要文献选编》（下），中央文献出版社 2018 年版，第 407 页。

中得出来的，也是为推动解决我们面临的突出矛盾和问题提出来的。

二、统筹推进"五位一体"总体布局

"五位一体"总体布局，包含经济、政治、文化、社会和生态文明建设，是通过五大领域的互相配合和统筹推进，更好满足人民在经济、政治、文化、社会、生态等方面日益增长的需要，更好推动人的全面发展、社会全面进步。

（一）贯彻新发展理念，持续推进社会主义经济建设

在"五位一体"总体布局中，经济建设是最为根本和关键的方面，构成"五位一体"总体布局的基础。党的十九大提出：我国经济已由高速增长阶段转向高质量发展阶段，正处在转变发展方式、优化经济结构、转换增长动力的攻关期，建设现代化经济体系是跨越关口的迫切要求和我国发展的战略目标。党的二十大报告强调，高质量发展是全面建设社会主义现代化国家的首要任务。没有坚实的物质技术基础，就不可能全面建成社会主义现代化强国。发展是解决我国一切问题的基础和关键，发展必须是科学发展，必须坚定不移贯彻创新、协调、绿色、开放、共享的发展理念。创新是引领发展的第一动力。必须把创新摆在国家发展全局的核心位置，不断推进理论创新、制度创新、科技创新、文化创新，让创新贯穿党和国家一切工作，让创新在全社会蔚然成风。协调是持续健康发展的内在要求。必须牢牢把握中国特色社会主义事业总体布局，正确处理发展中的重大关系，重点促进城乡区域协调发展，促进经济社会协调发展，促进新型工业化、信息化、城镇化、农业现代化同步发展，在增强国家硬实力的同时注重提升国家软实力，不断增强发展整体性。绿色是永续发展的必要条件和人民对美好生活追求的重要体现。必须坚持节约资源和保护环境的基本国策，坚持可持续发展，坚定走生产发展、生活富裕、生态良好的文明发展道路，加快建设资源节约型、环境友好型社会，形成人与自然和谐发展现代化建设新格局，推进美丽中国建设，为全球生态安全作出新贡献。开放是国家繁荣发展的必由之路。必须顺应我国经

济深度融入世界经济的趋势，奉行互利共赢的开放战略，坚持内外需协调、进出口平衡、引进来和走出去并重、引资和引技引智并举，发展更高层次的开放型经济，积极参与全球经济治理和公共产品供给，提高我国在全球经济治理中的制度性话语权，构建广泛的利益共同体。共享是中国特色社会主义的本质要求。必须坚持发展为了人民、发展依靠人民、发展成果由人民共享，作出更有效的制度安排，使全体人民在共建共享发展中有更多获得感，增强发展动力，增进人民团结，朝着共同富裕方向稳步前进。[①] 五大发展理念顺应了我国发展现状和时代发展潮流，是我国发展难题的破解之道、发展动力的增强之道和发展优势的培植之道，也是"五位一体"总体布局的落实之道、深化之道和贯通之道。

（二）健全人民当家作主制度体系，发展社会主义民主政治

坚持党的领导、人民当家作主、依法治国有机统一是社会主义政治发展的必然要求。必须坚持中国特色社会主义政治发展道路，坚持和完善人民代表大会制度、中国共产党领导的多党合作和政治协商制度、民族区域自治制度、基层群众自治制度，巩固和发展最广泛的爱国统一战线，发展社会主义协商民主，健全民主制度，丰富民主形式，拓宽民主渠道，保证人民当家作主落实到国家政治生活和社会生活之中。

坚持党的领导、人民当家作主、依法治国有机统一。党的领导是人民当家作主和依法治国的根本保证，人民当家作主是社会主义民主政治的本质特征，依法治国是党领导人民治理国家的基本方式，三者统一于我国社会主义民主政治伟大实践。要把加强党的集中统一领导和支持人大、政府、政协和法院、检察院依法依章程履行职能、开展工作、发挥作用统一起来。要改进党的领导方式和执政方式，保证党领导人民有效治理国家。要扩大人民有序政治参与，保证人民依法实

---

① 《中共中央关于制定国民经济和社会发展第十三个五年规划的建议》，载于《人民日报》2015 年 11 月 4 日。

行民主选举、民主协商、民主决策、民主管理、民主监督。要维护国家法制统一、尊严、权威，加强人权法治保障，保证人民依法享有广泛权利和自由。巩固基层政权，完善基层民主制度，保障人民知情权、参与权、表达权、监督权。健全依法决策机制，构建决策科学、执行坚决、监督有力的权力运行机制。加强人民当家作主制度保障。人民代表大会制度是坚持党的领导、人民当家作主、依法治国有机统一的根本政治制度安排，必须长期坚持、不断完善。要支持和保证人民通过人民代表大会行使国家权力。发挥人大及其常委会在立法工作中的主导作用，健全人大组织制度和工作制度，支持和保证人大依法行使立法权、监督权、决定权、任免权，更好发挥人大代表作用，使各级人大及其常委会成为全面担负起宪法法律赋予的各项职责的工作机关，成为同人民群众保持密切联系的代表机关。完善人大专门委员会设置，优化人大常委会和专门委员会组成人员结构。

发挥社会主义协商民主重要作用。有事好商量，众人的事情由众人商量，是人民民主的真谛。协商民主是实现党的领导的重要方式，是我国社会主义民主政治的特有形式和独特优势。要推动协商民主广泛、多层、制度化发展，统筹推进政党协商、人大协商、政府协商、政协协商、人民团体协商、基层协商以及社会组织协商。加强协商民主制度建设，形成完整的制度程序和参与实践，保证人民在日常政治生活中有广泛持续深入参与的权利。人民政协是具有中国特色的制度安排，是社会主义协商民主的重要渠道和专门协商机构。人民政协工作要聚焦党和国家中心任务，围绕团结和民主两大主题，把协商民主贯穿政治协商、民主监督、参政议政全过程，完善协商议政内容和形式，着力增进共识、促进团结。加强人民政协民主监督，重点监督党和国家重大方针政策和重要决策部署的贯彻落实。增强人民政协界别的代表性，加强委员队伍建设。

深化依法治国实践。全面依法治国是国家治理的一场深刻革命，必须坚持厉行法治，推进科学立法、严格执法、公正司法、全民守法。成立中央全面依法治国领导小组，加强对法治中国建设的统一领导。

加强宪法实施和监督，推进合宪性审查工作，维护宪法权威。推进科学立法、民主立法、依法立法，以良法促进发展、保障善治。建设法治政府，推进依法行政，严格规范公正文明执法。深化司法体制综合配套改革，全面落实司法责任制，努力让人民群众在每一个司法案件中感受到公平正义。加大全民普法力度，建设社会主义法治文化，树立宪法法律至上、法律面前人人平等的法治理念。各级党组织和全体党员要带头尊法学法守法用法，任何组织和个人都不得有超越宪法法律的特权，绝不允许以言代法、以权压法、逐利违法、徇私枉法。

深化机构和行政体制改革。统筹考虑各类机构设置，科学配置党政部门及内设机构权力、明确职责。统筹使用各类编制资源，形成科学合理的管理体制，完善国家机构组织法。转变政府职能，深化简政放权，创新监管方式，增强政府公信力和执行力，建设人民满意的服务型政府。赋予省级及以下政府更多自主权。在省市县对职能相近的党政机关探索合并设立或合署办公。深化事业单位改革，强化公益属性，推进政事分开、事企分开、管办分离。

巩固和发展爱国统一战线。统一战线是党的事业取得胜利的重要法宝，必须长期坚持。要高举爱国主义、社会主义旗帜，牢牢把握大团结大联合的主题，坚持一致性和多样性统一，找到最大公约数，画出最大同心圆。坚持长期共存、互相监督、肝胆相照、荣辱与共，支持民主党派按照中国特色社会主义参政党要求更好履行职能。全面贯彻党的民族政策，深化民族团结进步教育，铸牢中华民族共同体意识，加强各民族交往交流交融，促进各民族像石榴籽一样紧紧抱在一起，共同团结奋斗、共同繁荣发展。全面贯彻党的宗教工作基本方针，坚持我国宗教的中国化方向，积极引导宗教与社会主义社会相适应。加强党外知识分子工作，做好新的社会阶层人士工作，发挥他们在中国特色社会主义事业中的重要作用。构建亲清新型政商关系，促进非公有制经济健康发展和非公有制经济人士健康成长。广泛团结联系海外侨胞和归侨侨眷，共同致力于中华民族伟大复兴。

坚持"一国两制"，推进祖国统一。保持香港、澳门长期繁荣稳定，实现祖国完全统一，是实现中华民族伟大复兴的必然要求。必须把维护中央对香港、澳门特别行政区全面管治权和保障特别行政区高度自治权有机结合起来，确保"一国两制"方针不会变、不动摇，确保"一国两制"实践不变形、不走样。要全面准确贯彻"一国两制"、"港人治港"、"澳人治澳"、高度自治的方针，严格依照宪法和基本法办事，完善与基本法实施相关的制度和机制。要支持特别行政区政府和行政长官依法施政、积极作为，团结带领香港、澳门各界人士齐心协力谋发展、促和谐，保障和改善民生，有序推进民主，维护社会稳定，履行维护国家主权、安全、发展利益的宪制责任。要支持香港、澳门融入国家发展大局，以粤港澳大湾区建设、粤港澳合作、泛珠三角区域合作等为重点，全面推进内地同香港、澳门互利合作，制定完善便利香港、澳门居民在内地发展的政策措施。要坚持爱国者为主体的"港人治港""澳人治澳"，发展壮大爱国爱港爱澳力量，增强香港、澳门同胞的国家意识和爱国精神，让香港、澳门同胞同祖国人民共担民族复兴的历史责任、共享祖国繁荣富强的伟大荣光。解决台湾问题、实现祖国完全统一，是全体中华儿女共同愿望，是中华民族根本利益所在。必须继续坚持"和平统一、一国两制"方针，推动两岸关系和平发展，推进祖国和平统一进程。必须坚持一个中国原则，坚持"九二共识"，推动两岸关系和平发展，深化两岸经济合作和文化往来，推动两岸同胞共同反对一切分裂国家的活动，共同为实现中华民族伟大复兴而奋斗。

（三）坚定文化自信，推动社会主义文化繁荣兴盛

文化是一个国家、一个民族的灵魂。文化自信是一个国家、一个民族发展中更基本、更深沉、更持久的力量。必须坚持马克思主义，牢固树立共产主义远大理想和中国特色社会主义共同理想，培育和践行社会主义核心价值观，不断增强意识形态领域主导权和话语权，推动中华优秀传统文化创造性转化、创新性发展，继承革命文化，发展社会主义先进文化，不忘本来、吸收外来、面向未来，更好构筑中国精神、中国价值、中国力量，为人民提供精神指引。

牢牢掌握意识形态工作领导权。必须推进马克思主义中国化时代化大众化，建设具有强大凝聚力和引领力的社会主义意识形态，使全体人民在理想信念、价值理念、道德观念上紧紧团结在一起。要加强理论武装，推动新时代中国特色社会主义思想深入人心。深化马克思主义理论研究和建设，加快构建中国特色哲学社会科学，加强中国特色新型智库建设。坚持正确舆论导向，高度重视传播手段建设和创新，提高新闻舆论传播力、引导力、影响力、公信力。加强互联网内容建设，建立网络综合治理体系，营造清朗的网络空间。落实意识形态工作责任制，加强阵地建设和管理，旗帜鲜明反对和抵制各种错误观点。

培育和践行社会主义核心价值观。要以培养担当民族复兴大任的时代新人为着眼点，强化教育引导、实践养成、制度保障，发挥社会主义核心价值观对国民教育、精神文明创建、精神文化产品创作生产传播的引领作用，把社会主义核心价值观融入社会发展各方面，转化为人们的情感认同和行为习惯。坚持全民行动、干部带头，从家庭做起，从娃娃抓起。深入挖掘中华优秀传统文化蕴含的思想观念、人文精神、道德规范，结合时代要求继承创新，让中华文化展现出永久魅力和时代风采。加强思想道德建设。要提高人民思想觉悟、道德水准、文明素养，提高全社会文明程度。广泛开展理想信念教育，深化中国特色社会主义和中国梦宣传教育，弘扬民族精神和时代精神，加强爱国主义、集体主义、社会主义教育，引导人们树立正确的历史观、民族观、国家观、文化观。深入实施公民道德建设工程，推进社会公德、职业道德、家庭美德、个人品德建设，激励人们向上向善、孝老爱亲，忠于祖国、忠于人民。加强和改进思想政治工作，深化群众性精神文明创建活动。弘扬科学精神，普及科学知识，开展移风易俗、弘扬时代新风行动，抵制腐朽落后文化侵蚀。推进诚信建设和志愿服务制度化，强化社会责任意识、规则意识、奉献意识。

繁荣发展社会主义文艺。必须坚持以人民为中心的创作导向，在深入生活、扎根人民中进行无愧于时代的文艺创造。要繁荣文艺创作，坚持思想精深、艺术精湛、制作精良相统一，加强现实题材创作，不断推出讴歌党、讴歌祖国、讴歌人民、讴歌英雄的精品力作。发扬学术民主、艺术民主，提升文艺原创力，推动文艺创新。倡导讲品位、讲格调、讲责任，抵制低俗、庸俗、媚俗。加强文艺队伍建设，造就一大批德艺双馨名家大师，培育一大批高水平创作人才。

推动文化事业和文化产业发展。要深化文化体制改革，完善文化管理体制，加快构建把社会效益放在首位、社会效益和经济效益相统一的体制机制。完善公共文化服务体系，深入实施文化惠民工程，丰富群众性文化活动。加强文物保护利用和文化遗产保护传承。健全现代文化产业体系和市场体系，创新生产经营机制，完善文化经济政策，培育新型文化业态。广泛开展全民健身活动，加快推进体育强国建设。加强中外人文交流，以我为主、兼收并蓄。推进国际传播能力建设，讲好中国故事，展现真实、立体、全面的中国，提高国家文化软实力。

（四）提高保障和改善民生水平，加强和创新社会治理

增进民生福祉是发展的根本目的。必须多谋民生之利、多解民生之忧，在发展中补齐民生短板、促进社会公平正义，在幼有所育、学有所教、劳有所得、病有所医、老有所养、住有所居、弱有所扶上不断取得新进展，深入开展脱贫攻坚，保证全体人民在共建共享发展中有更多获得感，不断促进人的全面发展、全体人民共同富裕。建设平安中国，加强和创新社会治理，维护社会和谐稳定，确保国家长治久安、人民安居乐业。

优先发展教育事业。必须把教育事业放在优先位置，深化教育改革，加快教育现代化，办好人民满意的教育。要全面贯彻党的教育方针，落实立德树人根本任务，发展素质教育，推进教育公平，培养德智体美全面发展的社会主义建设者和接班人。要推动城乡义务教育一体化发展，完善职业教育和培训体系，加快一流大学和一流学科建设，健全学生资助制度，支持和规范社会力量兴办教育，培养高素质教师队伍，快建设学习型社会，大力提高国民素质。

提高就业质量和人民收入水平。要坚持就业优先战略和积极就业政策，实现更高质量和更充分就业。大规模开展职业技能培训，注重

解决结构性就业矛盾，鼓励创业带动就业。提供全方位公共就业服务，破除妨碍劳动力、人才社会性流动的体制机制弊端，使人人都有通过辛勤劳动实现自身发展的机会。完善政府、工会、企业共同参与的协商协调机制，构建和谐劳动关系。

坚持按劳分配原则，完善按要素分配的体制机制，促进收入分配更合理、更有序。坚持在经济增长的同时实现居民收入同步增长、在劳动生产率提高的同时实现劳动报酬同步提高。拓宽居民劳动收入和财产性收入渠道。履行好政府再分配调节职能，加快推进基本公共服务均等化，缩小收入分配差距。

加强社会保障体系建设。按照兜底线、织密网、建机制的要求，全面建成覆盖全民、城乡统筹、权责清晰、保障适度、可持续的多层次社会保障体系。全面实施全民参保计划，完善城镇职工基本养老保险和城乡居民基本养老保险制度，完善统一的城乡居民基本医疗保险制度和大病保险制度，完善失业、工伤保险制度，建立全国统一的社会保险公共服务平台，统筹城乡社会救助体系，完善最低生活保障制度。要保障妇女儿童合法权益，完善社会救助、社会福利、慈善事业、优抚安置等制度，健全农村留守儿童和妇女、老年人关爱服务体系，发展残疾人事业，加快建立多主体供给、多渠道保障、租购并举的住房制度。

实施健康中国战略。要完善国民健康政策，为人民群众提供全方位全周期健康服务。深化医药卫生体制改革，全面建立中国特色基本医疗卫生制度、医疗保障制度和优质高效的医疗卫生服务体系，健全现代医院管理制度。加强基层医疗卫生服务体系和全科医生队伍建设。全面取消以药养医，健全药品供应保障制度。坚持预防为主，深入开展爱国卫生运动，倡导健康文明生活方式，预防控制重大疾病。实施食品安全战略，让人民吃得放心。坚持中西医并重，传承发展中医药事业。支持社会办医，发展健康产业。促进生育政策和相关经济社会政策配套衔接，加强人口发展战略研究。积极应对人口老龄化，构建养老、孝老、敬老政策体系和社会环境，推进医养结合，加快老龄事业和产业发展。打造共建共治共享的社会治理格局。

加强社会治理制度建设，完善党委领导、政府负责、社会协同、公众参与、法治保障的社会治理体制，提高社会治理社会化、法治化、智能化、专业化水平。加强预防和化解社会矛盾机制建设，正确处理人民内部矛盾。树立安全发展理念，弘扬生命至上、安全第一的思想，健全公共安全体系，完善安全生产责任制，坚决遏制重特大安全事故，提升防灾减灾救灾能力。加快社会治安防控体系建设，依法打击和惩治黄赌毒黑拐骗等违法犯罪活动，保护人民人身权、财产权、人格权。加强社会心理服务体系建设，培育自尊自信、理性平和、积极向上的社会心态。加强社区治理体系建设，推动社会治理重心向基层下移，发挥社会组织作用，实现政府治理和社会调节、居民自治良性互动。

有效维护国家安全。要完善国家安全战略和国家安全政策，坚决维护国家政治安全，统筹推进各项安全工作。健全国家安全体系，加强国家安全法治保障，提高防范和抵御安全风险能力。严密防范和坚决打击各种渗透颠覆破坏活动、暴力恐怖活动、民族分裂活动、宗教极端活动。加强国家安全教育，增强全党全国人民国家安全意识，推动全社会形成维护国家安全的强大合力。

（五）加快生态文明体制改革，建设美丽中国

建设生态文明是中华民族永续发展的千年大计。必须树立和践行绿水青山就是金山银山的理念，坚持节约资源和保护环境的基本国策，像对待生命一样对待生态环境，统筹山水林田湖草系统治理，实行最严格的生态环境保护制度，形成绿色发展方式和生活方式，坚定走生产发展、生活富裕、生态良好的文明发展道路，建设美丽中国，为人民创造良好生产生活环境，为全球生态安全作出贡献。推进绿色发展。加快建立绿色生产和消费的法律制度和政策导向，建立健全绿色低碳循环发展的经济体系。构建市场导向的绿色技术创新体系，发展绿色金融，壮大节能环保产业、清洁生产产业、清洁能源产业。推进能源生产和消费革命，构建清洁低碳、安全高效的能源体系。推进资源全面节约和循环利用，实施国家节水行动，降低能耗、物耗，实现生产

系统和生活系统循环链接。倡导简约适度、绿色低碳的生活方式，反对奢侈浪费和不合理消费，开展创建节约型机关、绿色家庭、绿色学校、绿色社区和绿色出行等行动。

着力解决突出环境问题。坚持全民共治、源头防治，持续实施大气污染防治行动，巩固蓝天保卫战成果。加快水污染防治，实施流域环境和近岸海域综合治理。强化土壤污染管控和修复，加强农业面源污染防治，开展农村人居环境整治行动。加强固体废弃物和垃圾处置。提高污染排放标准，强化排污者责任，健全环保信用评价、信息强制性披露、严惩重罚等制度，使天更蓝、水更清、山更绿。构建政府为主导、企业为主体、社会组织和公众共同参与的环境治理体系。积极参与全球环境治理，落实减排承诺。

加大生态系统保护力度。实施重要生态系统保护和修复重大工程，优化生态安全屏障体系，构建生态廊道和生物多样性保护网络，提升生态系统质量和稳定性。完成生态保护红线、永久基本农田、城镇开发边界三条控制线划定工作。开展国土绿化行动，推进荒漠化、石漠化、水土流失综合治理，强化湿地保护和恢复，加强地质灾害防治。完善天然林保护制度，扩大退耕还林还草。严格保护耕地，扩大轮作休耕试点，健全耕地草原森林河流湖泊休养生息制度，建立市场化、多元化生态补偿机制。

改革生态环境监管体制。加强对生态文明建设的总体设计和组织领导，设立国有自然资源资产管理和自然生态监管机构，完善生态环境管理制度，统一行使全民所有自然资源资产所有者职责，统一行使所有国土空间用途管制和生态保护修复职责，统一行使监管城乡各类污染排放和行政执法职责。构建国土空间开发保护制度，完善主体功能区配套政策，建立以国家公园为主体的自然保护地体系。坚决制止和惩处破坏生态环境行为。

总之，以习近平同志为核心的党中央提出了一系列新理念新思想新战略，使"五位一体"总体布局更加完善，政策更加精准，举措更加有力，实现成效更加显著。

三、协调推进"四个全面"战略布局

党的十八大以来，以习近平同志为核心的党中央从坚持和发展中国特色社会主义事业全局出发，勇于实践、善于创新，立足中国发展实际，坚持问题导向，对于中国特色社会主义建设的战略布局进行了较长时间的探索和研究。2014 年 12 月，习近平同志提出"协调推进全面建成小康社会、全面深化改革、全面推进依法治国、全面从严治党"的问题。2015 年 2 月，他首次把"四个全面"确定为战略布局。2020 年 10 月，党的十九届五中全会对"四个全面"战略布局作出新的表述，将"全面建成小康社会"调整为"全面建设社会主义现代化国家"。在中华民族伟大复兴的新征途中，形成了党治国理政的总方略和主要抓手，对于党领导全国人民顺利实现"两个一百年"奋斗目标具有重要的理论价值和实践意义。"四个全面"具有严密的内在逻辑。"四个全面"战略布局是一个辩证统一体，包括一个目标和三大举措。其中，全面建成小康社会和全面建设社会主义现代化国家是处于统领地位的战略目标，全面深化改革、全面依法治国、全面从严治党则是实现战略目标的战略举措。其中，全面深化改革是动力，全面依法治国是保障，全面从严治党则是关键。

（一）全面建成小康社会和全面建设社会主义现代化国家是目标

全面建成小康社会是"两个一百年"奋斗目标的第一个百年奋斗目标，是实现中华民族伟大复兴的重要基础和关键一步。全面建成小康社会具有鲜明的重要特征，这就是"全面"。习近平总书记指出："全面建成小康社会，强调的不仅是'小康'，而且更重要的也是更难做到的是'全面'"。[①] 全面建成小康社会的"全面"性体现在覆盖的领域要全面、覆盖的人口要全面、覆盖的区域要全面，要通盘考虑、协调发展，努力缩小领域、人口以及区域间的发展差距，实现共同富裕、全面小康。全面建成小康社会具有明确的目标体系，即经济方面

---

① 《习近平谈治国理政》第 2 卷，外文出版社 2017 年版，第 78 页。

保持中高速增长；政治方面国家治理现代化取得重大进展；文化方面国民素质和社会文明程度显著提高；社会方面人民生活水平和质量普遍提高；生态文明建设方面生态环境总体改善。全面建设社会主义现代化国家战略目标分两步走。到 2035 年的总体目标是：经济实力、科技实力、综合国力大幅提升，人均国内生产总值迈上新的大台阶，达到中等发达国家水平；实现高水平科技自立自强，进入创新型国家前列；建成现代化经济体系，形成新发展格局，基本实现新型工业化、信息化、城镇化、农业现代化；基本实现国家治理体系和治理能力现代化，全过程人民民主制度更加健全，基本建成法治国家、法治政府、法治社会；建成教育强国、科技强国、人才强国、文化强国、体育强国、健康中国，国家文化软实力显著增强；人民生活更加幸福美好，居民人均可支配收入再上新台阶，中等收入群体比重明显提高，基本公共服务实现均等化，农村基本具备现代生活条件，社会保持长期稳定，人的全面发展、全体人民共同富裕取得更为明显的实质性进展；广泛形成绿色生产生活方式，碳排放达峰后稳中有降，生态环境根本好转，美丽中国目标基本实现；国家安全体系和能力全面加强，基本实现国防和军队现代化。在基本实现现代化的基础上，我们要继续奋斗，到本世纪中叶，把我国建设成为综合国力和国际影响力领先的社会主义现代化强国。

（二）全面深化改革是动力

改革是社会主义的发展动力，是推动国家进步和社会发展的动力之源。当前，我国正处于现代化建设的重大战略机遇期，全面深化改革是应对和解决社会发展过程中出现的新问题和新矛盾的最有效方式，也是全面建成小康社会的根本举措。全面深化改革，是解决当前突出矛盾和问题的需要。

问题总是伴随着前进的脚步。事业越前进、越发展，新情况新问题就会越多，面临的风险和挑战就会越多，面对的不可预料的事情就会越多。当前，改革正在攻坚期和深水区，各种深层次矛盾和问题不断呈现，党面对的改革发展稳定任务之重前所未有、矛盾风险挑战之多前所未有。例如，我国发展中不平衡、不协调、不可持续问题依然突出，城乡区域差距和居民收入分配差距依然较大，有法不依、执法不严、违法不究等问题依然存在，党风廉政建设和反腐败斗争形势依然严峻复杂。必须清醒看到，在全面建成小康社会基础上全面建设社会主义现代化国家，既具有充分条件，也面临艰巨任务，前进道路并不平坦，诸多矛盾叠加、风险隐患增多的挑战依然严峻复杂。如果应对不好，就可能发生系统性风险、犯颠覆性错误，就会延误甚至中断现代化进程。随着我国迈入中等收入国家行列，人民群众对美好生活的愿景不断提升。人们期待通过全面深化改革，使经济更有活力，政府更加高效，文化更加繁荣，生活更有保障，社会更加和谐，生态更加优良，权益得到更好维护。党的十九大强调了全面深化改革的总目标、主要内容和重点。

（三）全面依法治国是保障

全面依法治国有助于为全面建设社会主义现代化国家营造良好的法治环境，提供有力的法治保障。不全面依法治国，国家和社会生活就不能良性运行，就难以实现社会和谐稳定。全面依法治国是中国特色社会主义的本质要求和重要保障。必须坚定不移走中国特色社会主义法治道路，完善以宪法为核心的中国特色社会主义法律体系，建设中国特色社会主义法治体系，建设社会主义法治国家，发展中国特色社会主义法治理论，坚持依法治国、依法执政、依法行政共同推进，坚持法治国家、法治政府、法治社会一体建设，坚持依法治国和以德治国相结合，依法治国和依规治党有机统一，深化司法体制改革，提高全民族法治素养和道德素质。这些重要论述，提供了新时代如何推进依法治国的新方略。

（四）全面从严治党是关键

加强执政党的长期执政能力建设、先进性和纯洁性建设是全面建设社会主义现代化国家重要的政治保证、组织保证和作风保证。中国共产党成立100多年来，团结带领全国各族人民走过了艰难而光辉的历程，党作出的历史贡献主要体现为三个"伟大历史贡献"及三次

"伟大飞跃"。但目前党内仍存在一定腐败现象等问题，这严重影响了党在人民群众中的公信力。要清醒认识到，我们党面临的执政环境是复杂的，影响党的先进性、弱化党的纯洁性的因素也是复杂的，党内存在的思想不纯、组织不纯、作风不纯等突出问题尚未得到根本解决。要实现中国式现代化就必须要坚持和加强党的全面领导，坚持党要管党、全面从严治党，不断提高党的执政能力和领导水平。

（五）"四个全面"战略布局具有重大意义

"四个全面"战略布局的提出具有重大的政治意义、理论意义、实践意义和国际意义。"四个全面"战略布局的政治意义体现在这是党中央在当前和未来相当长一段时间治国理政的总方略。战略问题是一个政党、一个国家的根本性问题。战略上判断得准确，战略上谋划得科学，战略上赢得主动，党和人民事业就大有希望。"四个全面"集中体现了当代中国共产党人的全局视野和战略眼光，蕴含着对世界发展大势的科学判断，对中国发展方略的深邃思考，对人民根本利益的深切关怀，确立了新的历史条件下党和国家各项工作的战略目标和战略举措，为实现"两个一百年"奋斗目标、实现中华民族伟大复兴的中国梦提供了重要保障。"四个全面"战略布局的理论意义体现在这是中国共产党几代领导集体治国理政智慧的创造性升华，是中国特色社会主义治国理政理论的新发展。党的十八大以来，面对世情国情党情的新变化，以习近平同志为核心的党中央，深刻总结我们党治国理政经验，扩展理论视野和实践领域，创造性提出"四个全面"战略布局，把全面建成小康社会和全面建设社会主义现代化国家奋斗目标、深化改革这一发展动力、依法治国这一重要保障、从严治党这一政治保证有机联系、科学统筹起来，每一个方面都强调"全面"，并注入新的丰富内涵，提出新的更高要求，明确了新形势下治国理政的总方略、总框架、总抓手，对如何续写中国特色社会主义这篇大文章进行了创造性回答。"四个全面"战略布局的实践意义体现在扭住党和国家事业发展中根本性、全局性、紧迫性的重大问题，为实现中华民族伟大复兴提供了行动指南。"四个全面"使党和国家前进方向更加明确，发展布局更加科学，战略举措更加有效，为在新的历史条件下治国理政提供了基本遵循。"四个全面"的国际意义体现在阐释了中国道路，为发展中国家及转型国家如何治国理政提供了可供借鉴的中国方案。"四个全面"表达了中国声音、中国故事、中国话语，以富有中国特色、顺应世界潮流的话语表达方式，提升了中国话语的国际影响力。"四个全面"彰显了全球治理思想的中国气派，向国际社会宣示了中国的发展方向、发展道路、发展方略，为解决当今世界性难题、推动世界和平与发展贡献了独特的中国方案和中国智慧，对于推动世界治理的变革具有积极的借鉴意义。"四个全面"战略布局的提出，不仅对推进中国的发展进步具有重要的指导意义，而且对发展中国家及转型国家的发展进步也具有重要的借鉴意义。

进入中国特色社会主义的新时代，要准确把握"五位一体"与"四个全面"之间的辩证关系，"五位一体"与"四个全面"是既有区别又有联系的辩证关系。"五位一体"总体战略是中国特色社会主义的总体部署，"四个全面"战略布局则是中国特色社会主义的主要抓手；"五位一体"是治国理政的全局，"四个全面"则是治国理政的重点。两者联系表现在，"五位一体"与"四个全面"同属于中国特色社会主义发展过程中的布局，需要相互促进，统筹联动。

第六章　大力推进全面深化改革

改革是中国特色社会主义发展的根本动力，是推动国家进步和社会发展的动力之源。当前，经过长期努力，中国特色社会主义进入新时代，这是我国发展新的历史定位。中国特色社会主义进入新时代，我国社会主要矛盾已经转化为人民日益增长的美好生活需要和不平衡不充分的发展之间的矛盾。全面深化改革是应对和解决这一主要矛盾的最有效方式，也是在全面建成小康社会基础上全面建设社会主义现代化国家的重要举措。

一、全面深化改革的战略部署

党的十八届三中全会明确提出全面深化改革的总目标是"完善和发展中国特色社会主义制度，推进国家治理体系和治理能力现代化"。国家治理体系主要是指管理国家的制度体系，包括经济、政治、文化、社会、生态文明和党的建设等各领域体制机制、法律法规安排，也就是一整套紧密相连、相互协调的国家制度。例如，中国政治治理体系主要包括人民代表大会制度、中国共产党领导的多党合作和政治协商制度、民族区域自治制度、基层群众自治制度四大制度。国家治理能力主要是指运用国家制度管理社会各方面事务，包括改革发展稳定、内政外交国防、治党治国治军等各个方面的能力或实际本领。改革是在坚持中国特色社会主义的前提下进行的，根本方向是完善中国特色社会主义制度，推进国家治理体系和治理能力现代化是完善中国特色社会主义制度的鲜明指向。

（一）改革为发展提供强劲动力

改革开放是党在新时代中国特色社会主义条件下带领人民进行的新的伟大革命，是新时代条件下中国最鲜明的特色。只有改革开放才能发展中国、发展社会主义、发展马克思主义。全面深化改革是顺应当今世界发展大势的必然选择，也是解决中国现实问题的根本途径。在一定意义上，改革是由问题倒逼而产生，又在不断解决问题中得以深化。当前，发展不平衡不充分的一些突出问题尚未解决，发展质量和效益还不高，创新能力不够强，实体经济水平有待提高，生态环境保护任重道远；民生领域还有不少短板，脱贫攻坚任务艰巨，城乡区域发展和收入分配差距依然较大，群众在就业、教育、医疗、居住、养老等方面面临不少难题；在文化方面，公民素质和社会文明程度有待提高，社会文明尚需提高；社会矛盾和问题交织叠加，全面依法治国任务依然繁重，国家治理体系和治理能力有待加强；一些改革部署和重大政策措施需要进一步落实；党的建设方面还存在不少薄弱环节等。在人自身发展方面，人口老龄化加快，人权保障程度有待提升等。这些问题的存在，固然有复杂的原因，但改革的不配套和不彻底是重要原因之一。所以，必须增强忧患意识、责任意识，全面深化改革，向改革要动力，通过全面深化改革，着力解决我国发展面临的一系列突出矛盾和问题。

（二）完善中国特色社会主义制度是根本方向

新中国成立以来，特别是改革开放以来，我们党和国家在实践中逐步形成了中国特色社会主义制度，以及建立在这些制度基础上的经济体制、政治体制、文化体制、社会体制、生态文明体制等各项具体制度。坚持和完善中国特色社会主义制度，就是要通过全面推进经济体制、政治体制、文化体制、社会体制、生态文明体制、国防和军队体制、党的建设制度等方面的改革，破除一切不合时宜的思想观念和体制机制弊端，突破利益固化的藩篱，吸收人类文明有益成果，构建系统完备、科学规范、运行有效的制度体系，使中国特色社会主义在解放和发展社会生产力、解放和增强社会活力、促进人的全面发展上比资本主义制度更有效率，更能激发全体人民的积极性、主动性、创造性，更能为社会发展提供有利条件，更能在竞争中赢得比较优势，把中国特色社会主义制度的优越性充分体现出来。要紧紧围绕使市场在资源配置中起决定性作用深化经济体制改革；紧紧围绕坚持党的领导、人民当家作主、依法治国有机统一深化政治体制改革；紧紧围绕建设社会主义核心价值体系、社会主义文化强国深化文化体制改革；紧紧围绕更好保障和改善民生、促进社会公平正义深化社会体制改革；紧紧围绕建设美丽中国深化生态文明体制改革；紧紧围绕中国特色强军之路深化国防和军队体制改革；紧紧围绕提高科学执政、民主执政、依法执政水平深化党的建设制度改革。

（三）推进国家治理体系和治理能力现代化是鲜明指向

国家治理体系和治理能力是一个国家的制度和制度执行能力的集中体现。推进国家治理体系和治理能力现代化是完善和发展中国特色社会主义制度的鲜明指向。国家治理体系是在党的领导下管理国家的制度体系，是一整套紧密相连、相互协调的国家制度；国家治理能力则是运用国家制度管理社会各方面事务的能力。推进国家治理体系和治理能力现代化，就是要使各方面制度更加科学、更加完善，实现党、国家、社会各项事务治理制度化、规范化、程序化，善于运用制度和法律治理国家，提高党科学执政、民主执政、依法执政水平。我国今天的国家治理体系，是在我国历史传承、文化传统、经济社会发展的基础上长期发展、渐进改进、内生性演化的结果，是一套不同于西方国家的成功制度体系。中国特色社会主义制度的选择解决了实现治理体系和治理能力现代化往什么方向走这一带有根本性的问题。中国特色社会主义制度自信也使我们更具有全面深化改革的勇气，同样，全面深化改革就是要不断割除体制机制弊端，使中国特色社会主义制度成熟而持久，使中国特色社会主义制度自信更彻底久远。推进国家治理体系和治理能力现代化还必须解决好价值体系问题。培养和弘扬核心价值体系和核心价值观，有效整合社会意识，是社会系统得以正常运转、社会秩序得以有效维护的重要途径，是国家治理体系和治理能力的重要方面。

二、全面深化改革的主要内容

党的十八届三中全会明确提出全面深化改革的总体思路，党的十九大、二十大又作了进一步安排，明确了全面深化改革的主要内容，突出体现了改革的全面性、系统性和整体性。

（一）深化经济体制改革：贯彻新发展理念，建设现代化经济体系和产业体系

发展是党执政兴国的第一要务，高质量发展是全面建设社会主义国家的首要任务。新时代条件下，"两个一百年"奋斗目标和中华民族伟大复兴中国梦的实现，人民生活水平的不断提高，需要坚持解放和发展社会生产力，坚持社会主义市场经济改革方向，紧紧围绕使市场在资源配置中起决定性作用深化经济体制改革。我国经济已由高速增长阶段转向高质量发展阶段，正处在转变发展方式、优化经济结构、转换增长动力的攻关期，贯彻新发展理念，建设现代化经济体系是跨越关口的迫切要求和我国发展的战略目标。深化经济体制改革就是要以新发展理念为指导，坚持和完善基本经济制度，加快完善现代市场体系，加快转变政府职能，深化财税体制改革，健全城乡发展一体化体制机制，以及构建开放型经济新体制。其中，中国特色社会主义基本经济制度，是中国特色社会主义制度的重要支柱，也是社会主义市场经济体制的根基。深化经济体制改革要坚持和完善基本经济制度，加快完善现代市场体系、宏观调控体系、开放型经济体系，加快转变经济发展方式，加快建设创新型国家，推动经济更有效率、更加公平、更可持续健康发展。

实体经济是引领发展的着力点，是深化经济体制改革的关键点。要把提高供给体系质量作为主攻方向，深化供给侧结构性改革，显著增强我国经济质量优势。创新是引领发展的第一动力，是建设现代化经济体系和产业体系的战略支撑。要瞄准世界科技前沿，强化基础研

究，实现前瞻性基础研究、引领性原创成果重大突破，加快建设创新型国家。农业农村农民问题是关系国计民生的根本性问题，必须始终把解决好"三农"问题作为全党工作重中之重。要实施乡村振兴战略，坚持农业农村优先发展，按照产业兴旺、生态宜居、乡风文明、治理有效、生活富裕的总要求，建立健全城乡融合发展体制机制和政策体系，加快推进农业农村现代化。要实施区域协调发展战略，加大力度支持革命老区、民族地区、边疆地区、贫困地区加快发展，强化举措推进西部大开发形成新格局，深化改革加快东北等老工业基地振兴，发挥优势推动中部地区崛起，创新引领率先实现东部地区优化发展，建立更加有效的区域协调发展新机制。建立统一开放、竞争有序的市场体系，是使市场在资源配置中起决定性作用的基础。要加快完善社会主义市场经济体制，完善产权制度和要素市场化配置，提高资源配置效率和公平性，实现产权有效激励、要素自由流动、价格反应灵活、竞争公平有序、企业优胜劣汰。适应经济全球化新形势，必须推动对内对外开放相互促进、引进来和走出去更好结合，推动形成全面开放新格局，促进国际国内要素有序自由流动、资源高效配置、市场深度融合。要以"一带一路"建设为重点，坚持引进来和走出去并重，遵循共商共建共享原则，加强创新能力开放合作，形成陆海内外联动、东西双向互济的开放格局。

（二）深化政治体制改革：健全人民当家作主制度体系，发展社会主义民主政治

中国特色社会主义政治发展道路，是近代以来中国人民长期奋斗历史逻辑、理论逻辑、实践逻辑的必然结果，是坚持党的本质属性、践行党的根本宗旨的必然要求。我国社会主义民主是维护人民根本利益的最广泛、最真实、最管用的民主。发展社会主义民主政治就是要体现人民意志、保障人民权益、激发人民创造活力，用制度体系保证人民当家作主。要长期坚持、不断发展我国社会主义民主政治，积极稳妥推进政治体制改革，推进社会主义民主政治制度化、规范化、程序化，保证人民依法通过各种途径和形式管理国家事务，管理经济文

化事业，管理社会事务，巩固和发展生动活泼、安定团结的政治局面。

发展社会主义民主政治，必须以保证人民当家作主为根本，坚持和完善人民代表大会制度、中国共产党领导多党合作和政治协商制度、民族区域自治制度以及基层群众自治制度，更加注重健全民主制度、丰富民主形式，从各层次各领域扩大民主有序政治参与，充分发挥我国社会主义政治制度优越性。发展社会主义民主政治，最根本的是要把坚持党的领导、人民当家作主、依法治国有机统一起来。党的领导是人民当家作主和依法治国的根本保证，人民当家作主是社会主义民主政治的本质特征，依法治国是党领导人民治理国家的基本方式，三者统一于我国社会主义民主政治伟大实践。推动人民代表大会制度与时俱进，加强人民当家作主制度保障。人民代表大会制度是坚持党的领导、人民当家作主、依法治国有机统一的根本政治制度安排和重要制度载体，必须紧紧围绕坚持"三者有机统一"这一根本要求，实现国家根本政治制度的自我完善和发展，加强人民当家作主的制度保障，推进协商民主广泛多层制度化发展。有事好商量，众人的事情由众人商量，是人民民主的真谛。协商民主是实现党的领导的重要方式，是我国社会主义民主政治的特有形式和独特优势，是党的群众路线在政治领域的重要体现。在党的领导下，以经济社会发展重大问题和涉及群众切身利益的实际问题为内容，在全社会开展广泛协商，坚持协商于决策之前和决策实施之中。要推动协商民主广泛、多层、制度化发展，统筹推进政党协商、人大协商、政府协商、政协协商、人民团体协商、基层协商以及社会组织协商。加强协商民主制度建设，形成完整的制度程序和参与实践，保证人民在日常政治生活中有广泛持续深入参与的权利。推进法治中国建设，深化依法治国实践。建设法治中国，必须坚持依法治国、依法执政、依法行政共同推进，坚持法治国家、法治政府、法治社会一体建设。全面依法治国是国家治理的一场深刻革命，必须坚持厉行法治，推进科学立法、严格执法、公正司法、全民守法。成立中央全面依法治国领导小组，加强对法治中国建设的统一领导。加强宪法实施和监督，推进合宪性审查工作，维护宪法权威。推进科学立法、民主立法、依法立法，以良法促进发展、保障善治。深化行政执法体制改革，建设法治政府，推进依法行政，严格规范公正文明执法。深化司法体制综合配套改革，健全司法权力运行机制，全面落实司法责任制，确保依法独立公正行使审判权检察权，努力让人民群众在每一个司法案件中感受到公平正义。加大全民普法力度，建设社会主义法治文化，树立宪法法律至上、法律面前人人平等的法治理念。深化机构和行政体制改革，强化权力运行制约和监督体系。统筹考虑各类机构设置，科学配置党政部门及内设机构权力、明确职责。统筹使用各类编制资源，形成科学合理的管理体制，完善国家机构组织法。转变政府职能，深化简政放权，创新监管方式，增强政府公信力和执行力，建设人民满意的服务型政府。统一战线是党的事业取得胜利的重要法宝，必须长期坚持巩固和发展爱国统一战线。要高举爱国主义、社会主义旗帜，牢牢把握大团结大联合的主题，坚持一致性和多样性统一，找到最大公约数，画出最大同心圆。

（三）深化文化体制改革：坚定文化自信，推动社会主义文化繁荣兴盛

文化是一个国家、一个民族的灵魂。文化兴国运兴，文化强民族强。没有高度的文化自信，没有文化的繁荣兴盛，就没有中华民族伟大复兴。推动社会主义文化繁荣兴盛，增强国家文化软实力，必须坚持社会主义先进文化前进方向，坚持中国特色社会主义文化发展道路，培养和践行社会主义核心价值观，巩固马克思主义在意识形态领域的指导地位，巩固全党全国各族人民团结奋斗的共同思想基础。要坚持以人民为中心的工作导向，坚持把社会效益放在首位、社会效益和经济效益相统一，以激发全民族文化创新创造活力为中心环节，进一步深化文化体制改革，建设社会主义文化强国。

中国特色社会主义文化，源自于中华民族五千多年文明历史所孕育的中华优秀传统文化，熔铸于党领导人民在革命、建设、改革中创造的革命文化和社会主义先进文化，植根于中国特色社会主义伟大实践。发展中国特色社会主义文化，就是以马克思主义为指导，坚守中

华文化立场，立足当代中国现实，结合当今时代条件，发展面向现代化、面向世界、面向未来的，民族的科学的大众的社会主义文化，推动社会主义精神文明和物质文明协调发展。要坚持为人民服务、为社会主义服务，坚持百花齐放、百家争鸣，坚持创造性转化、创新性发展，不断铸就中华文化新辉煌。

意识形态决定文化前进方向和发展道路，必须牢牢掌握意识形态工作领导权，推进马克思主义中国化时代化大众化，建设具有强大凝聚力和引领力的社会主义意识形态，使全体人民在理想信念、价值理念、道德观念上紧紧团结在一起。社会主义核心价值观是当代中国精神的集中体现，凝结着全体人民共同的价值追求。培育和践行社会主义核心价值观，要以培养担当民族复兴大任的时代新人为着眼点，强化教育引导、实践养成、制度保障，发挥社会主义核心价值观对国民教育、精神文明创建、精神文化产品创作生产传播的引领作用，把社会主义核心价值观融入社会发展各方面，转化为人们的情感认同和行为习惯。人民有信仰，国家有力量，民族有希望。要加强思想道德建设，提高人民思想觉悟、道德水准、文明素养，提高全社会文明程度。社会主义文艺是人民的文艺，繁荣发展社会主义文艺，必须坚持以人民为中心的创作导向，在深入生活、扎根人民中进行无愧于时代的文艺创造。满足人民过上美好生活的新期待，必须提供丰富的精神食粮。要深化文化体制改革，完善文化管理体制，推动文化事业和文化产业发展，加快构建把社会效益放在首位、社会效益和经济效益相统一的体制机制。

（四）深化社会体制改革：提高保障和改善民生水平，加强和创新社会治理

为什么人的问题，是检验一个政党、一个政权性质的试金石。带领人民创造美好生活，是我们党始终不渝的奋斗目标。必须始终把人民利益摆在至高无上的地位，让改革发展成果更多更公平惠及全体人民。实现发展成果更多更公平惠及全体人民，必须深化社会体制改革，推进社会事业改革创新，解决好人民最关心最直接最现实的利益问题，

努力为社会提供多样化服务，更好满足人民需求，朝着实现全体人民共同富裕不断迈进。

改善民生是推动发展的根本目的，抓民生也是抓发展。要保障和改善民生就要抓住人民最关心最直接最现实的利益问题，既尽力而为，又量力而行。改革愈深化，愈要重视平衡社会利益；发展愈是向前，愈要体现在人民生活改善上。要坚持社会政策托底，完善公共服务体系，保障群众基本生活，不断满足人民日益增长的美好生活需要，不断促进社会公平正义，形成有效的社会治理、良好的社会秩序。

要深化教育领域综合改革，优先发展教育事业。全面贯彻党的教育方针，坚持立德树人，加强社会主义核心价值体系教育，完善中华优秀传统文化教育，形成爱学习、爱劳动、爱祖国活动的有效形式和长效机制，增强学生社会责任感、创新精神、实践能力。建设教育强国是中华民族伟大复兴的基础工程，必须把教育事业放在优先位置，加快教育现代化，办好人民满意的教育。健全促进就业创业体制机制，提高就业质量和人民收入水平。建立经济发展和扩大就业的联动机制，健全政府促进就业责任制度，坚持就业优先战略和积极就业政策，实现更高质量和更充分就业。加强社会保障体系建设，建立更加公平可持续的社会保障制度。按照兜底线、织密网、建机制的要求，全面建成覆盖全民、城乡统筹、权责清晰、保障适度、可持续的多层次社会保障体系。形成合理有序的收入分配格局，共同富裕取得实质性进展。全面推进乡村振兴，坚持农业农村优先发展，坚持城乡融合发展，畅通城乡要素流动，建设宜居宜业和美乡村。深化医药卫生体制改革，实施健康中国战略。人民健康是民族昌盛和国家富强的重要标志。要完善国民健康政策，为人民群众提供全方位全周期健康服务。统筹推进医疗保障、医疗卫生、公共卫生、药品供应、监管体制综合改革，全面建立中国特色基本医疗卫生制度、医疗保障制度和优质高效的医疗卫生服务体系，健全现代医院管理制度。创新社会治理体制，打造共建共治共享的社会治理格局。创新社会治理，必须着眼于维护最广大人民根本利益，最大限度增进和谐因素，增强社会发展活力，提高社会治理水平，全面推进平安中国建设，维护国家安全，确保人民安居乐业、社会安定有序。要加强社会治理制度建设，完善党委领导、政府负责、社会协同、公众参与、法治保障的社会治理体制，提高社会治理社会化、法治化、智能化、专业化水平。国家安全是安邦定国的重要基石，维护国家安全是全国各族人民根本利益所在。要完善国家安全战略和国家安全政策，坚决维护国家政治安全，统筹推进各项安全工作。

（五）深化生态文明体制改革：加快生态文明制度建设，建设美丽中国

我们要建设的现代化是人与自然和谐共生的现代化，既要创造更多物质财富和精神财富以满足人民日益增长的美好生活需要，也要提供更多优质生态产品以满足人民日益增长的优美生态环境需要。深化生态文明体制改革，建设生态文明，必须建立系统完整的生态文明制度体系，必须坚持节约优先、保护优先、自然恢复为主的方针，实行最严格的源头保护制度、损害赔偿制度、责任追究制度，完善环境治理和生态修复制度，形成节约资源和保护环境的空间格局、产业结构、生产方式、生活方式，保护生态环境、建设美丽中国。

以绿色发展理念为导向，加快建立绿色生产和消费的法律制度和政策导向，建立健全绿色低碳循环发展的经济体系，推进绿色发展。构建政府为主导、企业为主体、社会组织和公众共同参与的环境治理体系。着力解决大气污染、水污染、土壤污染、固体废弃物和垃圾处置等突出环境问题。坚持全民共治、源头防治，持续实施大气污染防治行动，打赢蓝天保卫战。实施流域环境和近岸海域综合治理，加快水污染防治。加强农业面源污染防治，开展农村人居环境整治行动，强化土壤污染管控和修复。加强固体废弃物和垃圾处置。提高污染排放标准，强化排污者责任，健全环保信用评价、信息强制性披露、严惩重罚等制度。同时，积极参与全球环境治理，落实减排承诺。划定生态保护红线、实行资源有偿使用制度和生态补偿制度，加大生态系统保护力度。实施重要生态系统保护和修复重大工程，优化生态安全

屏障体系，构建生态廊道和生物多样性保护网络，提升生态系统质量和稳定性。完成生态保护红线、永久基本农田、城镇开发边界三条控制线划定工作。开展国土绿化行动，推进荒漠化、石漠化、水土流失综合治理，强化湿地保护和恢复，加强地质灾害防治。完善天然林保护制度，扩大退耕还林还草。严格保护耕地，扩大轮作休耕试点，健全耕地草原森林河流湖泊休养生息制度，建立市场化、多元化生态补偿机制。改革生态环境保护管理体制，改革生态环境监管体制。加强对生态文明建设的总体设计和组织领导，设立国有自然资源资产管理和自然生态监管机构，完善生态环境管理制度，统一行使全民所有自然资源资产所有者职责，统一行使所有国土空间用途管制和生态保护修复职责，统一行使监管城乡各类污染排放和行政执法职责。

（六）深化国防和军队体制改革：构建中国特色现代化军事力量体系

国防和军队建设正站在新的历史起点上。面对国家安全环境的深刻变化，面对强国强军的时代要求，紧紧围绕建设一支听党指挥、能打胜仗、作风优良的人民军队这一党在新形势下的强军目标，全面贯彻新时代党的强军思想，贯彻新形势下军事战略方针，着力解决制约国防和军队建设发展的突出矛盾和问题，创新发展军事力量，加强军事战略指导，完善新时期军事战略方针，建设强大的现代化陆军、海军、空军、火箭军和战略支援部队，打造坚强高效的战区联合作战指挥机构，构建中国特色现代化军事力量体系。

政治建军是我军的立军之本。深化国防和军队体制改革，首先要加强军队党的建设。要开展"传承红色基因、担当强军重任"主题教育，推进军人荣誉体系建设，培养有灵魂、有本事、有血性、有品德的新时代革命军人，永葆人民军队性质、宗旨、本色。继续深化国防和军队改革，深化军官职业化制度、文职人员制度等重大政策制度改革，推进军事管理革命，完善和发展中国特色社会主义军事制度。树立科技是核心战斗力的思想，推进重大技术创新、自主创新，加强军事人才培养体系建设，建设创新型人民军队。全面从严治军，推动治军方式根本性转变，提高国防和军队建设法治化水平。

要围绕能打仗、打胜仗拓展和深化军事斗争准备。牢固树立战斗力是唯一标准，把提高战斗力作为军队各项建设的出发点和落脚点。军队是要准备打仗的，一切工作都必须坚持战斗力标准，向能打仗、打胜仗聚焦。扎实做好各战略方向军事斗争准备，统筹推进传统安全领域和新型安全领域军事斗争准备，发展新型作战力量和保障力量，开展实战化军事训练，加强军事力量运用，加快军事智能化发展，提高基于网络信息体系的联合作战能力、全域作战能力，有效塑造态势、管控危机、遏制战争、打赢战争。

着眼于贯彻军民融合发展战略，推进跨军地重大改革任务，推动经济建设和国防建设融合发展。要通过军民融合发展实现富国和强军相统一，坚持强化统一领导、顶层设计、改革创新和重大项目落实，深化国防科技工业改革，构建一体化的国家战略体系和能力。完善国防动员体系，建设强大稳固的现代边海空防。不断完善退役军人管理保障机制，维护军人军属合法权益，让军人成为全社会尊崇的职业。深化武警部队改革，建设现代化武装警察部队。

（七）深化党的建设制度改革：加强和改善党对全面深化改革的领导，不断提高党的执政能力和领导水平

中国特色社会主义进入新时代，全面深化改革必须加强和改善党的领导，使党有新气象新作为，充分发挥党总揽全局、协调各方的领导核心作用，建设学习型、服务型、创新型的马克思主义执政党，提高党的领导水平和执政能力，确保改革取得成功。

新时代党的建设总要求是：坚持和加强党的全面领导，坚持党要管党、全面从严治党，以加强党的长期执政能力建设、先进性和纯洁性建设为主线，以党的政治建设为统领，以坚定理想信念宗旨为根基，以调动全党积极性、主动性、创造性为着力点，全面推进党的政治建设、思想建设、组织建设、作风建设、纪律建设，把制度建设贯穿其中，深入推进反腐败斗争，不断提高党的建设质量，把党建设成为始终走在时代前列、人民衷心拥护、勇于自我革命、经得起各种风浪考

验、朝气蓬勃的马克思主义执政党。

全面深化改革需要把党的政治建设摆在首位。旗帜鲜明讲政治是我们党作为马克思主义政党的根本要求。党的政治建设是党的根本性建设，决定党的建设方向和效果。保证全党服从中央，坚持党中央权威和集中统一领导，是党的政治建设的首要任务。要把思想和行动统一到中央关于全面深化改革重大决策部署上来，正确处理中央和地方、全局和局部、当前和长远的关系，正确对待利益格局调整，充分发扬党内民主，坚决维护中央权威，保证政令畅通，坚定不移实现中央改革决策部署。

全面深化改革需要有力的思想保证。思想建设是党的基础性建设。用新时代中国特色社会主义思想武装全党。要把坚定理想信念作为党的思想建设的首要任务，教育引导全党牢记党的宗旨，挺起共产党人的精神脊梁，解决好世界观、人生观、价值观这个"总开关"问题，自觉做共产主义远大理想和中国特色社会主义共同理想的坚定信仰者和忠实实践者。

全面深化改革需要有力的组织保证和人才支撑。党的干部是党和国家事业的中坚力量，要建设高素质专业化干部队伍。要坚持党管干部原则，坚持德才兼备、以德为先，坚持五湖四海、任人唯贤，坚持事业为上、公道正派，把好干部标准落到实处。坚持正确选人用人导向，匡正选人用人风气，突出政治标准，提拔重用牢固树立"四个意识"和"四个自信"、坚决维护党中央权威、全面贯彻执行党的理论和路线方针政策、忠诚干净担当的干部，选优配强各级领导班子。

全面深化改革需要加强基层组织建设。党的基层组织是确保党的路线方针政策和决策部署贯彻落实的基础。要以提升组织力为重点，突出政治功能，把企业、农村、机关、学校、科研院所、街道社区、社会组织等基层党组织建设成为宣传党的主张、贯彻党的决定、领导基层治理、团结动员群众、推动改革发展的坚强战斗堡垒。

全面深化改革需要人民群众主体作用的发挥。人民是改革的主体，要坚持党的群众路线，建立社会参与机制，充分发挥人民群众积极性、主动性、创造性，充分发挥工会、共青团、妇联等人民团体作用，齐心协力推进改革。我们党来自人民、植根人民、服务人民，一旦脱离群众，就会失去生命力。必须紧紧围绕保持党同人民群众的血肉联系，增强群众观念和群众感情，不断厚植党执政的群众基础。鼓励地方、基层和群众大胆探索，加强重大改革试点工作，及时总结经验，宽容改革失误，加强宣传和舆论引导，为全面深化改革营造良好社会环境。

全面深化改革需要全面增强党的执政本领。领导十四亿多人的社会主义大国，我们党既要政治过硬，也要本领高强。要增强学习本领，在全党营造善于学习、勇于实践的浓厚氛围，建设马克思主义学习型政党，推动建设学习大国。增强政治领导本领，坚持战略思维、创新思维、辩证思维、法治思维、底线思维，科学制定和坚决执行党的路线方针政策，把党总揽全局、协调各方落到实处。增强改革创新本领，保持锐意进取的精神风貌，善于结合实际创造性推动工作，善于运用互联网技术和信息化手段开展工作。增强科学发展本领，善于贯彻新发展理念，不断开创发展新局面。增强依法执政本领，加快形成覆盖党的领导和党的建设各方面的党内法规制度体系，加强和改善对国家政权机关的领导。增强群众工作本领，创新群众工作体制机制和方式方法，推动工会、共青团、妇联等群团组织增强政治性、先进性、群众性，发挥联系群众的桥梁纽带作用，组织动员广大人民群众坚定不移跟党走。增强狠抓落实本领，坚持说实话、谋实事、出实招、求实效，把雷厉风行和久久为功有机结合起来，勇于攻坚克难，以钉钉子精神做实做细做好各项工作。增强驾驭风险本领，健全各方面风险防控机制，善于处理各种复杂矛盾，勇于战胜前进道路上的各种艰难险阻，牢牢把握工作主动权。

三、全面深化改革的重点

全面深化改革要以经济体制改革为重点，发挥经济体制改革牵引作用。要紧紧抓住全面深化改革的根本目的、重点问题、重大关系和关键环节，实现全面深化改革的整体推进与重点突破相结合、相促进。

（一）紧紧抓住"让人民群众有更多获得感"这一根本目的

我们党推进全面深化改革的根本目的，就是要促进社会公平正义，让改革发展成果更多更公平惠及全体人民。中国共产党从诞生之日起就把"人民"二字镌刻在自己的旗帜上，100多年栉风沐雨，持之以恒，坚定地践行。当中国进入中国特色社会主义新时代，踏入新的改革阶段，习近平总书记带领中国共产党人以人民对美好生活的向往为奋斗目标，不忘初心，继续前进。习近平总书记在中央全面深化改革领导小组第十次会议上强调，要科学统筹各项改革任务，推出一批能叫得响、立得住、群众认可的硬招实招，处理好改革"最先一公里"和"最后一公里"的关系，突破"中梗阻"，防止不作为，把改革方案的含金量充分展示出来，让人民群众有更多获得感。

人民是历史的创造者，是推动改革的力量源泉。新时代中国特色社会主义的改革是一场努力实现人民对美好生活向往的大变革，所解决的是14亿人更好地生存和更好地发展的需求。党的十八大以来，我国经济社会发展取得巨大成就，中国特色社会主义制度更加完善，国家治理体系和治理能力现代化水平明显提高，全社会发展活力和创新活力明显增加，为促进社会公平正义提供了坚实物质基础和有力条件。同时，我国现有发展不充分不平衡的问题依然存在，社会上还存在大量的违反公平正义的现象。特别是随着我国经济社会发展水平和人民生活水平不断提高，人民群众的公平意识、民主意识、权利意识不断增强，对社会不公问题反映越来越强烈。全面深化改革必须以促进社会公平正义、增进人民福祉为出发点和落脚点。任何一项改革措施，都要坚持"以百姓心为心"，都要站在人民立场上把握和处理好涉及改革的重大问题，都要从人民利益出发谋划改革思路、制定改革举措。改革的是不符合促进社会公平正义的问题，改革要给老百姓带来实实在在的利益，创造更加公平的社会环境。同时，在改革过程中，要广泛听取群众意见和建议，及时总结群众创造的新鲜经验，充分调动群众推进改革的积极性、主动性、创造性，把最广大人民的智慧和力量凝聚到改革上来，同人民一道把改革推向前进。

（二）紧紧抓住"经济体制改革"这一重要方面

经济体制改革是全面深化改革的重点。这主要是由我国现阶段的主要矛盾决定的，现阶段社会矛盾比较多，但主要矛盾是人民群众对美好生活的需要和不平衡不充分的发展之间的矛盾。我国社会生产力水平总体上显著提高，社会生产能力在很多方面进入世界前列，已经稳定解决了十几亿人的温饱问题并全面建成了小康社会，目前突出的问题是发展不平衡不充分，这已经成为满足人民日益增长的美好生活需要的主要制约因素。坚持以经济体制改革为重点，就是要发挥经济体制改革的牵引作用，从而影响和传导其他方面的改革。在全面深化改革中，坚持以经济体制改革为主轴，努力在重要领域和关键环节改革上取得新突破，以此牵引和带动其他领域改革，使各方面改革协同推进、形成合力，不断满足人民在民主、法治、公平、正义、安全、环境等方面日益增长的要求。经济体制改革的重点是完善产权制度和要素市场化配置，核心问题是处理好政府和市场的关系，使市场在资源配置中起决定性作用和更好发挥政府作用。市场决定资源配置是市场经济的一般规律，因为市场的威力在于有助于提高效率，健全社会主义市场经济体制必须遵循这条规律，要着力解决政府干预过多和监管不到位问题。政府的作用主要是要解决公平，要发挥宏观调控、公共服务、市场监管、社会治理功能，推动可持续发展，促进共同富裕，弥补市场失灵。要通过行政体制改革，转变政府职能，深化简政放权，创新监管方式，增强政府公信力和执行力，建设人民满意的服务型政府、责任政府、法治政府、廉洁政府，实现从统治走向治理。

（三）处理好全面深化改革的重大关系

全面深化改革触及深层次的社会关系和利益调整，凝聚改革共识难度加大，统筹兼顾各方面利益任务艰巨，因而，要敢于啃硬骨头、敢于涉险滩，以更大决心冲破思想观念的束缚、突破利益固化的藩篱。以进取意识、机遇意识、责任意识，坚持辩证法，把准改革脉搏、探索并把握改革内在规律，处理好全面深化改革的几个重大关系：一是处理好解放思想和实事求是的关系。中国改革开放40多年的过程就是思想解放的过程。只有思想解放，才会有改革的大突破。当然，解放思想是基于国情、世情、党情，基于经济社会发展规律的基础上，是为了更好的实事求是。二是处理好整体推进和重点突破的关系。全面深化改革是"全面"的改革，是一个涉及经济社会发展各领域的复杂系统工程，要注重系统性、整体性、协同性。当然，整体推进不是齐头并进，而是要注重抓主要矛盾和矛盾的主要方面，注重抓重要领域和关键环节。三是处理好顶层设计和摸着石头过河的关系。顶层设计强调加强宏观思考，注重改革的系统性、整体性、协同性，可以有效提高改革决策的科学性、增强改革措施的协调性，加强顶层设计要在推进局部的阶段性改革的基础上来谋划，尤其对于必须取得突破但一时还不那么有把握的改革。这也就是摸着石头过河的道理，就是采取试点探索、投石问路的方法，看得清了、看得准了再推开。摸着石头过河富有中国智慧，也符合马克思主义认识论和实践论的方法。随着改革的不断深化和推进，我们必须实现摸着石头过河和加强顶层设计的辩证统一。四是要处理好胆子要大和步子要稳的关系。胆子要大指的是全面深化改革的勇气，指在改革过程中要勇于进取，只要经过充分论证和评估，符合实际、必须做的，就要大胆地干；步子要稳指的是全面深化改革是涉险滩，要稳妥慎重，三思而后行，尤其对于一些重大改革，不可能毕其功于一役，要稳打稳扎，积小胜为大胜。五是处理好改革发展稳定的关系。我国社会主义现代化建设的三个重要支点就是改革发展稳定。改革是经济发展的强大动力，发展是解决经济社会问题的关键，稳定是改革发展的前提。40多年来，我国经济社会所取得的一切成绩都离不开改革发展稳定的协同作用。当前要解决发展不平衡不充分的一些突出问题、要落实改革部署和重大政策措施，都需要坚持把改革的力度、发展的速度和社会可承受的程度统一起来整体考虑，实现保持社会稳定中的改革发展的推进，通过改革发展促进社会稳定。此外，还要总结国内成功做法，借鉴国外有益经验。同时，要加强领导，中央成立了全面深化改革领导小组。另外，也要调动地方的积极性，分级负责，增强执行力。在手段上要打组合拳：经济手段、政策手段、法律手段、人文手段等手段综合应用，全面推进改革。

（四）加强和改善党对全面深化改革的领导，鼓励广大干部争当改革的促进派和实干家

加强和改善党的领导，是新时代条件下中国最广泛、最深刻社会变革取得成功的根本保证。全面深化改革涉及经济体制、政治体制、文化体制、社会体制、生态文明体制和党的建设制度改革，其广泛性、深刻性前所未有。加强和改善党对全面深化改革的领导，首先要坚持正确改革导向，牢牢把握全面深化改革的正确方向。全面深化改革从根本上说是为了更好地坚持和发展中国特色社会主义，更好地深化和发展社会主义市场经济，是为了更好地推进社会主义现代化事业。其次，全面深化改革是一项复杂的系统工程，必须坚持党的集中统一领导。充分发挥党总揽全局、协调各方的领导核心作用，在以习近平同志为核心的党中央领导下，解放思想，攻坚克难，将全面深化改革推向前进。第三，改革越是向纵深推进，越要充分发挥基层党组织的战斗堡垒作用。全面深化改革的各项部署，需要各级党组织团结带领广大人民群众去实施。加强和改善党对全面深化改革的领导，必须要加强领导班子和基层党组织建设，充分发挥领导核心和战斗堡垒作用。第四，全面社会改革，需要有力的组织保证和人才支撑。干部人事制度改革是党的建设制度改革和政治体制改革的重要内容，也是全面深化改革的重要保证。加强和改善党对全面深化改革的领导，必须深化干部人事制度改革，为全面深化改革提供组织保证和人才支撑。最后，人民是改革的主体，坚持以人为本，尊重人民主体地位，发挥群众首创精神，紧紧依靠人民推动改革，体现了我们党的根本宗旨和执政理念，凝聚了改革开放 40 多年的宝贵经验，是全面深化改革必须遵循的基本原则。加强和改善党对全面深化改革的领导，必须坚持党的群众路线，充分发挥人民群众在全面深化改革中的积极性、主动性、创造性。

当前，我国改革进入攻坚期和深水区，能否解决人民群众日益增

长的美好生活的需要与不平衡不充分发展之间的矛盾，关键在于广大干部是否是改革的促进派和实干家。促进派就是指拥护改革、支持改革、敢于担当；实干家就是指把改革抓在手上、落在实处、干出成效。中国特色社会主义进入新时代，全面深化改革的推进更需要广大干部的信心、决心和担当。要把改革作为一项重大政治责任，要有推进改革的思想自觉和行动自觉。随着改革向纵深推进，必须一手抓紧推动具有标志性、引领性、支柱性作用的重大改革，一手抓改革举措落地，遵循改革规律和特点，建立全过程、高效率、可核实的改革落实机制。同时，鼓励广大干部争当改革的促进派和实干家，需要营造鼓励改革、支持改革的良好环境。要尊重和发挥地方、基层、群众首创精神，既鼓励创新、表扬先进，也允许试错、宽容失败。重视调查研究，坚持眼睛向下、脚步向下，了解基层群众所思、所想、所盼，使改革更接地气。

第七章　奋力推进全面依法治国

　　全面依法治国，是习近平新时代中国特色社会主义思想的重要内容，是新时代坚持和发展中国特色社会主义的基本方略之一，是以习近平同志为核心的党中央对改革开放以来特别是党的十八大以来我国依法治国理论与实践发展进行深入思考的成果，进一步凸显了法治在治国理政中的重要地位，体现了中国共产党治国理政思想的成熟与完善，开启了新时代中国特色社会主义法治建设事业的新征程。

　　党的十八大以来，以习近平同志为核心的党中央从坚持和发展中国特色社会主义全局出发，从实现国家治理体系和治理能力现代化的高度出发，围绕全面依法治国作出一系列重大战略部署，明确目标、踏实推进，取得了令人瞩目的发展成就。十多年来，我国的社会主义法治建设始终坚持科学立法、严格执法、公正司法、全民守法共同推进，坚持法治国家、法治政府、法治社会一体建设，重点领域立法、行政执法体制改革、司法体制改革、党内法规建设等工作稳步推进，中国特色社会主义法治体系不断发展完善，全体人民群众的法治观念有效提升，全面依法治国取得历史性成就。

一、全面依法治国的战略部署

　　全面推进依法治国的总目标是建设中国特色社会主义法治体系、建设社会主义法治国家。建设中国特色社会主义法治体系，就是在中国共产党领导下，坚持中国特色社会主义制度，发展贯彻中国特色社会主义法治理论，形成完备的法律规范体系、高效的法治实施体系、严密的法治监督体系、有力的法治保障体系，形成完善的党内法规体系。建设社会主义法治国家，就是坚持中国特色社会主义道路，把我国建设成为一个党的领导、人民当家作主、依法治国有机统一的现代化法治国家。

全面推进依法治国总目标的确立，是我们党长期以来坚持不懈积极探索中国特色社会主义法治建设道路的经验总结，充分反映了中国特色社会主义法治建设事业的连续性和发展性。1997 年党的十五大深入总结我国社会主义民主和法制建设正反两个方面的经验教训，将"依法治国，建设社会主义法治国家"写入了党的政治报告，正式把"依法治国"确定为"党领导人民治理国家的基本方略"。1999 年第九届全国人大第二次会议通过《中华人民共和国宪法修正案》，把"依法治国，建设社会主义法治国家"写入宪法，将"依法治国"从党的主张转变为国家意志，使之成为国家基本法中一项所有组织和个人都必须遵循的基本原则。2002 年党的十六大提出"依法治国基本方略得到全面落实"的奋斗目标，强调"党的领导是人民当家作主和依法治国的根本保证""依法治国是党领导人民治理国家的基本方略"。2007 年党的十七大提出"坚持依法治国基本方略，树立社会主义法治理念，实现国家各项工作法治化，保障公民合法权益"的奋斗目标，将深入落实依法治国基本方略列入实现全面建设小康社会奋斗目标的新要求。2012 年党的十八大将"全面推进依法治国"确立为推进政治建设和政治体制改革的重要任务，强调"法治是治国理政的基本方式"，对加快建设社会主义法治国家作了重要部署，确保到 2020 年实现全面建成小康社会宏伟目标时，"依法治国基本方略全面落实，法治政府基本建成，司法公信力不断提高，人权得到切实尊重和保障"。2014 年，党的十八届四中全会作出《中共中央关于全面推进依法治国若干重大问题的决定》，提出"全面推进依法治国，总目标是建设中国特色社会主义法治体系，建设社会主义法治国家。这就是，在中国共产党领导下，坚持中国特色社会主义制度，贯彻中国特色社会主义法治理论，形成完备的法律规范体系、高效的法治实施体系、严密的法治监督体系、有力的法治保障体系，形成完善的党内法规体系，坚持依法治国、依法执政、依法行政共同推进，坚持法治国家、法治政府、法治社会一体建设，实现科学立法、严格执法、公正司法、全民守法，促进国家治理体系和治理能力现代化"。

2017 年党的十九大提出"坚持全面依法治国""深化依法治国实践"，指出"全面推进依法治国总目标是建设中国特色社会主义法治体系、建设社会主义法治国家"。2022 年党的二十大指出，"坚持全面依法治国，推进法治中国建设""完善以宪法为核心的中国特色社会主义法律体系""扎实推进依法行政""严格公正司法""加快建设法制社会"。

全面推进依法治国总目标，是以习近平同志为核心的党中央根据中国特色社会主义进入新时代的国情实际，正确判断我国发展所处新的历史方位，深入分析国内外形势的新变化，回应广大人民群众对于法治建设的新期待，站在党和国家工作全局的高度提出来的，进一步明确了全面依法治国的前进方向，规划了全面依法治国的工作格局，反映了我们党治国理政思想的不断成熟，具有重大的战略指导意义。

二、全面依法治国的主要内容

在中国特色社会主义法治建设实践中，依法治国作为党领导人民群众治理国家的基本方略，自党的十五大确立以来一直在不断完善和发展。随着中国共产党对依法治国在巩固执政根基、促进社会稳定发展以及维护人民群众利益等方面重要性认识的逐渐深化，依法治国这一国家治理基本方略的主要内容也在不断丰富和发展。作为习近平新时代中国特色社会主义思想的重要组成部分以及新时代坚持和发展中国特色社会主义的基本方略，全面依法治国内涵丰富、结构完整，具有鲜明的时代特色和清晰的发展目标，构建了中国特色社会主义法治建设事业的基本框架。

（一）必须把中国共产党的领导贯彻落实到全面依法治国全过程和各方面

坚持中国共产党的领导，关乎国家前途、民族命运，是全面依法治国的题中应有之义。首先，法是党的主张和人民意愿的统一体现，要正确认识和处理好党与法的关系。习近平总书记指出："党和法的关系是一个根本问题，处理得好，则法治兴、党兴、国家兴；处理得不好，则法治衰、党衰、国家衰。"① 在全面依法治国的历史进程中，必须坚持党总揽全局、协调各方的领导核心作用，必须坚持党领导立法、保证执法、支持司法、带头守法，统筹依法治国各个领域的工作，把依法治国基本方略同依法执政基本方式统一起来，正确处理党的政策和国家法律的关系，善于通过法定程序将党的主张转化为国家意志，并具体体现在法律规范之中。其次，全面依法治国，要有利于加强和改善党的领导，有利于巩固党的执政地位、完成党的执政使命，决不是要削弱党的领导。全面依法治国这一新时代中国特色社会主义法治建设的重要任务能否顺利完成，关键在于发展方向是否科学正确、政治保证是否坚强有力。习近平总书记在《关于〈中共中央关于全面推进依法治国若干重大问题的决定〉的说明》中指出："党和法治的关系是法治建设的核心问题。全面推进依法治国这件大事能不能办好，最关键的是方向是不是正确、政治保证是不是坚强有力，具体讲就是要坚持党的领导，坚持中国特色社会主义制度，贯彻中国特色社会主义法治理论。"② 没有中国共产党的坚强领导，建设中国特色社会主义法治体系、社会主义法治国家的目标就很难实现，全体党员干部对此一定要始终保持政治上的清醒和自觉性，在任何时候、任何情况下都不能动摇。在我国，党和法、党的领导和依法治国是高度统一的。中国特色社会主义最本质的特征就是中国共产党的领导，中国共产党的领导为中国特色社会主义法治建设提供坚强有力的根本政治保

---

① 《习近平关于全面依法治国论述摘编》，中央文献出版社 2015 年版，第 33 页。
② 《中国共产党第十八届中央委员会第四次全体会议文件汇编》，人民出版社 2014 年版，第 78～79 页。

证，这是我国社会主义法治建设的一条基本经验，能够确保中国特色社会主义法治建设始终沿着正确的道路和方向不断前进。为加强党对全面依法治国的集中统一领导，中央先后成立中央全面依法治国领导小组和中央全面依法治国委员会，以加强对法治中国建设的统一领导，凸显了党在全面依法治国历史进程中的重要领导地位，有利于从更高的层面和更宽的领域统筹安排、整体推进我国的社会主义法治建设事业，形成"全国一盘棋"的社会主义法治建设工作格局。

（二）坚持人民在全面依法治国历史进程中的主体地位

中国共产党领导下的中国革命和建设事业之所以能够不断取得伟大的胜利，关键就在于始终强调人民的主体地位，充分调动人民群众的积极性和创造性，形成了强大的革命和建设力量。我国实行的社会主义制度决定了人民当家作主，也为人民在全面依法治国中拥有主体地位提供了制度支撑。习近平总书记指出："坚持人民主体地位，必须坚持法治为了人民、依靠人民、造福人民、保护人民。""要把体现人民利益、反映人民愿望、维护人民权益、增进人民福祉落实到依法治国全过程，使法律及其实施充分体现人民意志。"① 人民是依法治国的主体和力量源泉，全面依法治国与人民群众的强烈愿望和切身利益密切相关，能否顺利推进并实现全面依法治国在很大程度上取决于能否得到广大人民群众的广泛支持和积极参与。因此，在全面依法治国的历史进程中，必须始终依靠人民群众，充分发挥人民群众的主体作用，保证人民群众在党的领导下依照法律规定通过各种途径和形式管理国家事务，管理经济和文化事业，管理社会事务，提高全体人民群众对全面依法治国的认同感，切实增强参与意识。在具体工作中要善于听取群众意见、吸纳群众经验，并让人民群众普遍享有社会主义法治建设的成果，从而充分调动人民群众积极投身全面依法治国实践的积极性和主动性，获得人民群众的广泛支持和参与，在全社会形成强

---

① 习近平：《加快建设社会主义法治国家》，载于《求是》2015 年第 1 期。

大的法治建设合力。

（三）统筹推进以宪法为核心的中国特色社会主义法治体系建设

全面依法治国的总目标明确为建设中国特色社会主义法治体系、建设社会主义法治国家。前者突出了全面推进依法治国的工作重点和总抓手，对全面推进依法治国具有纲举目张的意义，后者则明确了全面推进依法治国的性质和方向。因此，中国特色社会主义法治体系就是我国社会主义法治建设的基本纲领，是国家治理体系的重要组成部分。具体来讲，建设中国特色社会主义法治体系，包括加快形成完备的法律规范体系、高效的法治实施体系、严密的法治监督体系、有力的法治保障体系，形成完善的党内法规体系。

建设中国特色社会主义法治体系，要不断完善以宪法为核心的中国特色社会主义法律体系。法律体系是一国现行的全部法律规范，按照一定的原则或标准被划分为若干法律部门，由这些法律部门形成的内在统一、相互联系的系统整体。① 中国特色社会主义法律体系主要由宪法以及在宪法统领下的刑法、民法、行政法、刑事诉讼法、民事诉讼法、行政诉讼法等若干个部门法构成，包括法律、行政法规、地方性法规三个层次。改革开放 40 多年来，全国人民代表大会及其常委会积极行使立法机关的立法职权，在立法工作方面取得了显著的成效。时至今日，以宪法为核心的中国特色社会主义法律体系已经形成，我国的政治、经济、社会、文化等诸多领域都基本实现了有法可依。在中国特色社会主义法律体系中，宪法是国家的根本大法，中华人民共和国宪法在中国特色社会主义法律体系中处于最为重要的基础地位。坚持依法治国要加强宪法实施和监督，推进合宪性审查工作，坚决纠正一切违反宪法的行为，有效维护宪法权威。坚持依法治国要依据宪法治国理政，坚持依法执政也要坚持依宪执政，即坚持由宪法确立的中国共产党领导地位不动摇，坚持宪法确定的人民民主专政的国体和人民代表大会制度的政体不动摇，这与西方一些国家所竭力鼓吹的

---

① 孙国华、朱景文主编：《法理学》，中国人民大学出版社 2015 年版，第 95～96 页。

"宪政"在本质上存在着不同，绝不能以所谓施行"宪政"为由来架空中国共产党的核心领导地位。完善中国特色社会主义法律体系，要坚持立法先行，坚持制定新法、修订或废止现行法律以及解释法律规范同步进行，加快完善法律、行政法规、地方性法规体系，完善包括市民公约、乡规民约、行业规章、团体章程在内的社会规范体系；要加强重点领域立法，及时反映党和国家事业的发展要求、人民群众的关切和期待，对涉及全面深化改革、推动经济发展、完善社会治理、保障人民生活、维护国家安全的法律抓紧制定、及时修订，从而为全面依法治国夯实法律依据基础；要完善立法体制，进一步健全全国人民代表大会及其常委会主导立法工作的体制机制，充分发挥全国人民代表大会及其常委会在立法工作中的主导作用，通过对立法权的行使进行优化配置，例如明确法律规范的起草、论证、协调、审议以及法律规范草案的表决程序等，明确立法权力边界，深入推进科学立法、民主立法、依法立法，确保立法工作的科学性、体系性、针对性和时效性，有效防止部门利益和地方保护主义法律化，提升法律规范在实际应用过程中的稳定性和可操作性，切实抓住提高立法质量这个关键。

建设中国特色社会主义法治体系，要形成高效的法治实施体系。改革开放 40 多年来，我国的社会主义法制建设工作取得了举世瞩目的成就。2011 年初，全国人民代表大会宣告中国特色社会主义法律体系已经形成，社会生活领域的各个方面基本实现了有法可依。但是，法律的生命在于实施，法律的权威也在于实施，法治建设必须高度重视法律实施，真正把纸面上的法变为行动中的法。法律实施，是指在宪法实施、执法与司法的过程中，通过政治与法律的良性互动和协力达成高效的国家治理这一目标。[1] 法律的有效实施，是全面依法治国的重点和难点。党的十九大报告强调要"坚持依法治国、依法执政、依法行政共同推进，坚持法治国家、法治政府、法治社会一体建设"，

---

[1] 黄进、蒋立山主编：《中国特色社会主义法治体系研究》，中国政法大学出版社 2017 年版，第 48 页。

从而为如何形成高效的法治实施体系指明了努力方向。依法治国、依法执政、依法行政三者之间有着紧密的内在联系，依法治国是党带领人民群众治理国家的基本方略，决定着中国特色社会主义法治建设的大方向和总方针；依法执政，是指党自身必须在宪法和法律范围内活动，各级党组织和全体党员干部都不能凌驾于法律之上；依法行政相对更为具体，是指各级行政机关要严格按照法律规范的要求开展行政工作，履行行政管理职责。坚持依法治国，必然要求中国共产党加快转变执政方式和领导方式，不断提高党依法执政的能力和水平，善于运用法治思维和法治方式，形成领导立法、保证执法、维护司法和带头守法的工作格局，促进法治国家、法治政府和法治社会的形成和巩固发展。从具体实施内容来看，法治实施主要包括宪法实施、严格执法和公正司法三个方面。宪法实施，是国家治理现代化的核心要义之一，是社会主义法治建设的根基。全面依法治国的首要任务就是在中国共产党的领导下，坚持依宪治国，通过采取完善宪法解释制度、建立中国特色宪法审查制度等举措，全面贯彻实施宪法，维护宪法权威。一切组织和个人都不得有超越宪法和法律的特权，都必须尊重宪法权威、维护宪法尊严，对于违反宪法原则和具体规定的行为，必须予以追究和纠正。严格执法，要求各级政府必须依法全面履行行政管理职责，深化行政执法体制改革，坚持严格规范公正文明执法，切实维护国家利益和人民的合法权益。公正司法，就是受到侵害的权利一定会得到保护和救济，违法犯罪活动一定要受到制裁和惩罚。① 司法工作与人民群众的切身利益密切相关，对于维护社会和谐稳定也有着极为重要的作用。在司法实践当中，由于多种因素的影响，司法不公、冤假错案以及金钱案、权力案、人情案等问题仍然存在。这些问题如果不抓紧解决，就会严重影响全面依法治国进程，严重影响社会公平正义，破坏社会秩序和法治秩序。因此，公正司法是维护社会公平正义的最后一道防线，各级司法机关和司法工作人员要

---

① 《十八大以来重要文献选编》（上），中央文献出版社 2014 年版，第 91 页。

严格依法办案，努力让人民群众在每一个司法案件中都能感受到公平正义。

建设中国特色社会主义法治体系，要建立严密的法治监督体系。法治监督，是指相关国家机关、组织和个人对立法、执法、司法等法律实施活动的规范性、合法性所进行的检查和督促。习近平总书记指出："没有监督的权力必然导致腐败，这是一条铁律。"① 权力的配置和运行如果不能得到有效的制约和监督，就极有可能会被滥用，甚至引发消极腐败现象，因此，习近平总书记强调"要加强对权力运行的制约和监督，把权力关进制度的笼子里"。② 党的十八届四中全会首次提出要建立"严密的法治监督体系"，要"加强党内监督、人大监督、民主监督、行政监督、司法监督、审计监督、社会监督、舆论监督制度建设，努力形成科学有效的权力运行制约和监督体系"，充分反映了党对法治监督体系建设重要性认识的深化，对法治监督的作用有了更加深刻的理解。一是要健全宪法监督制度。宪法是党和人民意志的集中体现，是国家的根本大法，宪法监督是法治监督最根本的任务。要完善全国人大及其常委会宪法监督制度，健全宪法解释程序机制。加强备案审查制度和能力建设，把所有规范性文件纳入备案审查范围，依法撤销和纠正违宪违法的规范性文件，禁止地方制发带有立法性质的文件。二是要加强对立法活动的监督。立法活动要恪守以民为本、立法为民理念，贯彻社会主义核心价值观，使每一项立法都符合宪法精神、反映人民意志、得到人民拥护。要把公正、公平、公开原则贯穿立法全过程。要完善党对立法工作中重大问题决策的程序，凡立法涉及重大体制和重大政策调整的，必须报党中央决定；法律制定和修改的重大问题由全国人大常委会党组织向党中央报告。同时，要采取多种形式拓宽人民群众参与立法的途径，健全法律规范草案公开征求意见和意见采纳反馈机制，真正做到集思广益，凝聚社会共识。三是

---

① 《十八大以来重要文献选编》（上），中央文献出版社 2014 年版，第 342 页。
② 《习近平在十八届中央纪委二次全会上发表重要讲话》，载于《人民日报》2013 年 1 月 23 日。

要强化对行政权力的制约和监督。要把对执法权的监督同促进法治政府建设和推进依法行政紧密结合起来，督促行政机关和行政人员严格规范公正文明执法。对于权力过于集中的关键部门和重要岗位要重点监督，通过健全责任追究制度和纠错问责制，确保实现有权必有责、用权受监督、失职要问责、违法要追究，及时依法处理执法不严、违法不究以及群众反映强烈的执法不公和腐败行为。四是要监督司法机关和司法工作人员严格依法办案。司法公正对社会公平正义有着直接的影响。强化司法监督，消除司法不公和司法腐败现象，有利于维护人民群众的合法权益和社会的公平正义。因此，要建立健全司法机关外部和内部的监督制约机制，进一步建立完善符合司法职业特点的司法人员管理制度，明确司法人员的职责和权限，深入推进司法责任制改革，认真执行司法机关内部人员过问案件的记录和责任追究相关规定，切实提升对司法活动进行监督的成效。

建设中国特色社会主义法治体系，要建立有力的法治保障体系。法治保障，是指在全面推进依法治国的历史进程中所必需的各种支持条件。法治保障体系的建立意义重大，关乎法治建设的效率和效果，"没有法治保障体系作为动力，依法治国的'法治机车'就开不动、跑不快；没有法治保障体系作为调节，依法治国的'法治机车'就可能跑偏、脱轨"。① 具体来讲，一是中国共产党的领导为全面依法治国提供坚强的政治和组织保障。习近平总书记指出："全面推进依法治国这件大事能不能办好，最关键的是方向是不是正确、政治保证是不是坚强有力，具体讲就是要坚持党的领导，坚持中国特色社会主义制度，贯彻中国特色社会主义法治理论。"② 中国共产党是中国特色社会主义法治建设事业的核心领导者，只有坚持党领导立法、保证执法、支持司法、带头守法，才能充分实现人民当家作主，真正把人民意志上升为国家意志，保证我国法治建设的社会主义方向，保证社会主义

① 《为法治提供有力保障》，载于《人民日报》2014 年 11 月 19 日。
② 《人民代表大会制度重要文献选编》（4），中国民主法制出版社、中央文献出版社 2015 年版，第 1791 页。

法治理论体系的正确性，推进依法治国实践顺利进行。二是中国特色社会主义制度为全面依法治国提供根本的制度保障。习近平总书记指出："我们要建设的中国特色社会主义法治体系，本质上是中国特色社会主义制度的法律表现形式。"① 这一科学论断明确了中国特色社会主义法治体系与中国特色社会主义制度之间的内在联系，揭示了中国特色社会主义法治体系的本质属性和发展方向。中国特色社会主义制度坚持把党的领导、人民当家作主、依法治国有机结合起来，符合我国国情实际，集中体现了中国特色社会主义的特点和优势，为我国的社会主义法治建设事业提供了根本的制度保障。三是高素质法治工作队伍为全面依法治国提供坚实的人才保障。法治工作队伍的法治信仰是否坚定，参与法治建设的能力和水平高低在很大程度上决定了全面依法治国的推进成效。党的十八届四中全会通过的《中共中央关于全面推进依法治国若干重大问题的决定》指出："全面推进依法治国，必须大力提高法治工作队伍思想政治素质、业务工作能力、职业道德水准，着力建设一支忠于党、忠于国家、忠于人民、忠于法律的社会主义法治工作队伍，为加快建设社会主义法治国家提供强有力的组织和人才保障。"因此，要强化高素质法治队伍建设，着力打造一支包括高素质立法、执法、司法人员在内的法治人才队伍，为全面依法治国提供源源不断的坚实发展力量。四是中国特色社会主义法治文化为全面依法治国提供强大的精神保障。习近平总书记指出："法治精神是法治的灵魂。人们没有法治精神、社会没有法治风尚，法治只能是无本之木、无根之花、无源之水。"② 因此，要加强社会主义法治文化建设，提高全民族的法治素养，增强全社会厉行法治的积极性和主动性，推动形成守法光荣、违法可耻的社会氛围，确保社会主义法治建设顺利进行。

建设中国特色社会主义法治体系，必须加强党内法规制度建设，

① 《习近平关于全面依法治国论述摘编》，中央文献出版社 2015 年版，第 35 页。
② 习近平：《之江新语》，浙江人民出版社 2007 年版，第 205 页。

形成完善的党内法规体系。党内法规，是党的中央组织以及中央纪律检查委员会、中央各部门和省、自治区、直辖市党委制定的规范党组织的工作、活动和党员行为的党内规章制度的总称。党内法规是管党治党的重要依据，也是中国特色社会主义法治体系的重要组成部分。党的十八大以来，党内法规制度建设被提高到一个前所未有的新高度，相关法规的立法工作进入了快速发展期，《中国共产党党内法规制定条例》《中国共产党党内法规和规范性文件备案规定》等新的党内法规相继制定颁布，《中国共产党地方委员会工作条例（试行）》《干部教育培训工作条例（试行）》《党政领导干部选拔任用工作条例》《中国共产党党内监督条例（试行）》等现行党内法规陆续进行了修订，党内法规的数量和质量都得到了稳步提升，有力地助推了中国特色社会主义法治体系的建设与完善。以党章为核心的党内法规调整党内关系、规范党内生活，为各级党组织和全体党员提供了行为遵循，可以在党内统一党员的意志和行为，充分发挥党内法规对国家法律的保障作用，有利于国家法律实施，促进两者相辅相成，在全面依法治国中发挥积极作用。未来，要继续加强党内法规体系建设，通过完善党内法规制定体制机制，注重党内法规同国家法律的衔接和协调，着力构建以党章为根本、若干配套党内法规为支撑的党内法规体系，推动中国特色社会主义法治体系的建设与完善。

三、全面依法治国的主要任务

全面依法治国，是习近平新时代中国特色社会主义思想的重要内容，是"四个全面"战略部署的重要组成部分，也是新时代坚持和发展中国特色社会主义的十四条基本方略之一。我国新时代全面依法治国的序幕已经拉开，全国各族人民群众将在以习近平同志为核心的党中央带领下，坚持正确思想指导、深化依法治国实践，扎实推进各项工作任务，为"两个一百年"奋斗目标和中华民族伟大复兴中国梦的实现提供坚强有力的保障。

（一）大力推动中国特色社会主义法治理论的创新与发展

中国特色社会主义法治理论特色鲜明、内涵丰富，包含着社会主义民主制度化、法律化、程序化等重大理论观点，是中国特色社会主义理论体系的重要组成部分，是人类法治文明的最新成果，也是对中国法治实践的理论表达。党的十八届四中全会把贯彻中国特色社会主义法治理论与坚持党的领导、坚持中国特色社会主义制度共同作为中国特色社会主义法治道路的核心要义，并且强调指出："必须从我国基本国情出发，同改革开放不断深化相适应，总结和运用党领导人民实行法治的成功经验，围绕社会主义法治建设重大理论和实践问题，推进法治理论创新，发展符合中国实际、具有中国特色、体现社会发展规律的社会主义法治理论，为依法治国提供理论指导和学理支撑。"未来，在习近平新时代中国特色社会主义思想的指引下，随着中国特色社会主义法治建设实践的不断推进，中国特色社会主义法治理论将进入一个新的历史发展时期，体系将更加科学、完整，内容将更加全面、成熟。我们要以党的十八大、十九大和二十大会议精神为指导，牢固树立中国特色社会主义法治理论的理论自信，准确把握中国特色社会主义法治理论的科学定位，深入研究中国特色社会主义法治理论体系的相关内容和核心要素，以推进中国特色社会主义法治理论创新与发展为重要理论工作任务，为全面依法治国提供扎实的理论指导和学理支撑。

（二）推进科学立法、民主立法、依法立法，以良法促进发展、保障善治

立法，是国家立法机关依照法定程序制定、修订、废止法律规范的活动。制定一部符合社会现实需要并且科学可行的法律规范，必须遵循一定的原则和方法。党提出推进科学立法、民主立法、依法立法，以良法促进发展、保障善治，明确了未来我国立法工作的基本原则和任务目标。科学立法是新时期我国立法工作的新要求，一方面必须秉持严谨务实的立法态度，在立法过程中尊重和体现相应的规律，分清主次、先后有别，对关乎党和国家事业以及人民群众切身利益的重点

领域要优先、加快相关法律规范的制定和修订，切实回应人民群众的
立法需求和期待；另一方面要建立健全科学的立法体制和机制，及时
总结我国的立法经验教训，善于借鉴吸收古今中外法律规范中的闪光
点，运用科学的立法技术，不断提高立法质量。民主立法，是指在立
法的过程中要不断拓展人民群众参与立法的方式和途径，通过采取立
法座谈、论证、听证等方式，做到从编制规划、起草草案、审议内容
到最终定稿等全过程相关立法信息的公开化，从而提高立法活动的民
主性。依法立法，是指立法机关的立法活动必须遵守宪法法律规定的
程序，在得到授权的范围内进行立法，防止出现法出多门、借法逐利
以及不当保护地方或部门利益等现象。当前，立法依然是我国全面依
法治国中一项基础但又极为重要的工作任务。尽管中国特色社会主义
法律体系已经形成，但是随着我国社会分工的不断细化以及社会关系
的不断复杂化，仍然需要不断地制定新法律、废止不合时宜的法律，
并对现行法律进行修订，加强重点领域、新兴领域、涉外领域立法，
统筹推进国内法治和涉外法治，以良法促进发展、保障善治。

（三）着力推进法治政府建设和依法行政，严格规范公正文明执法

法治政府建设是全面依法治国的重点任务和主体工程，也是实现
国家治理体系和国家治理能力现代化的必然要求，有助于正确高效地
应对和处理我国社会转型时期出现的各种新问题、新矛盾，促进全面
深化改革各项举措落到实处，确保社会主义现代化建设顺利进行。
习近平总书记指出："依法治国是我国宪法确定的治理国家的基本方
略，而能不能做到依法治国，关键在于党能不能坚持依法执政，各级
政府能不能依法行政"①，充分反映了以习近平同志为核心的党中央对
法治政府建设工作的高度重视，也指出了我国法治政府建设的重点任
务。党的十八届四中全会重申要"深入推进依法行政，加快建设法治
政府"，强调"各级政府必须坚持在党的领导下、在法治轨道上开展
工作，加快建设职能科学、权责法定、执法严明、公开公正、廉洁高

---

① 习近平：《加快建设社会主义法治国家》，载于《求是》2015 年第 1 期。

效、守法诚信的法治政府"。因此，新时期推进法治政府建设，要"转变政府职能，优化政府职责体系和组织结构，推进机构、职能、权限、程序、责任法定化，提高行政效率和公信力"；要"深化行政执法体制改革，全面推进严格规范公正文明执法，加大关系群众切身利益的重点领域执法力度，完善行政执法程序，健全行政裁量基准"；要"强化行政执法监督机制和能力建设，严格落实行政执法责任制和责任追究制度"。

（四）推进公正司法，全面落实司法责任制，努力实现个案公平正义

公平正义是中国特色社会主义的内在要求，也是中国共产党始终孜孜不倦努力追求的崇高价值目标，而司法则是维护社会公平正义的最后一道防线。因此，公正司法就成为衡量法治化水平和社会公平正义的一项基本标准，也是全面依法治国进程中的一项重要工作任务。所谓公正司法，就是受到侵害的权利一定会得到保护和救济，违法犯罪活动一定要受到制裁和惩罚。全面依法治国，必须推进公正司法，要从司法人员的主观认识和司法环境的外部影响两个方面着手，努力解决影响公正司法的各种问题。一是进一步改进工作作风，坚持司法为民。习近平总书记强调要"努力让人民群众在每一个司法案件中都能感受到公平正义，决不能让不公正的审判伤害人民群众感情、损害人民群众权益"①。因此，各级司法机关要按照"政治过硬、业务过硬、责任过硬、纪律过硬、作风过硬"的要求，努力将我国的司法人员群体打造成为一支"信念坚定、执法为民、敢于担当、清正廉洁"的政法工作队伍。全体司法人员要牢固树立社会主义法治理念，恪守职业道德，做到忠于党、忠于国家、忠于人民、忠于法律，依法排除来自司法机关内部和外部的干扰，坚守公正司法的底线，确保司法活动的过程和结果合法合规，切实维护人民群众的合法权益，让人民群

---

① 习近平：《在首都各界纪念现行宪法公布施行三十周年大会上的讲话》（2012年12月4日），参见《十八大以来重要文献选编》（上），中央文献出版社2014年版，第91页。

众在个案中真正感受到公平公正。二是要全面准确落实司法责任制，通过司法人员员额制改革和加强司法人员职业保障机制建设，逐步形成以法官、检察官依法独立办案为基础，以主客观相统一为追责原则的司法权力运行机制，规范司法权力运行，最大限度地防止冤假错案发生，提高司法公信力，增强司法权威，充分发挥公正司法维护社会公平正义最后一道防线的积极作用。三是要坚持司法信息依法公开，强化对司法活动的制约监督。司法信息公开的目的在于让社会大众或当事人依法了解相关信息，监督司法工作人员是否按照法律规定的程序和要求开展工作，从而促进司法活动的公平公正。因此，要进一步推动各级司法机关转变信息公开理念，增强主动公开、主动接受监督的意识；要进一步完善司法信息公开救济制度，积极创新方式、畅通渠道，切实保障相关人员对司法信息的知情权，督促司法机关和司法工作人员依法履职，推进公正司法。

（五）加强社会主义法治文化建设，提高全民族法治素养和道德素质

党的十九大提出，"加大全民普法力度，建设社会主义法治文化，树立宪法法律至上、法律面前人人平等的法治理念。"党的二十大强调，"弘扬社会主义法治精神，传承中华优秀传统法律文化，引导全体人民做社会主义法治的忠实崇尚者、自觉遵守者、坚定捍卫者。"全面推进依法治国，不仅要完善立法、公正司法、严格执法，还要加强社会主义法治文化建设。在现实生活中，法律制度主要是从外部以强制性的力量来调整人们的行为，而法治文化则更多的是通过价值观念和思想认识的引导来规范人们的行为。从世界各国的法治发展实践来看，法治文化在法治发展和法治国家建设中的作用是不容小觑的。法治文化是法治国家的精神内核，为全面依法治国提供强大、稳定的内在发展动力。加强社会主义法治文化建设，是全面依法治国的重要内容，有助于培育广大人民群众的法治观念和法治精神，从而形成全民自觉守法、护法的良好社会氛围。此外，全面依法治国要将法治和德治相结合，一方面通过教育、宣传等多种形式培育法治文化、宣传

法治理念，促进在全社会形成正确的主流价值观，推动广大人民群众确立法治信仰并形成法治思维，提高全民族的法治素养；另一方面，还要大力弘扬社会主义核心价值观和中华民族传统美德，提高全民族的道德素质，坚持法治、德治并抓，既发挥法律的强制性规范作用，又发挥道德的教育感化作用，促使法治与德治良性互动，共同发挥积极作用。在此过程中，广大党员干部要带头学法、尊法、守法和宣法，牢固树立宪法法律至上、法律面前人人平等的法治理念，在工作中坚持法治思维和法治方式，同各种破坏法治的行为进行坚决的斗争，维护宪法法律的权威和尊严，用模范的力量不断增强人民群众的法治信仰，推动形成全社会厉行法治的积极态势。

（六）深化司法体制改革，提升司法工作成效

司法体制是指以司法为职能目的而形成的组织体系与制度体系，是国家政治体制和法律制度的重要组成部分。司法体制改革是指在宪法规定的基本框架内，调整和完善现行司法体制相关内容，推动司法体制的创新与发展，使之符合中国特色社会主义和全面依法治国的要求。改革开放以来，随着我国政治经济的快速发展以及人民群众司法需求的日益增长，我国司法体制中存在的问题和不足急需通过改革来解决和完善，从而更加有力地保障公正司法，促进社会公平正义。党的十六大提出"推进司法体制改革"，作出推进司法体制改革的重大战略决策，开启了我国司法体制改革的新征程。党的十七大报告提出要"深化司法体制改革，优化司法职权配置，规范司法行为，建设公正高效权威的社会主义司法制度，保证审判机关、检察机关依法独立公正地行使审判权、检察权"，标志着我国司法体制改革开始向纵深发展。党的十八大提出"进一步深化司法体制改革"；十八届三中全会提出"推动省以下地方法院、检察院人财物统一管理，探索建立与行政区划适当分离的司法管辖制度；健全司法权力运行机制，完善主审法官、合议庭办案责任制，让审判者裁判、由裁判者负责"等要求；十八届四中全会提出"最高人民法院设立巡回法庭，探索设立跨行政区划的人民法院和人民检察院，探索建立检察机关提起公益诉讼

制度……推进以审判为中心的诉讼制度改革"，通过这些重要改革举措为司法体制改革的不断深化奠定坚实的基础。党的十九大提出要"深化司法体制综合配套改革，全面落实司法责任制，努力让人民群众在每一个司法案件中感受到公平正义"，对司法体制改革进行了更加深入的顶层设计，明确了司法体制改革的目标和重大意义。党的二十大强调，"深化司法体制综合配套改革，全面准确落实司法责任制，加快建设公正高效权威的社会主义司法制度"。在新时代我国全面依法治国的进程中，各级司法机关和司法人员要切实把思想和行动统一到党的一系列要求上来，坚持高度自觉的大局意识，跳出部门框框，相互支持、相互配合，破除机制束缚和障碍，加快推进司法体制改革，积极落实深化依法治国实践的各项工作任务，不断开创新时代司法体制改革发展新局面，为中国特色社会主义建设事业提供有力的司法保障。

全面依法治国，是习近平新时代中国特色社会主义思想的重要内容，是以习近平同志为核心的党中央从坚持和发展中国特色社会主义出发，进一步总结我国社会主义法治建设的经验教训作出的重大战略决策和部署，是未来我国社会主义法治建设工作的行动指南。全面依法治国是新时代推进国家治理现代化和中国特色社会主义法治建设事业的一场伟大革命，对我国社会生活的各个领域将会产生深刻的影响，具有重大的现实和历史意义。我们必须坚定不移地走中国特色社会主义法治道路，始终坚持党的领导、人民当家作主、依法治国有机统一，加强党对全面依法治国的统一领导、统一部署、统筹协调，不断提高党领导依法治国的能力和水平；必须结合依法治国实践中存在的问题，善于汲取中华法治文化和世界优秀法治文明成果中的有益成分，积极推进社会主义法治理论体系创新和发展，为全面依法治国提供科学的理论指导；必须同全面深化改革相适应，同推进国家治理体系和治理能力现代化相适应，提供有力的发展保障，在法治轨道上全面建设社会主义现代化国家。

第八章　全力实现新时代强军目标

新时代强军兴军目标与方略，是习近平新时代中国特色社会主义思想的重要组成部分。国防和军队现代化建设是国家安全的坚强后盾。一个国家，如果没有巩固的国防和强大的军队，和平发展就没有保障。在习近平新时代中国特色社会主义思想的指引下，建设一支听党指挥、能打胜仗、作风优良的人民军队，把人民军队建设成为世界一流军队。全面贯彻党领导人民军队的一系列根本原则和制度，确立新时代党的强军思想在国防和军队建设中的指导地位，坚持政治建军、改革强军、科技兴军、依法治军，更加注重聚焦实战，更加注重创新驱动，更加注重体系建设，更加注重集约高效，更加注重军民融合。适应世界新军事革命发展趋势和国家安全需求，提高建设质量和效益，二〇二〇年基本实现机械化，信息化建设取得重大进展，战略能力有大的提升。同国家现代化进程相一致，全面推进军事理论现代化、军队组织形态现代化、军事人员现代化、武器装备现代化，力争到二〇三五年基本实现国防和军队现代化，到本世纪中叶把人民军队全面建成世界一流军队。这是党在新时代强军兴军的目标和方略，是国家富强、民族复兴的必然要求，是全国各族人民的共同事业，也是实现中国梦的坚强保障。

一、中国梦与强军梦

习近平总书记高度重视国防与军队现代化建设，上任伊始，就在中央军委扩大会议上发出了"努力把国防和军队建设不断推向前进"的伟大号召。时隔不久，2012 年 12 月 8 日习近平总书记上任后首次考察国防和军队建设工作，在广州战区考察工作时明确指出："实现中华民族伟大复兴，是中华民族近代以来最伟大的梦想。可以说，这个梦想是强国梦，对军队来说，也是强军梦。我们要实现中华民族伟大复兴，必须坚持富国和强军相统一，努力建设巩固国防和强大军队。"这些重要论述着眼实现中国梦、强军梦，把中国梦与强军梦结合起来，坚持富国与强军相统一，立足于国家安全和发展战略全局，提出了一系列重大战略思想，作出了一系列重大决策部署，指挥了一系列重大军事行动，开辟了马克思主义军事理论和当代中国军事实践发展的新境界，开启了奋力实现强军兴军目标、建设世界一流军队的新征程，为我们加快推进国防和军队现代化建设指明了新目标、新方略。习近平总书记有关国防和军队现代化建设的系列重要论述，构成了习近平新时代中国特色社会主义思想这一鸿篇巨制的"军事篇"。党的十八大以来，人民军队正是在这一思想指引下，召开古田全军政治工作会议，恢复和发扬我党我军光荣传统和优良作风，政治生态得到有效治理；国防和军队改革取得历史性突破，形成了军委管总、战区主战、军种主建新格局，军队组织架构和力量体系实现革命性重塑；加强练兵备战，有效遂行海上维权、反恐维稳、抢险救灾、国际维和、亚丁湾护航、人道主义救援等重大任务，武器装备加快发展，军事斗争准备取得重大进展。人民军队在中国特色强军之路上迈出了坚定步伐。

（一）中国梦引领强军梦

战略服从政略。一切战争问题和军事谋划，归根结底，都必须服从、服务于社会政治大局。实现中华民族伟大复兴的中国梦，凝聚着近代以来中华民族的世代夙愿，寄托着中国人民振兴中华、强国富民的共同意愿。国防和军队现代化建设，必须放在实现中华民族伟大复兴这个大目标下来认识和推进，服从和服务于这个国家和民族最高利益。毫无疑问，实现中华民族伟大复兴中国梦是国防和军队现代化建设的根本指导思想。习近平总书记有关国防和军队现代化建设的一系列重要论述，正是立足于社会政治全局和国家长远发展的高度，紧紧围绕实现中华民族伟大复兴中国梦，统筹兼顾，从而对国防和军队现代化建设所作出的战略谋划。国防和军队现代化建设必须服从服务于党的历史任务和国家的战略目标，军事力量建设和运用必须为维护国家和民族利益提供有力支撑，国防和军队现代化建设必须为实现中华民族伟大复兴的中国梦提供坚强力量保证。当前和今后一个时期，在谋划国防和军队现代化建设的战略大计时，必须始终明确：实现中国梦是党和国家的工作大局，各个建设领域和各方面工作都必须有利于这一伟大梦想的实现，都必须成为追梦、逐梦的实际行动。因此，必须把国防和军队现代化建设放在实现中华民族伟大复兴这个大目标下来认识和推进，进而才能深刻领会和坚定推进与中国梦相适应的强军兴军目标以及建设世界一流军队的目标指向。惟其如此，才能在政治建军方略中，明确与中国梦和强军兴军目标紧密联系的军队政治工作时代主题；才能在改革强军方略中，确立与中国式现代化相适应的2035 年前深化国防和军队改革的目标任务；才能深刻认识强军梦的重大意义，真正摆正强军梦的历史方位，有效提升坚定推进国防和军队现代化建设的自觉性、主动性和创造性。

（二）强军梦支撑中国梦

坚定推进国防和军队现代化建设，这是实现中华民族伟大复兴中国梦的坚实基础。自18 世纪30 年代以来，中华民族因为闭关锁国和封建统治腐朽，忽视国防和军队现代化建设，军力衰败，导致国门洞开。从1840 年第一次鸦片战争开始，直到1945 年日本全面侵华战争彻底失败，在一百多年历史中，西方列强接踵而至，发动了一次又一次的侵略战争，迫使中国政府签订了一个又一个不平等条约，先后通过《南京条约》《瑷珲条约》《北京条约》《天津条约》《望厦条约》《中俄勘分西北界约记》《伊犁条约》《马关条约》《辛丑条约》等一系列不平等条约，侵夺中国主权和巨额财富，割占了大量中国领土和领海，控制了中国的政治、经济、军事、外交、财政、文教、国防等大权，古老的东方大国一步步堕入半殖民地半封建社会的深渊，给中华民族带来了无穷的灾难和深刻的创伤。从旅顺大屠杀到南京大屠杀，从鸦片走私、掠卖华工到火烧圆明园，从华人被辱骂为"猪仔""东亚病夫"到上海租界"华人与狗不得入内"的耻辱告示，一部中国近代史，就是一部中华民族饱受帝国主义列强侵略和宰割的惨痛历史，就是一部因国防和军队衰弱导致古老中国饱受帝国主义列强凌辱和压榨的悲惨历史。前事不忘，后事之师。我们一定要痛定思痛，坚定推进国防和军队现代化建设，努力建设一支听党指挥、能打胜仗、作风优良的强大人民军队，坚定捍卫国家主权、社会安定，确保中国社会经济发展的安全环境和战略安定。"落后是要挨打的。"面对中华民族伟大复兴征程上的各种风险挑战，我们必须把加强国防和军队现代化建设放在更加重要的位置，用强军兴军目标支撑和托起伟大的中国梦，坚决维护国家主权、安全、领土完整，保障国家和平发展。

（三）强军梦与中国梦相辅相成

实现中国梦与强军梦相互统一、相互促进的战略谋划，紧紧围绕中国梦的宏伟目标谋篇布局强军梦，习近平新时代中国特色社会主义思想这一强军兴军的指导思想，是党的军事指导理论的最新成果，也深刻揭示了新时期强国与强军的客观规律。坚持遵循这一客观规律，才能正确处置和应对新时期国防和军队现代化建设一系列重大问题。例如，在强国与强军的关系上，坚持遵循强国引领强军的根本指导规律，强调全局与局部统筹兼顾的战略思维指导，努力建设同我国国际地位相称、同国家安全和发展利益相适应的巩固国防和强大军队；在战争与和平的关系上，坚持遵循以能战支撑和平发展的强军兴军指导规律，准备打才有可能不必打，越不能打就越可能挨打，强调能战方能止战的辩证思维指导；在军事安全与国家安全的关系上，坚持遵循军事手段始终是保底手段的底线思维指导规律，一方面必须强调要始终明确军事安全以保障国家安全为根本目的，另一方面也必须强调，虽然维护国家安全的手段和选择增多了，仍然必须坚持把军事安全作为保障和维护国家安全的首位等。在战略谋划中把握和运用这些根本指导规律，就能使我们的强军兴军战略始终在正确轨道上稳健运行。

中外大量的历史事实证明，经济不发达，衣食尚忧，难以建设真正强大的军队，国家必遭欺负和凌辱；没有强大的军队，只富国不强军，国富兵不强，国家就会失去安全保护，同样也会忘战而危、忘战而损，甚至忘战而亡。富国与强军，是发展中国特色社会主义、实现中华民族伟大复兴的两大基石。

综上所述，习近平总书记关于"中国梦"和"强军梦"的重要论述，凝聚了几代中国人的共同夙愿，体现了中华民族的整体利益，奏响了当代中国发展强大不可逆转的时代强音，蕴含了重要的治国治军新理念、新思想、新战略，是新形势下党的创新理论特别是党的军事指导理论的最新成果，为加快推进国防和军队现代化建设，实现强国梦和强军梦指明了方向，成为习近平新时代中国特色社会主义思想的重要组成部分。

二、强军方略：政治建军、改革强军、科技兴军和依法治军

"一分部署，九分落实。"全面推进国防和军队现代化建设，建设一支听党指挥、能打胜仗、作风优良的人民军队，努力实现新时代强军兴军目标，就必须深入学习和认真领会习近平新时代中国特色社会主义思想的"军事篇"，从政治建军、改革强军、科技兴军和依法治军等四个方面，全面贯彻落实新时代强军兴军的一系列重大战略措施。

（一）政治建军

政治建军，是我军的独特政治优势和命脉所在，也是实现强军兴军目标、建设一支听党指挥、能打胜仗、作风优良人民军队的根本法宝。如果说，政治建军、改革强军、科技兴军与依法治军是实现新时期强军兴军总目标的"四梁八柱"，那么，政治建军就是实现强军兴军目标的"第一梁"，就是建设一支听党指挥、能打胜仗、作风优良人民军队的"第一柱"。坚持政治建军，必须毫不动摇地坚持以下四个方面：

坚持党对军队的绝对领导。2014 年 10 月 30 日，习近平总书记在古田召开的全军政治工作会议上的讲话中明确指出，铸牢军魂是我军

政治工作的核心任务，任何时候都不能动摇。贯彻政治建军方略，首要的是坚持党对军队绝对领导的强军之魂。"坚持党对军队的绝对领导"，这是早在我军创建初期的古田会议就已确立的根本建军原则。古田会议是红四军1929年12月28日至29日在福建省上杭县古田村召开的第九次党的代表大会，这是中国共产党历史上的一次重要会议，会议认真总结了南昌起义以来建军建党的历史经验，确立了人民军队建设的基本原则，其核心内容就是明确强调"党指挥枪，不是枪指挥党"，明确强调党对红军实行绝对领导，规定了红军的性质、宗旨和任务等事关党和人民军队事业兴衰成败的根本性问题。2014年10月30日，习近平总书记亲自提议的全军政治工作会议在福建省上杭县古田镇召开。次日，习近平总书记发表重要讲话，强调政治工作是人民军队的生命线，强调坚持党指挥枪的根本原则和制度，坚持党对军队绝对领导。坚持党对军队绝对领导是强军之魂，铸牢军魂是我军政治工作的核心任务。党对军队的绝对领导，是人民军队的军魂和命根子，永远不能变，永远不能丢。要扭住坚持党对军队绝对领导这个根本不放松，坚决维护和贯彻军委主席负责制，强化政治意识、大局意识、核心意识、看齐意识，确保部队绝对忠诚、绝对纯洁、绝对可靠，经常、主动、坚决向党中央和中央军委看齐，始终在思想上、政治上、行动上同党中央和中央军委保持高度一致，坚决维护党中央和中央军委权威，坚决听从党中央和中央军委指挥，确保党指挥枪的原则落地生根，任何时候任何情况下都坚定地以党的旗帜为旗帜、以党的方向为方向、以党的意志为意志。

坚定人民军队的理想信念。2010年9月1日，时任中共中央党校校长的习近平在秋季学期开学典礼的讲话中就曾明确指出："一个国家、一个民族、一个政党，任何时候任何情况下都必须树立和坚持明确的理想信念。如果没有或丧失理想信念，就会迷失奋斗目标和前进方向，就会像一盘散沙而形不成凝聚力，就会失去精神支柱而自我瓦解。""对马克思主义的信仰，对社会主义和共产主义的信念，是共产党人的政治灵魂"。习近平总书记还形象地把理想信念比作共产党人精神上的"钙",告诫我们要防止"缺钙",防止得"软骨病"。坚定理想信念是对中国共产党人的第一要求,坚定理想信念也是对人民军队的第一要求。2016年10月21日,习近平总书记在纪念红军长征胜利80周年大会上的讲话中明确要求,要着力培养有灵魂、有本事、有血性、有品德的新一代革命军人。第一条"有灵魂",就是明确要求人民军队要理想信念坚定、坚定听党指挥。2017年8月1日,习近平总书记在庆祝中国人民解放军建军90周年大会上的讲话中,在总结人民军队90年的光辉历史时深刻指出:"人民军队从胜利走向胜利,彰显了理想信念的伟大力量。崇高的理想,坚定的信念,是中国共产党人的政治灵魂,是人民军队的精神支柱。"为此,实现新时代强军兴军总目标,就必须把理想信念在全军牢固立起来,坚持思想领先,勤补精神之钙、常固思想之元,把理想信念的火种、红色传统的基因一代代传下去。实现中国梦、强军梦,是共产主义远大理想和中国特色社会主义共同理想的当代实践。为这一目标矢志奋斗,是人民军队全体官兵坚定理想信念的实际行动和有力证明。

坚决净化人民军队的政治生态。一段时间以来,军队特别是领导干部在理想信念、党性原则、革命精神、组织纪律、思想作风等方面存在不少突出问题,尤其是郭伯雄、徐才厚沦为严重腐败分子,给国防和军队现代化建设带来重大创伤,教训十分深刻。"树德务滋,除恶务本。"军队是拿枪杆子的,军中绝不能有腐败分子藏身之地。坚持政治建军、净化政治生态,就必须全面和彻底肃清郭伯雄、徐才厚等腐败分子的恶劣影响,集聚强军兴军的正能量,扭住思想清理这个根本,抓住组织整顿这个关键,突出思想领域的挖根除弊,突出组织队伍的纯洁巩固,把查案惩腐、整纲肃纪与激浊扬清、强根固本结合起来,保持正风肃纪、反腐倡廉的战略定力,着力把军队作风建设和反腐败斗争引向深入,努力实现军队政治生态的根本好转,确保反腐败斗争取得压倒性胜利。紧紧抓住清理郭伯雄、徐才厚影响下形成的潜规陋习用力,在明辨是非、正本清源上狠下功夫,真正站稳政治立场、扳正是非界限、校正价值追求,在理想信念、党性原则、作风纪律和战斗力标准等重大问题上立起标尺，着力从政治思想上强固理想信念根基，从组织监督上强化对干部的管理，从纪律法治上管住用权行为，从道德文化上涵养清廉自觉，彻底铲除滋生腐败的土壤，营造政治上的绿水青山，以新的风貌向着实现强军兴军目标、建设世界一流现代化军队前行。通过肃清郭伯雄、徐才厚等腐败分子的恶劣影响，必须从以下四个根本性的方面将政治生态立起来：第一，把理想信念在全军牢固立起来。要适应强军目标要求，把坚定官兵理想信念作为固本培元、凝魂聚气的战略工程，把握新形势下铸魂育人的特点和规律，着力培养有灵魂、有本事、有血性、有品德的新一代革命军人。第二，把党性原则在全军牢固立起来。要坚持党性原则是政治工作的根本要求，必须坚持党的原则第一、党的事业第一、人民利益第一，在党言党、在党忧党、在党为党，把爱党、忧党、兴党、护党落实到工作各个环节。第三，把战斗力标准在全军牢固立起来。要把战斗力标准作为军队现代化建设唯一的根本的标准，聚焦能打仗、打胜仗，健全完善党委工作和领导干部考核评价体系，探索政治工作服务保证战斗力建设的作用机理，形成有利于提高战斗力的舆论导向、工作导向、用人导向、政策导向，把政治工作贯穿到战斗力建设各个环节。第四，把政治工作威信在全军牢固立起来。要从领导带头抓起，从模范带头抓起，引导各级干部特别是政治干部把真理力量和人格力量统一起来，坚持求真务实，坚持公道正派。

有效提升各级党委的政治能力。加强和改进新形势下人民军队政治工作，当前必须从以下五个方面全面提升各级党委的政治能力：第一，必须提升各级党委坚决贯彻党对人民军队绝对领导制度的政治能力。各级党委要把落实党对军队绝对领导的制度作为第一位责任，坚持党委统一的集体领导下的首长分工负责制，把党领导军队一系列制度贯彻到部队建设各领域和完成任务全过程，确保党指挥枪的原则落地生根。第二，必须提升各级党委强化高中级干部管理的政治能力。军队要像军队的样子，最重要的就是要体现在高中级干部身上。军队好干部的标准，就是要做到对党忠诚、善谋打仗、敢于担当、实绩突出、清正廉洁。坚持党管干部、组织选人，坚持五湖四海，坚决整治用人风气，纯洁干部队伍，真正把好干部选出来、任用好。强化各级党委管班子、管干部的功能，以严的要求、严的措施、严的纪律管理约束干部。第三，必须提升各级党委抓好作风建设和反腐败斗争的政治能力。坚持抓常、抓细、抓长，坚持以改革的思路和办法推进反腐败工作，确保改进作风规范化、常态化、长效化，以锲而不舍、驰而不息的决心把作风建设和反腐败斗争引向深入。第四，必须提升各级党委抓好战斗精神培育的政治能力。加强马克思主义战争观和我军根本职能教育，加强军事文化建设，发扬一不怕苦、二不怕死的精神，从难、从严、从实战要求出发摔打部队，注重发挥政策制度的调节作用，增强军事职业吸引力和军人使命感、荣誉感，培养官兵大无畏的英雄气概和英勇顽强的战斗作风。第五，必须提升各级党委抓好政治工作创新发展的政治能力。积极推进政治工作思维理念、运行模式、指导方式、方法手段创新，提高政治工作信息化、法治化、科学化水平，形成全方位、宽领域、军民融合的政治工作格局，增强政治工作的主动性和实效性。

（二）改革强军

深化国防和军队改革，这是实现中国梦、强军梦的时代要求，是强军兴军的必由之路，也是决定军队未来的关键一招。人民军队发展史，就是一部改革创新史。当前，我国进入由大向强发展的关键阶段，国防和军队现代化建设处在新的历史起点上，正是在这样一个新形势下，习近平总书记对深化国防和军队改革高度重视，2015 年 11 月 26 日，习近平总书记在中央军委改革工作会议上强调，全面实施改革强军战略、坚定不移走中国特色强军之路。在对改革强军的战略谋划方面，习近平总书记亲自领导、亲自决策、亲自推动，提出了一系列重大战略思想，作出了一系列重大战略决策，为全面实施改革强军战略提供了思想引领和根本遵循。贯彻落实改革强军这一重大战略举措，必须从以下三个方面努力：

深刻认识改革强军的战略谋划。改革强军是应对当今世界前所未有之大变局，有效维护国家安全的必然要求。当前国际格局和国际体系正发生深刻调整，我国国家安全形势发生新的深刻变化，各种可以预料和难以预料的风险挑战明显增多。维护和用好我国发展的重要战略机遇期，实现"两个一百年"奋斗目标、实现中华民族伟大复兴中国梦，军事力量是保底的手段。世界新军事革命深入发展，本质上是争夺战略主动权。只有紧紧抓住有利契机，全面实施改革强军战略，更好地设计和塑造军队未来，才能缩小与世界强国军事实力上的差距，在世界新军事革命中赶上潮流、走在前列，有效维护国家主权、安全、发展利益。为此，必须牢固树立向改革要战斗力的思想，坚持以军事斗争准备为龙头，把主攻方向放在军事斗争准备的重点与难点问题上，放在战斗力建设的薄弱环节上，进一步解放和发展战斗力，着力提高我军实战化水平。

牢牢把握军队组织形态的现代化。国防和军队现代化是一个武器装备现代化、军事人才现代化、军队组织形态现代化全面协调发展的进程。没有军队组织形态现代化，就没有国防和军队现代化。必须适应战争形态加速演变新趋势，适应国家由大向强发展新形势，适应军队使命任务拓展新要求，深入推进领导指挥体制、力量结构、政策制度等方面改革，为建设巩固国防和强大军队、赢得军事竞争优势提供有力制度支撑。

瞄准国防和军队改革的总体目标。改革强军，就必须牢牢把握"军委管总、战区主战、军种主建"的原则，以领导管理体制、联合作战指挥体制改革为重点，协调推进规模结构、政策制度和军民融合深度发展改革。着眼于贯彻新形势下政治建军的要求，推进领导掌握部队和高效指挥部队有机统一，形成军委管总、战区主战、军种主建的格局；着眼于深入推进依法治军、从严治军，抓住治权这个关键，构建严密的权力运行制约和监督体系；着眼于打造精锐作战力量，优化规模结构和部队编成，推动我军由数量规模型向质量效能型转变；着眼于抢占未来军事竞争战略制高点，充分发挥创新驱动发展作用，培育战斗力新的增长点；着眼于开发管理用好军事人力资源，推动人才发展体制改革和政策创新，形成人才辈出、人尽其才的生动局面；着眼于贯彻军民融合发展战略，推进跨军地重大改革任务，推动经济建设和国防建设融合发展。通过不断深化国防与军队改革，在领导管理体制、联合作战指挥体制改革上取得突破性进展，在优化规模结构、完善政策制度、推动军民融合深度发展等方面改革上取得重要成果，努力构建能够打赢信息化战争、有效履行使命任务的中国特色现代军事力量体系，进一步完善中国特色社会主义军事制度。

（三）科技兴军

科学技术是第一生产力，也是最重要的战斗力，还是军事发展中最活跃、最具革命性的因素。人类军事斗争史证明，每一次重大科技进步和创新都必然引起战争形态、作战方式和军事理论的深刻变革。人类军事斗争发展的总趋势是从材料对抗、能源对抗走向信息对抗，从体能较量、技能较量转向智能较量。2017 年 3 月 12 日，习近平总书记在出席解放军代表团全体会议时发表重要讲话，强调要下更大气力推动科技兴军，坚持走军民融合发展的国防和军队现代化建设道路，坚持向科技创新要战斗力，为我军建设提供强大科技支撑。习近平总书记重要讲话，站在时代发展的高度，着眼于实现强军兴军目标，着眼于建设世界一流现代化人民军队，从国家战略高度对新形势下科技兴军、建立军民融合创新体系作了深刻阐述和战略部署，吹响了科技兴军的时代号角，是党的强军兴军思想理论体系的丰富和发展。全力推进科技兴军，必须做好以下五个方面的工作：

在国家战略布局中统筹谋划。科技进步深刻改变着人类生产生活方式，也深刻影响着世界军事发展走向。面对信息网络对现代战争体系的重塑，我们必须具备一颗敏锐的"科技头脑"。新形势下推进科技兴军战略，是关系中国梦与强军梦、关系富国与强军全局的重大战略部署，涉及军地两大系统和多方利益关系，只有搞好科技领域军民融合创新体系的顶层设计和战略筹划，才能盘活资源、整合力量，取得科技兴军整体效益最大化。随着科学技术快速发展，国家战略竞争力、社会生产力、军队战斗力的耦合关联越来越紧，国防经济和社会经济、军用技术和民用技术的融合度越来越深，客观上要求军事发展必须与国家战略、治国理政布局同步设计、一体推进。同时，经过长期发展，我国经济实力、科技实力大幅提升，为科技兴军提供了坚实基础。只有顺势而为、乘势而上，推动搞好顶层设计和战略筹划，推动国防科技和武器装备军民融合，推动军地合力培育军事人才，推动体制机制和政策制度改革，才能加快我军建设向质量效能型和科技密集型转变，实现中华民族富国强军的百年夙愿。从发达国家军队科技兴军历程看，无论是国防科技和武器装备现代化，还是现代军事力量体系塑造，无论是新型军事人才培养，还是信息化作战体系构建，都涉及国家、社会、军队的力量统合和科技兼容共享，都涉及政府、市场、军工企业利益格局的调整，涉及组织机构、政策制度、思想观念的深层变革，只有在国家战略层面进行顶层设计、统筹谋划，才能使科技兴军与国家发展同频共振、互相支撑。总之，要把军民融合发展上升为国家战略的高度来认识和推进，加快形成全要素、多领域、高效益的军民融合深度发展格局，逐步构建军民一体化的国家战略体系和能力。

重点抓住国防科技和武器装备。科技创新是军事革命的基本动因，每一次军事革命的发生，都是源于科学技术的巨大进步，并首先在武器装备领域表现出来。国防科技和武器装备领域是军民融合发展的重点，也是衡量军民融合发展水平的重要标志。两弹一星、载人航天、华龙一号、北斗导航等一大批军民融合的成果，极大地提高了我国的科技实力和国防实力。主动发现、培育、运用可服务于国防和军队建设的前沿尖端技术，捕捉军事能力发展的潜在增长点，最大限度实现民为军用，做好国防科技民用转化这篇大文章，就可以形成多维一体、协同推进、跨越发展、融合发展的格局。

紧紧扭住创新这个"牛鼻子"。创新是引领发展的第一动力，要大力弘扬创新精神，不断开创强军兴军新局面。科技创新与军事理论的关系，两者相互耦合，已成为现代战斗力生成的重要基础。注重抓创新、谋创新，也是贯穿习近平新时代中国特色社会主义思想的一个核心理念。在科学技术深刻影响军事领域的今天，推进改革强军，更离不开科技创新。同建设世界一流现代化人民军队目标相比，我军发展还面临着一些科技瓶颈，科技创新能力特别是原创能力还有很大差距。奋起直追，才能后来居上。要以时不我待的紧迫感，加紧在一些战略必争领域形成独特优势，努力实现弯道超车，实现由"跟跑"向"并跑"和"领跑"的转变。当前，我们正处在改革强军的重大战略机遇期，要深入学习习近平总书记关于深化国防和军队改革一系列重大战略思想，紧紧围绕实现党在新形势下的强军目标，把握科技创新发展大势，坚定不移深化改革，在强军兴军的伟大征程上谱写新的辉煌。

牢牢把握人才这个第一资源。未来战争的信息化程度越来越高，谁拥有科技人才优势，谁就能掌握主动权。当年如果没有钱学森、钱三强、邓稼先、王淦昌、郭永怀等一大批杰出科技人才，就不可能那样迅速地研制成功"两弹一星"。当前，我国强军兴军事业处于关键期，对科技创新的需求特别是对高素质新型军事人才的需求从来没有像今天这样紧迫，一定要以政策制度确保能够吸引人才、培养人才、留住人才、用好人才。随着军队信息化建设加速发展，武器装备构成日益复杂，知识密集程度不断提高，仅靠军队自身培养人才已不能适应现代战争的需求。与此同时，改革开放以来我国教育事业和人才培养蓬勃发展，丰富的人才资源和优良的教育资源为科技兴军提供了良好条件和巨大优势。要拓宽人才培养渠道、改进人才培养模式，发挥国家教育资源优势和军队院校特色，培养大批高素质新型军事人才。坚持军队需求为主导，聚焦紧缺专业、重点高校、优势学科，提高人才培养层次和质量。要注重发挥国家教育资源优势和军队院校特色，健全军事人才依托培养体系，构建以联合作战院校为核心、以军兵种专业院校为基础、以军民融合培养为补充的院校格局，培养更多更优秀的科技领军人才、高新装备技术保障人才、新兴专业和前沿领域紧缺人才及其他各类军事人才。要把提高官兵科技素养作为一项基础性工作来抓，大力传播科学精神、普及科学知识，广泛开展信息技术革新、战备训练改革、装备技术革新等科技活动，使学习科技、运用科技在全军蔚然成风，催生更多信息尖兵、技术专家、革新能手，使学习科技、运用科技在全军蔚然成风。实践证明，通过军地合力培育军事人才，不仅可以大幅度降低军队人才培养成本、缩短人才培养周期、提高人才培养质量，而且有利于实现军地人力资源的优化组合和良性互动，有利于加速培养更多能够担当强军兴军重任的优秀军事人才。

推动体制机制和政策制度改革。推进科技兴军、加快建立军民融合创新体系，体制机制是关键，政策制度是保证。如果不能及时拆除体制机制中的壁垒、破解政策制度方面的坚冰、去除利益固化的藩篱，必然就会影响军民融合发展的有序运转，阻滞军民融合效益的持续释放。要向改革要出路，以体制机制和政策制度改革为抓手，坚决破除制度藩篱和利益羁绊，构建系统完备的科技军民融合政策制度体系。党的十八大以来，以习近平同志为核心的党中央对深入实施国家创新驱动发展战略、军民融合发展战略作出战略决策，成立中央军民融合发展委员会，明确要求把军队创新纳入国家创新体系，使军民融合迎来一个全新的发展机遇。围绕科技兴军搞好顶层设计和战略筹划，关键在于乘风应势、抓住机遇，把推进科技兴军、建立军民融合创新体系与国家创新驱动发展战略、军民融合发展战略、全面深化改革部署等进行战略对接。只要我们充分发挥制度优势，弘扬军政、军民团结的优良传统，就一定能够汇聚起科技兴军的磅礴力量。

（四）依法治军

"睿智者治法"。2012年12月，党的十八大闭幕后不久，习近平总书记首次到基层部队视察时指出"依法治军、从严治军是强军之基"。在全面推进国防和军队现代化建设新时期，习近平总书记站在时代发展和战略全局的高度，鲜明提出依法治军是强军兴军之基，并围绕坚持依法治军作出了一系列重要论述，契合了我们党治国理政思想的新发展，反映了建设强大人民军队的新要求，丰富和发展了党关于新形势下的治军思想。为此，我们要从以下四个方面充分认识新形势下依法治军的极端重要性。

依法治军是先进的治军理念。依法治军是古今中外治军之道的精要所在，是现代军队建设的基本规律，同时也是一种建军治军精神和先进理念。党的十八届四中全会首次将依法治军纳入依法治国总体布局作出重大部署，实现了军队法治建设的历史性飞跃，这是我们党总结历史经验、探索发展规律作出的科学决策，也是我们党全面推进依法治国的新理念、新观点、新论断在国防和军队建设领域的具体贯彻落实，标志着我们党对执政规律、社会主义建设规律、人类社会发展规律、国防和军队建设规律的认识达到了新高度，确立了依法治军在国防和军队建设中的全局性、基础性、战略性地位，是党在新形势下建军、治军理念的创新发展。

依法治军是科学的治军方式。当前，我军治军方式尚未实现根本性转变，重将轻制、重令轻典、重经验轻法律的现象普遍存在，成为国防和军队现代化建设发展的瓶颈。实现治军方式根本转变的核心要义，就是要按照法治要求转变治军方式，把法治化作为治军方式根本转变的目标方向，增强依法开展和指导工作的理念与定力，用法治方式解决国防和军队现代化建设的各种矛盾与问题，从而提高建军、治军、强军水平和效益。

依法治军是治军理念的新突破。强军兴军必先强法。一支没有法治的军队，不可能实现真正的强大。法治是强大军队的标准之一，既是军队的软实力，更是军队战斗力的新增长点。实现更高层次、更高水平的依法治军，是实现中国梦、强军梦的战略部署和坚强保证，更是中国梦、强军梦的应有之义。在强军兴军进程中，我军的革命化需要法治来强化，正规化需要法治来实现，现代化需要法治作保障。可以说，依法治军的过程就是实现强军兴军目标的过程。只有把法治思维和法治方式贯彻到国防和军队现代化建设全过程各领域，才能真正锻造出一支听党指挥、能打胜仗、作风优良的法治军队。

依法治军是广大官兵的新关切。近年来，我军在组织结构、力量编成、武器装备、现代后勤等方面都取得了很大进步，官兵综合素质明显提高，民主法治观念和现代意识逐步增强，依法治军被赋予更加强烈的功能寄托。面对广大官兵改进作风、科学管理的新关切，必须深入推进依法治军、从严治军，把法治精神、法治思维和法治方式渗透到军队管理理念和管理方法中，按照规范化设计、精确化运行、标准化操作、配套化保障的要求，努力实现从单纯靠行政命令向依法行政的根本性转变，努力实现从单纯靠习惯和经验开展工作的方式向依靠法规和制度开展工作的根本性转变，努力实现从突击式、运动式抓工作的方式向按条令条例办事的根本性转变，从根本上提高管理的质量和水平，全面提高新时期军队作风建设，全面推进国防和军队正规化建设向更高水平发展。

三、担当起维护中国国家核心利益与世界和平的时代重任

近些年来，随着世界经济政治格局特别是亚太地区战略形势的深刻变化，影响我国国家安全与发展的不确定因素在不断增多，国家依然面临着极为复杂的安全和发展态势。一是西方敌对势力加紧对我实施西化分化的政治图谋，极力鼓吹"军队非党化、非政治化""军队国家化"，离间党和军队之间的关系，企图改变我军的政治本色。二是美国全球战略重心转向亚太，拉帮结派，防范、牵制和遏制我国崛起，中美之间的军事战略博弈日趋尖锐。三是随着我国经济社会的快速发展，我国国家利益逐渐超出了传统的领土、领海、领空范围，不断向新空间新领域扩展和延伸，我国海外人员安全、海外市场安全、海外能源安全、海上战略通道安全等面临诸多威胁。四是随着我国的崛起，我国与周边国家进入新的摩擦期和矛盾多发期，周边国家经济上靠我、安全上倚美、心理上防我的现象日益凸显，周边安全中的不稳定、不确定因素增多。五是世界新军事革命加速发展，世界主要国家都在加紧推进军事转型，以期在未来战争中赢得战略优势和战略主动。因此，面对国家安全环境的深刻变化，面对强国强军的时代要求，我们必须贯彻新时代党的强军思想，贯彻新形势下军事战略方针，建设强大的陆军、海军、空军、火箭军和战略支援部队，打造坚强高效的战区联合作战指挥机构，构建中国特色现代作战体系，从而坚定地

承担起维护国家主权、安全、领土完整等核心利益的神圣使命，坚定地承担起保障国家和平发展与维护世界和平的历史责任。

（一）统筹兼顾，加强国防与军队建设

奉行防御性国防政策。国防政策是国家制定的一个时期内指导国防活动、构建国家武装力量体系的基本行动准则，是国家内外政策在国防建设领域的集中体现。新中国成立以来，中国始终奉行防御性国防政策，加强国防建设的目的始终是为了维护国家主权、领土完整，始终是为了保障国家和平发展。早在中华人民共和国成立之时，我国就向世界宣告了中国防御性的国防政策。新中国成立初期，国家安全面临内忧外患，存在着大规模外敌入侵的威胁，中国采取了向苏联"一边倒"的外交政策，确立了以巩固国防、反对侵略、结盟苏联、争取和平为核心的国防政策。从 20 世纪 60 年代中期开始，由于国家安全环境的急剧恶化，国防重心聚焦于准备应对两面乃至多面作战。进入 70 年代，国防重心以"三北"（东北、华北、西北）为主要战略方向。国防政策和军事战略的调整以及国家战备工作，对于防止和应对外部军事威胁具有积极意义。但是，国家和军队长期处于临战状态，既影响了国家经济建设，也制约了国防与军队的长远发展。70 年代末期，党对国际战略形势作出了新判断，指出和平与发展已经成为时代主题，国防政策随之发生了重大转变。1985 年，邓小平同志提出了"在较长时间内不发生大规模的世界战争是有可能的"这一具有深远意义的战略判断。中国进而作出了军队建设指导思想实行战略性转变的重大决策，即由时刻准备早打、大打、打核战争的临战状态转到和平时期建设的轨道上来。1985 年，中国重新确立积极防御的国防政策，军队建设的目标主要围绕服从和服务国家经济建设大局、立足应付局部战争和军事冲突，军队实行大规模"精简整编"，时任中央军委主席邓小平向世界宣布：中国军队裁减员额 100 万！90 年代，世界两极格局解体，国际力量对比严重失衡。中国政府着眼国家安全环境的重大变化，对国防政策作出了新的调整。1993 年，中国制定了新时期积极防御的军事战略方针，提出将军事斗争准备的基点放在打赢现代技术特别是高技术条件下的局部战争上，将战略重心从"三北"方向转到东南沿海方向，强调加速军队质量建设，提高应急作战能力，实施灵活正确的战略指导，防止发生"台独"重大事变。进入 21 世纪，和平、发展、合作成为时代潮流，习近平总书记审时度势，2015 年"九·三大阅兵"时宣布裁减军队员额 30 万，进一步表明了维护世界和平的坚定立场。然而，国际安全形势虽然保持总体稳定，但国际恐怖势力猖獗，以及环境问题、气候变化问题、网络安全问题等，不稳定、不确定因素日益增多。为适应形势变化和国家安全需求，党提出军队建设在新世纪、新阶段，要为维护国家发展的重要战略机遇期提供坚强的安全保障，为维护国家利益提供有力的战略支撑，为维护世界和平与促进共同发展发挥重要作用。国防政策的目标主要是围绕着维护国家安全统一、促进国防建设与经济建设协调发展、立足打赢高技术和信息化局部战争、推进中国特色军事变革。

回顾新中国国防政策 70 多年确立与发展历史，我国国防政策始终遵循了以下六个方面具有普遍意义的基本原则：第一，坚持积极防御。新中国成立以来，无论安全环境、国家利益和国防实力如何变化，我国始终实行防御性国防政策，坚决反对对外侵略和争夺霸权，军事上严守自卫立场，国防建设根本任务就是抵御侵略、保卫祖国、保卫人民的和平劳动。作为防御性国防政策核心的积极防御军事战略，始终坚持战略上的防御、自卫和后发制人，始终坚持战略防御与战役战斗积极攻势行动的有机统一。第二，坚持独立自主。独立自主是中国国防政策的基本方针。像中国这样一个人口众多、幅员辽阔、历史悠久的大国，国防建设必须立足于国内，必须独立自主、自力更生地建设和巩固国防，必须根据自身国情、军情实际制定国防政策和军事战略，不参加任何军事集团，坚定实行军事不结盟政策，独立处理一切国防安全事务，以自力更生为主建设国防工业和国防科技体系，自主发展中国特色军事理论，在国家安全受到威胁和损害时，依靠自己的力量捍卫国家主权和安全。第三，坚持全民自卫。中国的国防是全民的国防。坚持和发展人民战争的战略思想，始终依靠人民建设和巩固国防，都是中国国防的真正优势和力量所在。实行精干常备军与强大国防后备力量相结合，在加强军队建设的同时高度重视民兵和预备役部队建设，按照平战结合、军民结合、寓兵于民的方针，不断调整和完善国防动员体制，提高国防动员能力，探索人民群众参战支前的新途径，发挥人民战争的整体威力。第四，坚持协调发展。发展经济和加强国防，始终是中国现代化建设的两大战略任务。国家坚持以经济建设为中心，国防建设必须服从和服务于这个大局，紧密配合这个大局。同时，国家必须在经济发展基础上推进国防建设现代化，形成与经济实力相协调、与国家安全需要相适应的军事实力。军队要加强质量建设，走中国特色的精兵之路，走投入较少、效益较高的现代化建设道路，走复合式、跨越式的发展道路。第五，坚持维护和平。维护世界和平，反对侵略扩张，是中国国防的重要目标和任务。中国的前途同世界的前途紧密相连，中国的国防同世界的和平息息相关。坚持维护和平，是保障国家安全和发展与履行国际义务的统一，体现了中国的国家性质和内外政策。在国际上，中国反对霸权主义和强权政治，反对战争政策、侵略政策和扩张政策，反对军备竞赛，支持一切有利于维护世界和地区和平、安全、稳定的活动。第六，坚持党的领导。坚持中国共产党对国防建设的领导，是国家安全和发展的根本保证。党和国家共同设立中央军事委员会，组成人员和对军队的领导职能完全一致，既确保了党对军队的绝对领导，又恰当地规定了军队在国家体制中的地位。党对军队实行领导的根本制度，是党委（支部）统一的集体领导下的首长分工负责制。

构建中国特色现代武装力量体系。武装力量是国家或政治集团所拥有的各种武装组织的统称。1997 年公布的《中华人民共和国国防法》明确规定："中华人民共和国的武装力量，由中国人民解放军现役部队和预备役部队、中国人民武装警察部队、民兵组成。"进入新世纪后，中国武装力量适应国家发展和国家安全战略新要求，深化改革创新，调整优化结构，加强质量建设，努力构建中国特色的现代武装力量体系。2015 年 11 月 27 日，中央军委召开军队改革会议，就新一轮军队和国防建设改革做出了一系列重要决议，其中重要内容之一就是，将中国武装力量由传统的陆海空三个军种，调整和组建陆军、海军、空军、火箭军和战略支援部队五个军种。

陆军是中国现代武装力量的基础，是执行陆地作战任务的军种，主要由步兵、装甲兵、炮兵、防空兵、陆军航空兵、工程兵、防化兵等兵种组成，包括机动作战部队、边海防部队、警卫警备部队等。目前，陆军已由单一兵种发展成为诸兵种合成的现代陆军，正按照机动作战、立体攻防的军事战略要求，积极推进由区域防卫型向全地域机动型转变，逐步实现部队编成的小型化、模块化、多能化，提高空地一体、远程机动、快速突击和特种作战能力。

海军是中国现代武装力量的战略性军种，是执行海上作战行动的主体力量，担负着保卫国家海上方向安全、捍卫国家领海主权、维护海洋权益的任务，主要由潜艇部队、水面舰艇部队、海军航空兵、海军陆战队、岸防部队等兵种组成，平时实行作战指挥与建设管理合一的领导体制。目前，海军正按照近海防御的军事战略要求，着力提升近海综合作战力量现代化水平，完善综合电子信息系统装备体系，提高远海机动作战、远海合作与应对非传统安全威胁能力，增强战略威慑与反击能力，逐步实现由近海防御向近海防御和远海防卫型的战略转变。

空军是中国现代武装力量的战略性军种，是执行空中作战行动的主体力量，担负着保卫国家领空安全和领土主权、保持全国空防稳定的任务，主要由航空兵、地面防空兵、雷达兵、空降兵、电子对抗兵等兵种组成，平时实行作战指挥与建设管理合一的领导体制。目前，空军正按照攻防兼备的军事战略要求，加强以侦察预警、空中进攻、防空反导、战略投送为重点的作战力量体系建设，发展新一代作战飞机、新型地空导弹、新型雷达和大型运输机等先进武器装备，完善预警、指挥和通信网络，提高战略预警、威慑和远程空中打击能力，加快建设一支空天一体、攻防兼备的强大现代化空军。

火箭军是中央军委直接掌握使用的战略部队，是中国实施战略威慑的核心力量，主要担负遏制他国对我国使用核武器、执行核反击和常规导弹精确打击任务，主要由核导弹部队、常规导弹部队、作战保障部队组成。目前，火箭军正按照精干有效的原则，加快推进信息化转型，依靠科技进步推动武器装备自主创新，利用成熟技术有重点、有选择改进现有装备，提高导弹武器的安全性、可靠性、有效性，完善核常兼备的力量体系，增强快速反应、有效突防、精确打击、综合毁伤和生存防护能力，战略威慑与核反击、常规精确打击能力稳步提升。

战略支援部队是维护国家安全的新型作战力量，这支部队整合了中国人民解放军的空间、网络和电子作战力量，是中国人民解放军的新兴高技术兵种，主要是将战略性、基础性、支撑性等各类保障力量进行功能整合后组建。进入 21 世纪，新军事革命的冲击波汹涌而来。特别是随着信息、智能、隐形、纳米等战略新兴技术的持续突破，新型作战力量成为军事能力跨越式发展的增长极，成为军事强国竞争的新宠儿。面对这场新军事革命的汹涌浪潮，只有洞察先机、顺势而为，才能抢占潮头、赢得未来。习近平总书记审时度势，果断决策组建战略支援部队。成立战略支援部队，有利于优化军事力量结构、提高综合保障能力，打造维护国家安全的新型作战力量，并将其作为我军新质作战能力的重要增长点。

推进现代化武装警察力量建设。武装警察部队是中国武装力量的组成部分，平时主要担负执勤、处置突发事件、反恐怖、参加和支援国家经济建设等任务，战时配合中国陆军、海军、空军、火箭军和战略支援部队等军种部队进行防卫作战。为了贯彻落实党的十八届三中全会全面深化改革的决定，加强党中央和中央军委对武警部队的集中统一领导，建设一支听党指挥、能打胜仗、作风优良的现代化武警部队，对武警部队领导指挥体制和力量结构进行调整改革。武警部队改革的主要任务和重点是，强化党中央和中央军委对武警部队集中统一领导，坚定贯彻中央军委主席负责制，按照"军是军、警是警、民是民"的原则，调整武警部队指挥管理体制，优化力量结构和部队编成，实现领导管理和高效指挥的有机统一。同时，调整职能任务、警衔制度、保障体制、部队部署和兵力调动使用制度。

加强预备役部队和民兵建设。预备役部队是以现役军人为骨干、预备役官兵为基础，按照军队统一的体制编制组成的武装力量，实行军队与地方党委、政府双重领导制度。目前，预备役部队已发展成为由陆军、海军、空军和火箭军预备役部（分）队组成的重要后备力量，正加快由数量规模型向质量效能型、由直接参战型向支援保障型转变、由补充一般兵员向补充技术兵员为主转变，努力成为现役部队的得力助手和国防后备力量的拳头。民兵是不脱产的群众武装组织，是人民解放军的助手和后备力量，担负参加社会主义现代化建设、执行战备勤务、参加方位作战、协助维护社会秩序和参加抢险救灾等任务。在国务院、中央军委统一领导下，民兵工作实行地方党委、政府和军事系统的双重领导。民兵组织编有应急队伍、联合防空、情报侦察、通信保障、工程抢险、交通运输等支援部队，以及作战保障、后勤保障、装备保障等储备队伍。民兵建设注重调整规模结构，改善武器装备，推进训练改革，提高以支援保障打赢信息化条件下局部战争能力为核心完成多样化军事任务能力。

（二）矢志不渝，为和平发展提供坚强保障

习近平总书记在庆祝中国人民解放军建军 90 周年阅兵时讲话指出："安享和平是人民之福，保卫和平是人民军队之责。天下并不太平，和平需要保卫。"中国武装力量是捍卫和平、发展和平的坚强力量，中国武装力量坚定致力于为中国和平发展提供强大保障，现阶段中国国防和军队现代化建设的基本任务主要包括以下三个方面：

全力推进和平发展。中国改革开放的历史进程，是和平发展的历史进程。中国的国防和军队现代化建设，是中国和平发展的重要组成部分，同时也为中国和平发展提供坚强保障。在和平发展的道路上，中国的国家安全利益面临两大矛盾：第一，国家利益日益扩展，然而，维护国家利益的手段严重不足。无论是应对传统安全威胁的军事威慑和实战能力，还是应对反对恐怖主义、国际救灾和人道主义援助，以及在发生重大国际危机时执行海外撤侨任务等非传统安全威胁的应对能力都不足。第二，增强维护国家利益的手段日益迫切，而外部制约因素却在不断加大。中国的发展给世界和地区的发展带来了机遇，同时，也引起了一些国家和地区的疑虑。处理不当，中国也将陷入国家安全方面的两难困境：国家虚弱，安全没有保障；而国家实力增长，也没有带来更加牢靠的国家安全保障，反而受到既有强国的防范与遏制，甚至陷入深刻的国际和地区冲突与对抗。中国的安全和发展与世界的和平繁荣息息相关，中国国防建设始终是维护世界和平和地区稳定的关键因素和坚定力量。为避免重蹈历史上崛起大国的安全困境，中国自改革开放之日起，就坚定不移地走和平发展的道路。中国大力倡导互信、互利、平等、协作的新安全观，反对各种形式的霸权主义和强权政治，寻求实现综合安全、共同安全、合作安全。按照和平共处五项原则开展对外军事交往，发展不结盟、不对抗、不针对第三方的军事合作关系，推动建立公平有效的集体安全机制和军事互信机制。深化国际安全合作，参加联合国维和行动、国家反恐合作、国家护航和救灾行动，举行中外联演联训，积极承担相应的国际军事安全责任和义务，为国际安全提供更多的公共产品。全力支持按照公正、合理、全面、均衡的原则，实现有效裁军和军备控制，维护全球战略稳定，促进世界和平与发展。

坚决维护国家主权、安全、领土完整。维护国家主权、安全、领土完整，这是中国加强国防建设的基本目标，也是宪法和法律赋予中国武装力量的神圣职责。主权是一个国家的生命和象征，安全和领土完整是一个国家赖以生存发展的前提和保障，也是一个国家人民利益的基本内容。国家武装力量始终把维护主权、安全、领土完整、保护人民利益放在高于一切的位置，防备和抵抗外敌侵略，遏制分裂势力，保卫边防、海防、空防安全，维护国家海洋权益和太空、网络空间的安全利益。坚持用和平方式解决国际争端，反对国际和地区动辄使用武力或以武力相威胁的霸权主义和强权政治行径，在事关国家主权和领土完整的根本问题上绝不退让和妥协。维护祖国统一、遏制分裂势力。维护国家统一、反对各种敌对势力分裂国家领土和主权，是中国国防和军队现代化建设的神圣使命。目前，"台独"分裂势力人还在、心不死，美西方利用台湾问题不断挑战我主权和安全底线，分裂祖国的危险始终存在。近年来，随着秉持"台独"路线的绿营重新在台湾地区执政，在美国等国际反华势力纵容下，蔡英文为首的台湾执政当局至今拒不承认"九二共识"，台海局势面临新的动荡因素。同时，美台军事勾连密切，两岸建立军事安全互信机制面临更加不确定因素。因此，促进两岸关系和平发展、实现祖国完全统一依然任重道远。一些敌对势力和邪教组织，都对国家安全和社会稳定造成严重危害，这些分裂和敌对势力的活动有着很深的政治因素和历史因素，我们与这些分裂和敌对势力的斗争必将是长期的、复杂的。为此，中国必须不断强化国防和军队现代化建设，坚决制止和消除各种分裂和敌对势力的破坏活动，统筹协调经济建设与国防建设。

统筹协调经济建设与国防建设。经济建设与国防建设的关系，是社会主义现代化建设必须正确认识和处理的重大课题。经济建设是国防建设的基本依托，只有国家经济实力增强了，国防建设才会有更大发展。国防建设又是中国现代化建设的组成部分和基本任务之一，只有把国防建设搞上去了，经济建设才会有更加坚强的安全保障。坚持经济建设与国防建设协调发展的方针，走中国特色军民融合式发展道路，逐步形成基础设施和重要领域军民深度融合的发展格局，努力实现富国与强军的统一。坚持需求牵引、国家引导，发挥市场在资源配置中的基础性作用，既充分利用经济社会发展成果推进国防现代化建设，又积极发挥国防现代化建设对经济社会发展的重要拉动作用，使经济建设与国防建设相互促进、协调发展。

（三）热爱和平，坚决维护世界和平与地区稳定

中国既致力于争取和平的国际环境来发展自己，也致力于以自身的发展来促进世界和平与地区稳定。中国武装力量始终是维护世界和平与地区稳定的坚定力量，全力同世界各国加强军事合作、增进军事

互信，积极参与地区和国际安全事务，在国际政治和安全领域发挥建设性作用。多年以来，中国武装力量从以下六个方面做出了突出贡献：

积极参加联合国维和行动。中国认真履行国际责任和义务，支持并积极参加联合国维和行动。根据联合国决议和中国政府与联合国达成的协议，中国派出维和部队和军事专业人员，进驻指定国家或地区，在联合国主导下组织实施维和行动，主要承担监督停火、隔离冲突和工程、运输、医疗保障，以及参与社会重建和人道主义援助等任务。根据 2013 年 4 月国务院新闻办公室发布的《中国武装力量的多样化运用》国防白皮书，自 1990 年，中国政府向联合国中东维和任务区派遣军事观察员，首次参加联合国维和行动以来，中国是联合国安理会 5 个常任理事国中派遣维和军事人员最多的国家，是联合国 115 个维和出兵国中派出工兵、运输和医疗等保障分队最多的国家，也是缴纳联合国维和分摊款额最多的发展中国家。

开展国际救灾和人道主义援助。中国武装力量积极参加我国政府组织的国际救灾和人道主义援助，向受灾国提供救援物资与医疗救助，派出专业救援队伍赴受灾国救援减灾，为有关国家提供扫雷援助，开展救援减灾国际交流。中国军队多次执行国际紧急人道主义援助任务，中国武装力量积极开展对发展中国家的医疗服务和援助，积极参与国际医疗交流与合作，极大增进了世界各国的友谊和互信。

维护国际海上战略通道安全。维护国际海上战略通道安全，是世界各个国家海上利益的重要组成部分，也是事关国家安全与发展的重大战略问题。近年来，中国海军护航编队在联合护航、信息共享、协调联络等方面与世界多个国家海军建立了良好的沟通机制。

参加中外军队联合演习。中国武装力量始终坚持不结盟、不对抗、不针对第三方的方针和战略互惠、平等参与、对等实施的原则，自 2002 年起，与外国军队开展多层次、多领域、多军兵种的双边和多边联合演习。中外军队联合演习，对于促进政治和军事互信、维护地区安全稳定、加强军队现代化建设都发挥了积极作用。

积极参加国际裁军和军控进程。1994 年，中国正式向美、俄、英、法等国提出《互不首先使用核武器条约》草案。1996 年，中国政府在第 45 届联合国大会上明确提出核裁军五点主张。1996 年 9 月 24 日，《全面禁止核试验条约》在联合国总部开放当日，即在东道国美国之后，第二个签署了该条约，成为条约的首批签约国之一。同时，中国政府发表声明，重申了中国一贯主张全面禁止和彻底销毁核武器，并为早日实现这一目标继续努力奋斗的原则立场。2008 年，中国与俄罗斯在日内瓦裁军谈判全体会议上提交了《防止在外空放置武器、对外空物体使用或威胁使用武力条约》草案，提出通过谈判达成一项新的国际法律文书，防止外空武器化和外空军备竞赛，维护外空的和平与安宁。

定期发表国防白皮书。自 1998 年起，中国开始定期发表国防白皮书。1998 年《中国的国防》白皮书，在 1995 年发表的《中国的军备控制与裁军》白皮书基础上，全面介绍了中国国防，包括国际安全形势、国防政策、国防建设、国际安全合作、军备与裁军等方面的情况。国防白皮书指出，要争取持久和平，就必须摒弃冷战思维，培育新型的安全观念，寻求维护和平的新方式。中国需要并十分珍视一个长期的国际和平环境，特别是良好的周边环境。其后，中国每两年发表一次国防白皮书成为一项制度性安排，国防白皮书成为向全世界展示中国国防政策的途径和窗口，成为全世界观察中国国防政策的渠道。2015 年，中国政府发表了首部专门阐述军事战略的专题型国防白皮书《中国的军事战略》。白皮书指出，中国军队有效履行新的历史时期军队使命，坚决维护中国共产党的领导和中国特色社会主义制度，坚决维护国家主权、安全、发展利益，坚决维护国家发展的重要战略机遇期，坚决维护地区与世界和平，为全面建成小康社会、实现中华民族伟大复兴提供坚强保障。2019 年 7 月，国务院新闻办发布《新时代的中国国防》。该白皮书分析了当前的国际安全形势，阐释了新时代中国防御性国防政策，提出了新时代军队的使命任务，提出了积极服务构建人类命运共同体的主张。

第九章　中国特色大国外交新理念

党的十八大以来，以习近平同志为核心的党中央面对世情和国情的新变化，深刻洞察人类前途命运和时代发展趋势，准确把握中国与世界关系的战略走向，在继承外交大政方针的基础上，统筹国内国际两个大局，统筹发展安全两件大事，提出了一系列具有中国特色、中国风格、中国气派的外交新理念、新思想、新战略，既有理论创新，又有实践创新，形成了习近平外交思想，引领走出了一条中国特色的大国外交之路。党的十九大对新时代中国特色大国外交作出了顶层设计，明确提出"中国特色大国外交要推动构建新型国际关系，推动构建人类命运共同体"，并将"坚持推动构建人类命运共同体"列为新时代坚持和发展中国特色社会主义的基本方略之一，为新时代中国特色大国外交指明了方向，为解决国际社会面临的各种全球性挑战提出了中国方案，体现了中国担当。习近平外交思想是马克思主义中国化在外交领域的最新成果，是中国特色社会主义理论体系的重要组成部分，是新时代中国外交工作的行动指南。

世界正处于大发展大变革大调整时期，和平与发展仍然是时代主题。同时，世界面临的不稳定性不确定性突出，人类面临许多共同挑战。我们生活的世界充满希望，也充满挑战。在习近平外交思想引领下，中国外交将高举和平、发展、合作、共赢的旗帜，恪守维护世界和平、促进共同发展的外交政策宗旨，坚定不移在和平共处五项原则基础上发展同各国的友好合作，推动建设相互尊重、公平正义、合作共赢的新型国际关系，推动构建人类命运共同体。

一、中国进入同外部世界深度互动的新时代

党的十八大以来，习近平总书记多次指出：中国与世界的关系正在发生深刻变化，中国与世界的互联互动空前紧密，"前所未有地靠近世界舞台中心"，中国已经站在同世界深度互动、向世界深度开放的新起点上。"当前，我国处于近代以来最好的发展时期，世界处于百年未有之大变局，两者同步交织、相互激荡。"①

党的十九大报告指出，中国特色社会主义进入了新时代，近代以来久经磨难的中华民族迎来了从站起来、富起来到强起来的伟大飞跃，迎来了实现中华民族伟大复兴的光明前景；科学社会主义在二十一世纪的中国焕发出强大生机活力，在世界上高高举起了中国特色社会主义伟大旗帜；中国特色社会主义道路、理论、制度、文化不断发展，拓展了发展中国家走向现代化的途径，给世界上那些既希望加快发展又希望保持自身独立性的国家和民族提供了全新选择，为解决人类问题贡献了中国智慧和中国方案。党的二十大报告强调，只有各国行天下之大道，和睦相处、合作共赢，繁荣才能持久，安全才有保障。中国提出全球发展倡议、全球安全倡议、全球文明倡议，愿同国际社会一道努力落实。

世界各国之间的相互联系，客观上是随着世界贸易、世界市场、世界历史的形成而不断发展的。经过改革开放 40 多年的发展，虽然中国是世界上最大发展中国家的国际地位没有改变，但中国已前所未有地走近世界舞台中央，中国同外部世界进入深度互动的新时代。一方面，中国经济持续快速发展，综合国力显著提升，2010 年后已成为世界第二大经济体，我国国际影响力、感召力、塑造力进一步提高，为世界和平与发展作出新的重大贡献。特别是国际金融危机爆发后，中

---

① 《习近平在中央外事工作会议上强调　坚持以新时代中国特色社会主义外交思想为指导　努力开创中国特色大国外交新局面》，载于《人民日报》2018 年 6 月 24 日。

国已成为世界经济的重要引擎，对世界经济的贡献不断提高。另一方面，我国同世界的互动越来越紧密，机遇共享、命运与共的关系日益凸显。

二、推动构建人类命运共同体是新时代中国外交追求的总目标

2013 年 3 月 23 日，习近平总书记在莫斯科国际关系学院发表重要演讲，提出"命运共同体"的价值观。他指出："人类生活在同一个地球村里，生活在历史和现实交汇的同一个时空里，越来越成为你中有我、我中有你的命运共同体。"此后，习近平总书记在不同场合多次阐释"人类命运共同体"理念。在第七十届联合国大会一般性辩论中，习近平总书记全面阐述以合作共赢为核心的新型国际关系理念，提出了打造人类命运共同体的总路径和总布局：倡导建立平等相待、互商互谅的伙伴关系；营造公道正义、共建共享的安全格局；谋求开放创新、包容互惠的发展前景；促进和而不同、兼收并蓄的文明交流；构筑尊崇自然、绿色发展的生态体系。[1] 2017 年 1 月 18 日，习近平总书记在日内瓦再次从"伙伴关系、安全格局、经济发展、文明交流、生态建设"等方面全面阐述了中国"构建人类命运共同体，实现共赢共享"的方案。[2] 2022 年 10 月 16 日，习近平总书记在二十大报告中指出，构建人类命运共同体是世界各国人民前途所在。世界各国应弘扬和平、发展、公平、正义、民主、自由的全人类共同价值，促进各国人民相知相亲，尊重世界文明多样性，以文明交流超越文明隔阂、文明互鉴超越文明冲突、文明共存超越文明优越，共同应对各种全球性挑战。

人类命运共同体理念根植于博大精深的中华文明，契合世界人民的共同愿望，顺应人类社会发展进步的潮流，对当代国际关系正在产

---

① 习近平：《携手构建合作共赢新伙伴　同心打造人类命运共同体》，载于《人民日报》2015 年 9 月 29 日。

② 习近平：《共同构建人类命运共同体》，载于《人民日报》2017 年 1 月 20 日。

生积极而深远的影响。这个重要理念一经提出，就引起了国际社会尤其是广大发展中国家的普遍肯定和欢迎，正在成为中国外交在国际舞台上的又一面重要旗帜。

构建人类命运共同体体现了新时代中国共产党人国际观。习近平总书记在十九大报告中开宗明义就强调，"中国共产党是为中国人民谋幸福的政党，也是为人类进步事业而奋斗的政党。中国共产党始终把为人类作出新的更大的贡献作为自己的使命。"这段话凸显了中国共产党人的国际视野和世界关怀，说明我们党从建党的初心开始，就把中国人民的幸福与世界人民的幸福紧紧连接在一起。新中国成立后，中国一直是维护世界和平的重要力量，积极倡导和平共处五项原则，反对霸权主义；改革开放后，中国将维护世界和平与促进共同发展作为三大历史任务之一，弘扬和平与发展时代主题；进入21世纪后，中国始终不渝走和平发展道路，同世界各国一道建设和谐世界。随着综合实力的不断增强，中华民族迎来了从站起来、富起来到强起来的伟大飞跃，中国日益走近世界舞台中央，大国地位和作用凸显，有能力为人类作出更大的贡献。习近平总书记以社会主义大国领导人的宽广视野、恢宏气度、开阔胸怀，积极承担更多国际责任和义务，大力推动构建人类命运共同体，展现出中国共产党人对人类前途与命运的历史自觉。与此同时，当今世界，人类正处在大发展大变革大调整时期，面临的挑战层出不穷、风险日益增多，人类的前途命运已经到了重要关头。构建人类命运共同体，就是为了"让和平的薪火代代相传，让发展的动力源源不断，让文明的光芒熠熠生辉"①。这既是中国传统文化中追求世界大同、主张协和万邦的现实反应，也是中国共产党人为人类社会发展承担的历史职责。

打造人类命运共同体反映了中国对当今世界的看法，反映了中国与世界的关系。今天，人类生活在"地球村"，必须同舟共济、守望相助。虽然在全球化进程中出现了一些不同声音，极端主义、民粹主

---

① 习近平：《共同构建人类命运共同体》，载于《人民日报》2017年1月20日。

义、保守主义等倾向有所增多，但从实践上看，世界各国的相互依赖仍在不断加深，全球化仍是大势所趋。人类命运共同体，既是中国的外交理念，也是中国对世界的未来愿景。从实然的角度看，当今世界越来越成为一个命运共同体，中国与外部世界密不可分、患难与共，中国与世界各国都是命运共同体中的重要一员。从应然的角度看，中国在自身的外交实践中，也积极致力于与各方携手，推动建设人类命运共同体。①

打造人类命运共同体理念植根于源远流长的中华文明和波澜壮阔的中国外交实践，契合各国求和平、谋发展、促合作、要进步的真诚愿望和崇高追求，有着深刻丰富的理论内涵。打造人类命运共同体，构建伙伴关系是主要途径，实现共同安全是重要保障，坚持合作共赢是基本原则，促进文明交流是牢固纽带，推动可持续发展是必要条件。

打造人类命运共同体，意味着各国不分大小、强弱、贫富一律平等，共同享受尊严、发展成果和安全保障，维护以联合国宪章宗旨和原则为核心的国际关系基本准则和国际法基本原则，弘扬和平、发展、公平、正义、民主、自由等全人类的共同价值。打造人类命运共同体，是对人类社会发展进步潮流的前瞻性思考，是需要国际社会为之长期奋斗的共同理想和愿景目标，同时也是各国共同破解当下发展与安全难题、正确处理相互关系所应秉持的共同价值、行为准则和手段路径。

人类命运共同体主张适应国际局势新变化，兼顾世界各国新需要，具有非常丰富、深刻的内涵。它的根本目标与核心任务是，建设持久和平、普遍安全、共同繁荣、开放包容、清洁美丽的世界。这是世界人民的共同事业，需要世界各国携手并进，共同构建。政治上，要相互尊重、平等协商，坚决摒弃冷战思维和强权政治，走对话而不对抗、结伴而不结盟的国与国交往新路，建设一个持久和平的世界。安全上，要坚持以对话解决争端、以协商化解分歧，统筹应对传统和非传统安

---

① 《建设人类命运共同体：中国外交的核心理念——访中国国际问题研究院研究员陈须隆》，载于《中国社会科学报》2016 年 11 月 29 日。

全威胁，反对一切形式的恐怖主义，营造公道正义、共建共享的安全格局，建立一个普遍安全的世界。经济上，要同舟共济，促进贸易和投资自由化便利化，推动经济全球化朝着更加开放、包容、普惠、平衡、共赢的方向发展，建设一个共同繁荣的世界。文化上，要尊重世界文明多样性，以文明交流超越文明隔阂、文明互鉴超越文明冲突、文明共存超越文明优越，建设一个开放包容的世界。环境上，要坚持环境友好，合作应对气候变化，构筑尊崇自然、绿色发展的生态体系，保护好人类赖以生存的地球家园，建设一个清洁美丽的世界。

中国人始终认为，世界好，中国才能好；中国好，世界才更好。中国将稳步前行，世界同各国一道，推动建设人类命运共同体，一是坚持和平发展，二是践行正确义利观，三是践行中国特色的全球治理观，四是共建"一带一路"，五是引领中国特色大国外交理论与实践。

三、坚定不移走和平发展道路

党的十八大以来，习近平总书记在多个场合对和平发展道路作了重要论述，进一步丰富了我国和平发展道路的内涵，深化了对走和平发展道路的规律性认识，而且进一步彰显了中国始终不渝走和平发展道路的坚定意志，丰富和发展了我国和平发展的战略思想。

中国走和平发展道路，是根据时代发展潮流和我国根本利益作出的战略抉择，没有和平，中国和世界都不可能顺利发展；没有发展，中国和世界也不可能有持久和平。"走和平发展道路，是中华民族优秀文化传统的传承和发展，也是中国人民从近代以后苦难遭遇中得出的必然结论。中国人民对战争带来的苦难有着刻骨铭心的记忆，对和平有着孜孜不倦的追求，十分珍惜和平安定的生活。中国人民怕的就是动荡，求的就是稳定，盼的就是天下太平。"①

---

① 《习近平在中共中央政治局第三次集体学习时强调更好统筹国内国际两个大局　夯实走和平发展道路的基础》，载于《人民日报》2013 年 1 月 30 日。

新形势下中国走好和平发展道路的关键在于实现中国与世界的良性互动和互利共赢。纵观世界历史，依靠武力对外侵略扩张最终都是要失败的。世界繁荣稳定是中国的机遇，中国发展也是世界的机遇。和平发展道路能不能走得通，很大程度上要看我们能不能把世界的机遇转变为中国的机遇，把中国的机遇转变为世界的机遇，在中国与世界各国良性互动、互利共赢中开拓前进。中国不认同"国强必霸"的陈旧逻辑。[①]

中国坚定不移走和平发展道路，其他国家也都要走和平发展道路，只有各国都走和平发展道路，各国才能共同发展，国与国才能和平相处。"中国需要和平，就像人需要空气一样，就像万物生长需要阳光一样。只有坚持走和平发展道路，只有同世界各国一道维护世界和平，中国才能实现自己的目标，才能为世界作出更大贡献。"[②]

中国坚持走和平发展道路，但决不能放弃我们的正当权益，决不能牺牲国家核心利益。任何外国不要指望我们会拿自己的核心利益做交易，不要指望我们会吞下损害我国主权、安全、发展利益的苦果。中国的和平发展不会一帆风顺，中国不惹事，但也不怕事。随着我国和平发展进程的不断深入，维护国家利益的资源和手段将会越来越多，维护国家利益的地位也会越来越主动。

中国走和平发展道路，不是权宜之计，而是从历史、现实、未来的客观判断中得出的结论，是思想自信和实践自觉的有机统一。中国坚持走和平发展道路，既积极争取和平的国际环境发展自己，又以自身发展促进世界和平。走和平发展道路，对中国有利，对世界也有利。

四、坚持正确的义利观

习近平总书记秉承中华优秀文化和新中国外交传统，顺应和平、发展、合作、共赢的时代潮流，提出在外交工作中要坚持正确义利观，并就其内涵作出精辟论述。2013 年 3 月，习近平总书记访非期间，首

---

①② 习近平：《在德国科尔伯基金会的演讲》，载于《人民日报》2014 年 3 月 30 日。

次提出正确义利观。此后习近平总书记在不同场合就正确义利观作出精辟论述。

2013 年 9 月，外交部长王毅在《人民日报》发表《坚持正确义利观 积极发挥负责任大国作用》一文时引述了习近平对"正确义利观"的重要阐述：义，反映的是我们的一个理念，共产党人、社会主义国家的理念。这个世界上一部分人过得很好，一部分人过得很不好，不是个好现象。真正的快乐幸福是大家共同快乐、共同幸福。我们希望全世界共同发展，特别是希望广大发展中国家加快发展。利，就是要恪守互利共赢原则，不搞我赢你输，要实现双赢。我们有义务对贫穷的国家给予力所能及的帮助，有时甚至要重义轻利、舍利取义，绝不能惟利是图、斤斤计较。①

习近平总书记秉承中华文化和新中国外交优良传统，针对我国与发展中国家和周边国家关系面临的新形势新任务，强调在同这些国家发展关系时要树立正确义利观，政治上坚持正义、秉持公道、道义为先，经济上坚持互利共赢、共同发展。对那些对我国长期友好而自身发展任务艰巨的周边和发展中国家，要更多地考虑到对方利益，不要损人利己，以邻为壑，要做到义利兼顾，讲信义、重情义、扬正义、树道义，多向发展中国家提供力所能及的帮助。

正确义利观是中国外交的一面旗帜，体现了中国特色社会主义的内在要求，体现了以习近平同志为核心的党中央对中国未来国际地位和作用的战略谋划，进一步丰富了中国外交的核心价值观，不仅对我们进一步做好新时期的外交工作具有重要指导意义，也为人类共同价值宝库增添了新内涵。坚持正确义利观对新时期中国外交全局中如何统筹战略利益和经济利益，兼顾本国利益和他国利益，增强道义感召力和国家软实力有着重大的理论和现实指导意义。随着中国的发展，客观上也要求中国向大国和强国外交转型，为国际社会更多地主持公道正义。

---

① 《坚持正确义利观 积极发挥负责任大国作用》，载于《人民日报》2013 年 9 月 10 日。

五、践行中国特色的全球治理观

在经济全球化、政治多极化、文化多元化并行不悖的时代背景下，随着全球性挑战增多，加强全球治理、推进全球治理体制变革已是大势所趋。这不仅事关应对各种全球性挑战，而且事关给国际秩序和国际体系定规则、定方向；不仅事关对发展制高点的争夺，而且事关各国在国际秩序和国际体系长远制度性安排中的地位和作用。改革开放以来，崛起的中国与外部世界的关系发生了历史性变化。国际社会对中国在全球治理中发挥更大作用持有较高期待。

习近平总书记准确把握世界格局变化和中国发展大势，多次就全球治理问题发表重要讲话，形成了包括价值观、治理观、合作观、安全观和发展观五个方面内容的中国特色全球治理观。

打造人类命运共同体的价值观。习近平总书记提出的人类命运共同体理念的承接古今、汇通中外，蕴含了古代中国对"天下大同""天下为公"等愿景目标的憧憬，契合了当今世界对和平、发展、合作等共同价值的追求，是中国参与国际事务、推动全球治理所应遵循的核心价值观。

"共商、共建、共享"的治理观。后冷战时代，国际社会针对全球治理的原则、规范、模式等问题产生了激烈的争论。"共商、共建、共享"的治理观开创性地回答了人类"追求什么样的治理、如何进行治理"的重大问题，为全球治理制定了所应遵循的基本规范。2015年10月12日，习近平总书记在中共中央政治局第二十七次集体学习时指出："要推动全球治理理念创新发展，积极发掘中华文化中积极的处世之道和治理理念同当今时代的共鸣点，继续丰富打造人类命运共同体等主张，弘扬共商共建共享的全球治理理念。"全球治理是一个问题杂、领域广、层面多、任务重的系统性工程，国家无论大小、强弱、贫富均难以独力应对纷繁复杂的全球性问题。随着国际交往速度、频度、密度的日益提升，国际合力而非国家独力、通力合作而非单打独斗、共同治理而非霸权治理是世界各国应对全球性问题理应遵循的必由之路。

"和而不同、合作共赢"的合作观。"不审天下之势，难应天下之务。"基于对经济全球化持续深入、全球性问题不断凸显、国际相互依赖日益密切等"天下之势"的准确把握，针对如何应对全球性问题的"天下之务"，"和而不同、合作共赢"的合作观开创性地回答了人类应该"追求什么样的合作、如何进行合作"的重大问题，为人类应对全球性挑战描绘了国际合作的新路线、新格局，为全球治理指明了所应采取的主要途径。2014年7月15日，习近平总书记在福塔莱萨金砖国家峰会上表示："应该坚持合作精神，继续加强团结，照顾彼此关切，深化务实合作，携手为各国经济谋求增长，为完善全球治理提供动力。"求和平、谋发展、促合作、图共赢是当今世界不可阻挡的时代主流，各国都应该避免和超越零和博弈、单边行径、自助逻辑等历史窠臼，通过双边、多边、全球层面的国际合作来应对全球性挑战，努力实现全球治理的双赢、多赢、共赢之效。

"共同、综合、合作、可持续"的安全观。面对世界错综复杂的安全形势和日益增多的安全威胁，"共同、综合、合作、可持续"的安全观以"先天下之忧而忧"的世界情怀和"以天下为己任"的历史担当，开创性地回答了人类应该"追求什么样的安全、如何实现安全"的重大问题，为全球治理提供了重要保障。2014年5月21日，习近平总书记在亚信第四次峰会上强调，中国将同各方一道，积极倡导共同、综合、合作、可持续的亚洲安全观，搭建地区安全和合作新架构。此外，习近平总书记在多个场合针对国际安全问题提出的一系列新理念、新思想，为人类应对传统安全问题和非传统安全问题提供了思想引导。不管国际风云如何变幻，安全是任何国家得以生存和发展的基本前提，是国际社会实现和平与发展的根本保障。后冷战时代，传统安全问题和非传统安全问题错综复杂、相互交织，给世界和平与发展大业带来了多重的现实威胁与潜在风险。"共同、综合、合作、可持续"安全观应势而生、恰逢其时，为人类应对全球性安全挑战构筑起更为坚固的安全思想防线。

"公平、开放、全面、创新"的发展观。基于对时代主题的科学判断和对全球治理的深切关怀，"公平、开放、全面、创新"的发展观开创性地回答了人类应该"追求什么样的发展、如何实现发展"的重大问题，为全球治理阐明了可持续发展的必要条件。2015 年 9 月 26 日，习近平总书记在联合国发展峰会上发表重要讲话，提出了以"公平、开放、全面、创新"为核心的发展理念，为全球发展描绘了新愿景，为全球治理规划了新路线。在和平与发展的时代背景下，发展既是应对全球性问题的根本之计，也是推进全球治理后续发展的长远之策，而实现发展的关键在于创新发展理念、转变发展方式、重塑发展机制。正如习近平总书记所指出的，"要解决好各种全球性挑战，包括最近发生在欧洲的难民危机，根本出路在于谋求和平、实现发展。面对重重挑战和道道难关，我们必须攥紧发展这把钥匙。""明者因时而变，知者随事而制。""公平、开放、全面、创新"发展观，不仅切合世界经济增长的现实需要，还为全球治理的后续推进提供了指导。

习近平总书记关于全球治理的新理念开创性地回答了和平与发展时代背景下全球治理的重大理论和现实问题，是对人类社会发展规律的正确认识和对人类社会发展方向的科学预判，体现了深邃的历史眼光、宽广的世界胸怀和高超的战略思维。

六、倡议共建"一带一路"

习近平总书记 2013 年 9 月、10 月先后在访问哈萨克斯坦和印度尼西亚时提出共建"丝绸之路经济带"和"海上丝绸之路"的倡议。2017 年 5 月 14 日至 15 日，中国在北京主办"一带一路"国际合作高峰论坛。130 多个国家、70 多个国际组织的约 1500 名代表聚首北京，发表联合公报，形成五大共识，公布 76 大项、270 多项有代表性的成果。目前，中国已同 150 多个国家和 30 多个国际组织签署共建"一带一路"合作文件。截至 2021 年 10 月，亚投行成员达到 104 个，远远超过亚洲开发银行。"一带一路"已成为迄今最受欢迎的国际公共产品，也是目前前景最好的国际合作平台。

"一带一路"贯穿亚欧非大陆,一头是活跃的东亚经济圈,一头是发达的欧洲经济圈,中间广大腹地国家经济发展潜力巨大。丝绸之路经济带重点畅通中国经中亚、俄罗斯至欧洲(波罗的海);中国经中亚、西亚至波斯湾、地中海;中国至东南亚、南亚、印度洋。21世纪海上丝绸之路重点方向是从中国沿海港口过南海到印度洋,延伸至欧洲;从中国沿海港口过南海到南太平洋。

根据"一带一路"走向,陆上依托国际大通道,以沿线中心城市为支撑,以重点经贸产业园区为合作平台,共同打造新亚欧大陆桥、中蒙俄、中国—中亚—西亚、中国—中南半岛等国际经济合作走廊;海上以重点港口为节点,共同建设通畅安全高效的运输大通道。

"一带一路"沿线各国资源禀赋各异,经济互补性较强,彼此合作潜力和空间很大。"一带一路"倡议以互联互通为主要内容,重点在以下五个方面加强合作。一是政策沟通。"一带一路"建设不是另起炉灶、推倒重来,而是实现战略对接、优势互补。各方通过政策对接,实现"一加一大于二"的效果。目前,"一带一路"倡议已和越南的"两廊一圈"构想、印度尼西亚的"全球海洋支点"构想、哈萨克斯坦的"光明大道"发展战略、俄罗斯的欧亚经济联盟等实现对接。另有不少国家表现出强烈的合作意愿。二是设施联通。中国和相关国家一道共同加速推进雅万高铁、中老铁路、亚吉铁路、匈塞铁路等项目,建设瓜达尔港、比雷埃夫斯港等港口,规划实施一大批互联互通项目。目前,以中巴、中蒙俄、新亚欧大陆桥等经济走廊为引领,以陆海空通道和信息高速路为骨架,以铁路、港口、管网等重大工程为依托,一个复合型的基础设施网络正在形成。世界银行2019年的研究报告显示,若共建"一带一路"框架下的交通基础设施项目全部得以实施,到2030年每年有望为全球产生1.6万亿美元的收益,占全球经济总量的1.3%。三是贸易畅通。解决投资贸易便利化问题,消除投资和贸易壁垒。数据显示,2013~2022年,中国与"一带一路"沿线国家货物贸易额从1.04万亿美元扩大到2.07万亿美元,年均增长8%。"一带一路"建设促进了中国与沿线国家和地区的贸易,促进了国际产能合作，联通了国内国际两个市场。四是资金融通。中国同"一带一路"建设参与国和组织开展了多种形式的金融合作。截止到2022年7月，亚洲基础设施投资银行批准的181个项目总融资额357亿美元中，大部分都位于"一带一路"沿线国家和地区。中国同中东欧"16＋1"金融控股公司正式成立。这些新型金融机制同世界银行等传统多边金融机构各有侧重、互为补充，形成层次清晰、初具规模的"一带一路"金融合作网络。在货币合作方面，截至2022年7月底，我国累计与20多个沿线国家建立双边本币互换安排，在10多个共建"一带一路"国家建立了人民币清算安排。在双向投资方面，从2013年到2022年，中国与沿线国家双向投资累计超过2700亿美元。其中，中国企业在沿线国家建设的境外经贸合作区累计投资达571.3亿美元，为当地创造了42.1万个就业岗位；中国企业在"一带一路"沿线国家非金融类直接投资209.7亿美元，同比增长3.3%，占同期总额的17.9%；在沿线国家承包工程完成营业额849.4亿美元，新签合同额1296.2亿美元，分别占总额的54.8%和51.2%，为高质量共建"一带一路"做出积极贡献。十年来，共建"一带一路"拉动近万亿美元投资规模，形成3000多个合作项目。五是民心相通。国之交在于民相亲，民相亲在于心相通。教育文化上，每年中国向沿线国家提供1万个政府奖学金名额，联合申请世界文化遗产，支持沿线国家申办重大国际体育赛事；医疗卫生上，提高合作处理突发公共卫生事件的能力，为有关国家提供医疗援助和应急医疗救助，扩大在传统医药领域的合作；科技合作上，共建联合实验室（研究中心）、国际技术转移中心、海上合作中心，合作开展重大科技攻关。

"一带一路"体现"共商共建共享"的中国理念。首先，中国倡导"共商"，即在整个"一带一路"建设当中充分尊重沿线国家对各自参与合作事项的发言权，妥善处理各国利益关系，打造利益共同体。其次，中国倡导"共建"，共担责任和风险，塑造责任共同体。最后，中国倡导共享，通过合作、联合，推动"一带一路"建设的成果由参与各国"共享"，建设命运共同体，实现共同发展、共同繁荣。

"一带一路"深刻影响世界未来。"一带一路"是作为世界经济增长火车头的中国,将自身的产能优势、技术与资金优势、经验与模式优势转化为市场与合作优势,将中国机遇变成世界机遇的新型公共产品。在器物层面,"一带一路"是物质性公共产品。全球金融危机爆发以来,中国成为世界经济增长的主要引擎,中国对世界经济增长的贡献率超过30%。"一带一路"成为推动国际社会实现联合国2030年可持续发展目标的重要合作倡议。在制度层面,"一带一路"是制度性公共产品。丝路基金、亚投行、金砖国家新开发银行和"一带一路",是"源于中国而属于世界"的制度原创贡献。在精神层面,"一带一路"是观念性公共产品。习近平主席在"一带一路"国际合作高峰论坛开幕式发表的主旨演讲中指出:"和平赤字、发展赤字、治理赤字,是摆在全人类面前的严峻挑战。"在这样的情况下,人类向哪里去?世界该怎么办?中国的方案就是推动"一带一路"建设,构建人类命运共同体,实现共赢共享。

中国不仅是共建"一带一路"的倡议者,更是负责任、有担当的实践者。十年来,"一带一路"建设从无到有、由点及面,从大写意到工笔画,取得积极进展,已成为中国外交一张靓丽的名片,完美诠释了习近平外交思想。

第十章　新时代党的建设新要求

党的十八大以来，以习近平同志为核心的党中央以对人民和历史负责的政治责任感和大无畏的英雄气概推进全面从严治党这一伟大工程，不断坚持和加强党的全面领导，坚定不移全面从严治党，不断提高党的执政能力和领导水平。强调党要团结带领人民进行伟大斗争、推进伟大事业、实现伟大梦想，必须毫不动摇坚持和完善党的领导，毫不动摇把党建设得更加坚强有力。始终提醒全党深刻认识面临的"四大考验"的长期性和复杂性、"四大危险"的尖锐性和严峻性，坚持问题导向，保持战略定力，推动全面从严治党向纵深发展。

一、中国特色社会主义最本质的特征是中国共产党的领导

中国共产党的领导是中国特色社会主义最本质特征，全面推进社会主义现代化国家建设，必须加强党的自身建设，始终坚持党的领导。时代的变迁、事业的开拓、人民的期待，都要求我们不断提高党的领导水平和执政水平、提高拒腐防变和抵御风险能力，使我们党在世界形势深刻变化的历史进程中始终走在时代前列，在应对国内外各种风险和考验的历史进程中始终成为全国人民的主心骨，在坚持和发展中国特色社会主义的历史进程中始终成为坚强领导核心。

坚持党的领导，需要不断增强党的引领力、感召力和内凝力，使党始终成为坚持和发展中国特色社会主义的核心力量。

党的坚强引领力，一是方向引领。举什么旗、走什么路，关系国

家的发展方向、发展大局，对于中国这样超大型的国家更为重要。中国共产党从中国的国情出发，凭借对共产党执政规律、社会主义建设规律、人类社会发展规律的洞察和把握，高举中国特色社会主义旗帜，坚持中国特色社会主义道路。二是目标引领。中国共产党顺应人民群众的期待和诉求，科学设定了解决温饱问题、全面建设小康社会、全面建成小康社会、实现现代化和中华民族伟大复兴的奋斗目标，为不同阶段中国特色社会主义的发展提供了持续的动力。

党的深切感召力来自于始终坚持以人民为中心。中国共产党是服务人民、为人民谋利益的政党，在制定政策的过程中，首先考虑的是人民的感受、人民的利益和人民的幸福，力求通过改革发展给人民带来实惠，让人民共享改革发展成果，使人民有更多获得感。习近平总书记强调："人民对美好生活的向往就是我们的奋斗目标。"① 正因为如此，中国共产党赢得了人民的信任，党领导的改革开放和中国特色社会主义事业赢得了人民的认同和支持，人民的信任是中国共产党的执政之基、力量之源。

党的强大凝聚力源于党的自我革命基础上的党的坚强团结。中国共产党之所以能够成为领导中国特色社会主义的核心力量，基础在于党的内凝力和党的团结。中国共产党是一个有 100 多年历史、9800 多万党员的老党大党，正是通过不断加强自身建设，不断进行自我革命，及时解决前进过程中滋生的问题，使之不断自我净化、不断自我进步，始终成为中国人民的主心骨，始终走在时代前列。特别是党的十八大以来，以习近平同志为核心的党中央，通过全面从严治党，把思想建党和制度治党紧密结合起来，严肃政治规矩和政治纪律，改善政治生态，大力推进反腐败斗争，增强了中国共产党的内聚力，树立了党的权威，提高了党的执政能力和执政水平。这是中国共产党成为坚持和发展中国特色社会主义核心力量的内在特质。

治理一个 14 亿多人口的国家，没有坚强领导核心是难以想象的。

---

① 《习近平著作选读》第 1 卷，人民出版社 2023 年版，第 221 页。

实现伟大梦想，必须建设伟大工程。这个伟大工程就是我们党正在深入推进的党的建设新的伟大工程。历史已经并将继续证明，没有中国共产党的领导，民族复兴必然是空想。英国学者马丁·雅克在《当中国统治世界》一书中，表达了对于中国共产党执政的肯定。他高度评价道："由于共产党政府主导的社会转型取得了巨大成功，因此国内声望和支持率非常高，这反映在中国人展望前景时表现出的自信中。在未来更长时期内，中国共产党仍将继续执政。而且，考虑到中国共产党取得的成就，我们不应该惊讶它的全球声望会出现提高，这个过程已经开始了。"这一观点，从一个侧面反映了国际社会对中国共产党作为领导核心力量的认可。

中国共产党的领导是实现人民当家作主这一社会主义民主政治本质的最根本保证。我们党一再强调：人民当家作主是社会主义民主政治的本质和核心，人民民主是社会主义的生命，没有民主就没有社会主义，就没有社会主义现代化，就没有中华民族伟大复兴。实现人民当家作主要坚定不移地坚持中国共产党的领导。这是因为：一方面，我们党领导人民推翻剥削阶级统治、建立人民政权，就是要组织和支持人民当家作主，依法管理国家和社会事务，管理各项事业，实现最广大人民的利益和意志。这是我们党执政的根本目的。另一方面，中国共产党领导中国人民，创造性地建立起工人阶级领导的、以工农联盟为基础的人民民主专政的社会主义国家政权，实行人民代表大会制度、共产党领导的多党合作和政治协商制度、民族区域自治制度以及基层群众自治制度，使人民群众无论从形式上还是从实质上都成为国家的主人。

中国共产党的领导是实现解放和发展生产力这一社会主义本质的最重要的核心力量。我们党一贯重视生产力的解放与发展。毛泽东同志在党的七大报告中就指出："中国一切政党的政策及其实践在中国人民中所表现的作用的好坏、大小，归根到底，看它对于中国人民的生产力的发展是否有帮助及其帮助之大小，看它是束缚生产力的，还是解放生产力的。"邓小平同志在1992年南方谈话中提出：社会主义的本质是解放生产力，发展生产力，消灭剥削，消除两极分化，最终达到共同富裕。① 江泽民同志也强调：我们党要始终代表中国先进生产力的发展要求，就是党的理论、路线、纲领、方针、政策和各项工作，必须努力符合生产力发展的规律，体现不断推动社会生产力的解放和发展的要求，尤其要体现推动先进生产力发展的要求，通过发展生产力不断提高人民群众的生活水平。② 胡锦涛同志则指出：发展是解决中国一切问题的"总钥匙"。③ 发展就是必须牢牢扭住经济建设这个中心，不断解放和发展社会生产力。在党的十八届五中全会上，习近平总书记系统论述了创新、协调、绿色、开放、共享"五大发展理念"，牢固树立并切实贯彻这"五大发展理念"，是关系我国发展全局的一场深刻变革，攸关我国生产力的解放和发展，攸关"两个一百年"目标的实现。进入新时代，如何不断解放和发展生产力？最重要的就是在中国共产党的领导下，通过顶层设计和整体谋划，以更大的政治勇气和智慧，不失时机深化重要领域改革，攻克体制机制上的顽瘴痼疾，突破利益固化的藩篱，进一步解放和发展社会生产力，进一步激发和凝聚社会创造力。

中国共产党的领导是实现共同富裕这一社会主义本质特征的最强有力的基石。邓小平指出，社会主义的目的就是要全体人民共同富裕，不是两极分化。④ 为了实现共同富裕，我们党作了艰苦努力。第一，以建立和完善社会主义市场经济体制为动力推动共同富裕的实现。我们党先后通过了《关于建立社会主义市场经济体制若干问题的决定》《关于完善社会主义市场经济体制若干问题的决定》《关于全面深化改革若干重大问题的决定》等重要文件，使市场在资源配置中发挥基础性作用发展为市场在资源配置中发挥决定性作用，使越来越多的国有企业市场竞争力有了极大提升，使越来越多的非公企业成长起来。第

① 《邓小平文选》第 3 卷，人民出版社 1993 年版，第 373 页。
② 《江泽民文选》第 3 卷，人民出版社 2006 年版，第 272～273 页。
③ 《胡锦涛文选》第 3 卷，人民出版社 2016 年版，第 95 页。
④ 《邓小平文选》第 3 卷，人民出版社 1993 年版，第 110～111 页。

二，在坚持"两个毫不动摇"中逐步实现共同富裕。我们党一直强调完善社会主义基本经济制度，强调公有制经济和非公有制经济都是社会主义市场经济的重要组成部分，都是我国经济社会发展的重要基础，必须毫不动摇巩固和发展公有制经济，必须毫不动摇鼓励、支持、引导非公有制经济发展，同时要发展作为基本经济制度重要实现形式的混合所有制，使国有资本、集体资本、非公有资本等交叉持股、相互融合。基本经济制度的不断完善正在破解各种利益固化的藩篱，打破制约民营企业发展的制度天花板，为广大群众在创业中走向共同富裕奠定了经济制度基础。第三，我们党始终把不断实现共同富裕的责任扛在肩上。共同富裕是马克思主义的一个基本目标。我们党始终带领人民为创造美好生活、实现共同富裕而不懈奋斗。党的十八届三中全会指出，政府的职责和作用之一是促进共同富裕。党的十八大以来，以习近平同志为核心的党中央把握新发展阶段要求，把实现全体人民共同富裕摆在更加重要的位置，采取有力措施大幅度地保障和改善民生，全体人民共同富裕取得明显进展。

中国共产党的领导是实现社会和谐这一社会主义本质属性的最切实的引导者。马克思、恩格斯在《共产党宣言》中提出：代替那存在着阶级和阶级对立的资产阶级旧社会的，将是这样一个联合体，在那里，每个人的自由发展是一切人的自由发展的条件。每个人自由全面发展是一切人的自由发展的条件，恰恰就是人与人和谐相处的最高境界，是社会和谐的根本追求。我们建设的社会主义本质上是向这一最终目标前进的。中国共产党的领导是实现社会和谐的引领者：我们党制定的"两个一百年"奋斗目标有着明确的关于和谐的要求：到中华人民共和国成立100周年的时候，要建成富强民主文明和谐美丽的社会主义现代化强国。我们党培育和践行的社会主义核心价值观中，和谐占有重要位置，是国家层面的价值准则，引导着国家治理的方向。在现实的工作中，党把实现社会和谐摆在重要位置，高度重视社会保障和改善民生，加强和创新社会管理，正确处理改革发展稳定关系，团结一切可以团结的力量，最大限度增加和谐因素，增强社会创造活力，确保人民安居乐业、社会安定有序、国家长治久安①。

习近平总书记在党的十九大报告中指出，为了实现中华民族伟大复兴的历史使命，无论是弱小还是强大，无论是顺境还是逆境，我们党都初心不改、矢志不渝，团结带领人民历经千难万险，付出巨大牺牲，敢于面对曲折，勇于修正错误，攻克了一个又一个看似不可攻克的难关，创造了一个又一个彪炳史册的人间奇迹。中华民族伟大复兴就是我们的目标，也就是我们的伟大梦想。实现伟大梦想，必须建设伟大工程。这个伟大工程就是我们党正在深入推进的党的建设新的伟大工程。历史已经并将继续证明，没有中国共产党的领导，民族复兴必然是空想。我们党要始终成为时代先锋、民族脊梁，始终成为马克思主义执政党，自身必须始终过硬。党的十九大报告指出："伟大斗争，伟大工程，伟大事业，伟大梦想，紧密联系、相互贯通、相互作用，其中起决定性作用的是党的建设新的伟大工程。推进伟大工程，要结合伟大斗争、伟大事业、伟大梦想的实践来进行，确保党在世界形势深刻变化的历史进程中始终走在时代前列，在应对国内外各种风险和考验的历史进程中始终成为全国人民的主心骨，在坚持和发展中国特色社会主义的历史进程中始终成为坚强领导核心。"全党要更加自觉地坚定党性原则，勇于直面问题，敢于刮骨疗毒，消除一切损害党的先进性和纯洁性的因素，清除一切侵蚀党的健康肌体的病毒，不断增强党的政治领导力、思想引领力、群众组织力、社会号召力，确保我们党永葆旺盛生命力和强大战斗力。

二、新时代党的建设的总体部署

党政军民学，东西南北中，党是领导一切的。今天，中国共产党正带领 14 亿中国人民行进在全面建设社会主义现代化国家的宏伟征途上，中国人民比历史上任何时期都要更接近中华民族伟大复兴的目标，

---

① 《中国共产党的领导是中国特色社会主义最本质特征》，载于《光明日报》2014 年 10 月 14 日。

中国共产党也比历史上任何时候都要承担更多更重的历史责任。在新时代，要写好中国特色社会主义这篇大文章，必须把中国共产党这个核心力量建设好，必须坚持和加强党的全面领导，坚持党要管党、全面从严治党，以加强党的长期执政能力建设、先进性和纯洁性建设为主线，以党的政治建设为统领，以坚定理想信念宗旨为根基，以调动全党积极性、主动性、创造性为着力点，全面推进党的政治建设、思想建设、组织建设、作风建设、纪律建设，把制度建设贯穿其中，深入推进反腐败斗争，不断提高党的建设质量，把党建设成为始终走在时代前列、人民衷心拥护、勇于自我革命、经得起各种风浪考验、朝气蓬勃的马克思主义执政党。

（一）要深刻领会新时代党的建设的主线

党的十八大以来，党中央将加强党的长期执政能力建设、先进性和纯洁性建设确定为新时代党的建设的主线。当前，中国社会正面临思想多元、价值多元和利益多元交织的局面。中国共产党必须增强应对复杂局面的能力，将加强执政能力建设植入国家治理和政党建设当中，为实现自身的现代化转型，以政党现代化推动国家治理现代化，进而为实现全面深化改革总目标和中国梦提供重要现实途径[①]。作为国家治理的主体，执政能力建设必须常抓不懈。同时，作为中国特色社会主义事业的领导力量，中国共产党必须增强自身的组织能力和号召能力，始终保持勇于自我革命、从严管党治党的鲜明风格，不断提高自我净化、自我革新能力，永葆党的先进性和纯洁性。

（二）把党的政治建设摆在党的建设首位

习近平总书记在党的十九大报告中强调，"党的政治建设是党的根本性建设，决定党的建设方向和效果"，新时代党的建设要"以党的政治建设为统领""把党的政治建设摆在首位"。在党的二十大报告中指出，"全面建设社会主义现代化国家、全面推进中华民族伟大复

---

① 黄建军：《国家治理现代化视阈下党的执政能力建设论略》，载于《求是》2017年第7期。

兴，关键在党。我们党作为世界上最大的马克思主义执政党，要始终赢得人民拥护、巩固长期执政地位，必须时刻保持解决大党独有难题的清醒和坚定"。这些重要论述深刻揭示了中国共产党对自身建设规律的深刻把握，鲜明反映了党和国家事业发展对执政党建设的时代要求，进一步丰富和发展了马克思主义政党建设理论。各级党组织和广大党员必须切实增强政治意识、大局意识、核心意识、看齐意识，坚决拥护以习近平同志为核心的党中央权威，坚决服从党中央的集中统一领导。每一个党员都是党的肌体的细胞，中国共产党的先进性和纯洁性要靠千千万万党员的先进性和纯洁性来体现与维护。对党员的考察、党组织的考核最根本的就是看其政治是否合格，是否保持坚定的政治信仰、鲜明的政治态度和正确的政治行为。必须严格执行《关于党内政治生活的若干准则》，发展积极健康的党内文化，永葆共产党人政治本色。

（三）用习近平新时代中国特色社会主义思想武装全党

思想建设是党的基础性建设。共产主义远大理想和中国特色社会主义共同理想，是中国共产党人的精神支柱和政治灵魂，也是保持党的团结统一的思想基础。党的十八大以来，以习近平同志为核心的党中央面对世情、国情、党情变化，以马克思主义政治家的敏锐的洞察力和判断力，深化了对共产党执政规律、社会主义建设规律和人类社会主义发展规律的认识，科学回答了怎样坚持和发展社会主义和如治理中国这样一个社会主义大国等一系列重大问题。习近平新时代中国特色社会主义思想开辟了马克思主义中国化时代化的新境界，是马克思主义中国化的最新成果，是经受实践检验、推动中国特色社会主义进入新时代的科学理论，是深受人民群众拥护、符合最广大人民根本利益和愿望的行动指南。将习近平新时代中国特色社会主义思想确立为党的指导思想，具有极其重要的决定性意义，是顺应时代发展的客观需要，是更好发挥思想理论对党和国家事业发展指导作用的迫切要求，是中国特色社会主义长远发展的根本大计，是全党全国各族人民的共同心愿。

（四）建设高素质专业化干部队伍

为政之要，莫先于用人。在新时代，为了早日实现"两个一百年"奋斗目标和中华民族伟大复兴的中国梦，谱写改革开放伟大事业历史新篇章，就必须建设一支宏大的高素质干部队伍，培养造就一支具有铁一般信仰、铁一般信念、铁一般纪律、铁一般担当的干部队伍。要建立科学有效的选人用人机制，推进干部能上能下，通过一系列制度安排形成良好的用人导向，选拔出信念坚定、为民服务、勤政务实、敢于担当、清正廉洁，经得起实践、人民、历史检验的好干部。坚决纠正唯票、唯分、唯生产总值、唯年龄等取人偏向，坚决克服由少数人在少数人中选人的倾向。党的高级领导干部尤其要带头执行党的干部政策，不搞任人唯亲、搞亲亲疏疏，不搞封官许愿、跑风漏气、收买人心。

（五）健全党和国家监督体系

党的十八大以来，在党中央坚强领导下，构建了一个完整严密、有坚强战斗力的党和国家监督体系。这个体系增强了党自我净化能力，强化了党的自我监督和群众监督。十年来，党不断强化自上而下的组织监督，不断改进自下而上的民主监督，不断发挥同级相互监督作用，不断加强对党员领导干部的日常管理监督。深化国家监察体制改革，将试点工作在全国推开，组建国家、省、市、县监察委员会，同党的纪律检查机关合署办公，实现对所有行使公权力的公职人员监察全覆盖，实现党对反腐败工作的集中统一领导。在党委领导下，纪委和监察委合署办公，反腐败的力量更集中，工作更加有效。制定国家监察法，依法赋予监察委员会职责权限和调查手段，用留置取代"两规"措施，为查清情况、取得相应证据及司法机关提起公诉打下坚实的法律基础。

三、坚定不移全面从严治党，不断提高党的执政能力和领导水平

百代兴盛依清正，千秋基业仗民心。民心是最大的政治，清正是繁荣昌盛的保障。作为中国工人阶级、中国人民和中华民族的先锋队，中国共产党要带领人民实现中华民族伟大复兴的历史使命，就必须从严治党。在实现中华民族伟大复兴的关键阶段，在严峻的"四大考验"和"四种危险"面前，中国共产党只有"严"字当头，坚定理想信念，严格规范党规党纪，不断反腐倡廉，才能化解各类风险，更好地服务人民、造福人民。

（一）坚定理想信念宗旨

党不断强调，思想建设是党的基础性建设。理想信念犹如精神之"钙"，是一个正当行动引领和精神支柱，标识着政党的奋斗目标、价值追求和精神动力，是党员政治觉悟、思想境界和道德情操的集中体现。坚持思想建党是中国共产党的显著特点和重要优势，体现了以习近平同志为核心的党中央对建党治党规律的深刻把握。革命理想高于天，只有坚定理想信念，才能把好思想"总开关"，抵制各种诱惑与风险，从胜利走向胜利，从辉煌走向辉煌。党的十八届六中全会指出，共产主义远大理想和中国特色社会主义共同理想，是中国共产党人的精神支柱和政治灵魂，也是保持党的团结统一的思想基础。必须高度重视思想政治建设，把坚定理想信念作为开展党内政治生活的首要任务。坚定理想信念就是不忘共产党人的初心，中国共产党人的初心就是对马克思主义信仰、共产主义远大理想的追求，就是对国家、民族和人民的责任。中国共产党要牢记相信谁、依靠谁、为了谁的问题，牢记党的宗旨与纲领、牢记党员义务与权利、牢记党的纪律与作风，牢记共产主义理想与信念。在当前，坚定理想信念就是要用习近平新时代中国特色社会主义思想武装全党，时刻不忘初心、牢记使命，坚定"四个自信"，永葆共产党人政治本色，坚定守护共产党人的理想信仰。

（二）严明党的政治纪律

中国共产党是依靠革命理想和政治纪律组织起来的马克思主义政党，严明的政治纪律既是中国共产党的政治优势和力量源泉，也是中国共产党的生命线。在新的历史条件下，党仍然面临着"四大考验"

和"四种危险"。历史和现实反复证明，只有党的政治纪律得到充分尊重和严格执行，党的团结统一才有保证，党和国家的事业才会兴旺发达。党的纪律一旦遭到践踏和破坏，党和国家的事业就会严重受挫，党在人民心目中的地位就会大打折扣。党中央把纪律建设纳入党的建设总体布局，就是要求党的各级组织敢于扛起从严治党的主体责任，拿起党的纪律武器，强化监督问责，本着惩前毖后、治病救人的方针，开展经常性、针对性、主动性的纪律教育，让党员干部弘扬正确价值观，坚持正确政治导向，营造风清气正的良好政治生态。

（三）夺取反腐败斗争的压倒性胜利

腐败是社会肌体上毒瘤，腐败现象如果不能遏制，就会损害执政党的形象，削弱执政党执政之基，影响整个社会的稳定，损害人民群众的根本利益。腐败现象既是人民群众最痛恨的现象，也是中国共产党当前面临的最大威胁。过去十年来，以习近平同志为核心的党中央一直以零容忍态度惩治腐败。习近平总书记指出："反对腐败、建设廉洁政治，保持党的肌体健康，始终是我们党一贯坚持的鲜明政治立场。党风廉政建设，是广大干部群众始终关注的重大政治问题。……大量事实告诉我们，腐败问题越演越烈，最终必然会亡党亡国！我们要警醒啊！"[1] "亡党亡国"四个字振聋发聩，令人深省。20 世纪 80 年代末 90 年代初的苏东剧变告诉我们，共产党如果不能从根本上遏制腐败现象，就会在一夜之间灰飞烟灭。只有以反腐败永远在路上的坚韧和执着，深化标本兼治，保证干部清正、政府清廉、政治清明，才能跳出历史周期率，确保党和国家长治久安。

2017 年 10 月 18 日，习近平同志在党的十九大上振聋发聩地告诫全党："当前，反腐败斗争形势依然严峻复杂，巩固压倒性态势、夺取压倒性胜利的决心必须坚如磐石。要坚持无禁区、全覆盖、零容忍，坚持重遏制、强高压、长震慑，坚持受贿行贿一起查，坚决防止党内

---

[1] 习近平：《紧紧围绕坚持和发展中国特色社会主义学习宣传贯彻党的十八大精神》，参见《十八大以来重要文献选编》（上），中央文献出版社 2014 年版，第 81 页。

形成利益集团。"① 在党的二十大报告中，习近平总书记再次强调："只要存在腐败问题产生的土壤和条件，反腐败斗争就一刻不能停，必须永远吹冲锋号。"落实习近平总书记和党中央的号令，就必须保持反腐败的高压态势，让任何人都不敢触碰"带电高压线"。就要把"四种形态"作为强化监督的抓手，层层设防，使党内监督具体化、可操作。就要深入开展巡视工作，创新巡视形式，对监督对象形成持久震慑。就要将党内监督同党外监督有机结合，形成独具特色的中国特色监督体系。就要深入推进国家监察体制改革，构建集中统一、全面覆盖、权威高效的监察体系。② 高压反腐展现了中国共产党自我革命的勇气，完成这项艰巨的政治任务，需要全党牢固树立政治意识、大局意识、核心意识、看齐意识，讲政治顾大局，在党中央统一领导下坚定不移地推进工作，通过不懈努力换来海晏河清、朗朗乾坤。

---

① 习近平：《决胜全面建设小康社会 夺取新时代中国特色社会主义伟大胜利》，人民出版社 2017 年版，第 67 页。

② 《党的十九大报告辅导读本》，人民出版社 2017 年版，第 473 页。

第十一章　坚持和发展马克思主义治国理政的世界观、方法论和价值观

党的百年奋斗史就是解放思想、实事求是、与时俱进、求真务实的历史。在百年奋斗中形成的这一共产党人的精神品格和实践追求，体现了中国共产党人治国理政的世界观、方法论和价值观，贯穿于习近平新时代中国特色社会主义思想之中，展现在习近平总书记科学的思维方式、工作方法之中，是不断推进中国特色社会主义的重要遵循，也是我们更深层次、更宽视野领略感佩领袖理论品格和治国理政艺术的最佳视角。

一、坚持"以人民为中心"核心理念

坚持"以人民为中心"是习近平新时代中国特色社会主义思想的核心理念，也是以习近平同志为核心的党中央治国理政的根本理念，它彰显了人民至上的价值取向。习近平总书记在不同时期、不同场合，用朴素的语言表达着他对人民的挚爱，强调人民立场是中国共产党的根本政治立场，是马克思主义政党区别于其他政党的显著标志，强调中国共产党人的初心和使命，就是为中国人民谋幸福，为中华民族谋复兴，强调党的初心和使命是激励中国共产党人不断前进的根本动力，动员全党同志一定要永远与人民同呼吸、共命运、心连心，永远把人民对美好生活的向往作为奋斗目标，以永不懈怠的精神状态和一往无前的奋斗姿态，朝着实现中华民族伟大复兴的宏伟目标奋勇前进。

（一）坚持人民主体地位

人民是历史的主体和创造者是习近平人民观的核心要义。人民是历史的创造者，群众是真正的英雄。人民群众是我们力量的源泉。中国共产党执政地位的继续巩固，社会发展稳定局面的保持，改革开放事业的进一步深化，中华民族伟大复兴美好前景的实现，都寄希望于人民，都离不开人民的辛勤耕耘和艰苦创造，都要调动起人民群众的积极性、主动性和创造性，必须尊重人民的社会主体地位，尊重群众首创精神，尊重人民的主人翁地位，真正把人民视为社会主义建设的依靠力量，紧紧依靠人民来推动经济社会发展，实现发展动力转换，并且把一切发展进步成就的取得归功于人民，让人民真正享有改革和发展的成果。广大党员干部必须摆正自己的位置，从思想和感情深处真正把人民群众当主人、当先生，把自己看作人民群众的公仆和学生，眼睛要向下看，放下官架子，俯下身子，履行好人民赋予的职责。

（二）坚持全心全意为人民服务的宗旨

人民是发展的主体，也是发展的最大受益者，坚持全心全意为人民服务是习近平人民观的核心所在。坚持全心全意为人民服务的价值取向，是中国共产党和其他一切政党相区别的根本标志。习近平总书记在接受国外媒体专访时曾由衷地说："我的执政理念，概括起来说就是：为人民服务，担当起该担当的责任。"① 这一价值观反映了中国共产党是人民利益的忠实代表，深刻表明中国共产党除了人民的利益，没有自己的特殊利益。

坚持人民宗旨，就要始终牢记党的根本宗旨，强化宗旨意识，让全心全意为人民服务扎根于一代代中国共产党人的灵魂深处，成为各级党组织和领导干部执政行为的最高准则，并且转化为它们的自觉行动。习近平在担任总书记伊始就十分明确地宣示："人民对美好生活的向往，就是我们的奋斗目标。"②

---

① 《习近平谈治国理政》，外文出版社 2014 年版，第 101 页。
② 《习近平谈治国理政》，外文出版社 2014 年版，第 4 页。

坚持人民宗旨，就要始终坚持发展为了人民，把不断改善民生作为改革和发展的根本目的，以最广大人民的根本利益为本，始终把让老百姓过上好日子，实现好、维护好、发展好最广大人民的根本利益作为党和国家一切工作的出发点和落脚点，不断增进人民福祉，造福于人民。改革发展的重点、路径、次序、方法都要更加精准地对接发展所需、基层所盼、民心所向。习近平总书记在十八届中央政治局常委和中外记者见面时强调，要把改善民生作为新一届领导集体的重要责任，全面回应人民对于教育、就业、医疗、住房、环境保护等重大民生问题的期待，把人民对美好生活的向往当作新一届领导集体的奋斗目标。2016年4月18日，习近平总书记在中央全面深化改革领导小组第二十三次会议上强调，改革要把以人民为中心的发展思想体现在经济社会发展各个环节，做到老百姓关心什么、期盼什么，改革就要抓住什么、推进什么，通过改革给人民群众带来更多获得感。习近平多次强调，"一切工作出发点、落脚点都是让人民过上好日子"。"中国梦"说到底，还是人民的梦。在看望困难村民时习近平就曾深情地说道："我们是人民的勤务员""小康不小康，关键看老乡。"他在贵州遵义考察时强调，"党中央制定的政策好不好，要看乡亲们是哭还是笑。"在浙江舟山定海区考察时，他指出，"金杯银杯不如老百姓的口碑"。从太行山区的阜平骆驼湾村、顾家台村，到海拔2400多米的甘肃布楞沟村，再到湘西土家族聚居的菖蒲塘村，从云南鲁甸地震灾区到革命老区贵州遵义花茂村，历次调研考察，习近平心里总是时刻惦念着乡亲们。不管山大沟深，不畏道路坎坷，他总要走到群众身边去，拉着乡亲们的手，唠一唠家长里短，听一听百姓意见，看一看乡村的发展变化。习近平不断用自己的言行践行了"人民对美好生活的向往，就是我们的奋斗目标"的执政情怀。

坚持人民宗旨，就要坚持发展成果由人民共享，让人民成为发展的最大受益者，促进社会公平正义，让发展成果更多更公平惠及全体人民，确保全体人民共享改革发展红利，共享改革发展成果，实现人民幸福安康。就需要切实解决我国各领域各行业分配不公问题，破解城乡之间、区域之间在收入和公共服务水平上差距依然较大等难题，在着力把我国发展的总量做大、质量做好，为共享发展提供雄厚的物质文化基础的同时，根据人人参与、人人尽力、人人享有的原则作出更有效的制度安排，加快形成合理的收入分配格局，推动经济发展和民生改善互促共进，让全体人民在共建共享中有更多获得感。

坚持人民宗旨，就要着力补短板。我国农村9000多万贫困人口脱贫，是全面建成小康社会的基本标志，也是最突出的短板和最艰巨的任务。党的十九届五中全会吹响了打赢脱贫攻坚战的号角，在习近平总书记亲自领导下，全国人民接续奋斗、尽锐出战，通过实施精准扶贫、精准脱贫，采取过硬的、管用的举措，在中华大地上全面建成了小康社会，中华民族历史性地解决了绝对贫困问题。

（三）坚持群众路线

没有同人民群众的血肉联系，为人民服务、执政为民就是一句空话。群众路线是中国共产党的生命线和根本工作路线，是巩固党的执政基础和执政地位的根本工作方法，是永葆党的生机活力和战斗力的重要传家宝。

坚持群众路线，就要始终怀着强烈的忧民、爱民、为民、惠民之心，把人民群众放在心中脑中，接地气、察民情，倾听群众呼声，反映群众诉求。要及时了解群众利益诉求和现实利益问题，把民心所盼所需作为制定各项政策、开展各项工作的出发点，做到以人民忧乐为忧乐、以人民甘苦为甘苦。要始终从实际出发、从具体问题入手，见物见人，什么问题突出就着重解决什么问题，使以人民为中心发展思想落地生根，把党的主张和人民愿望统一起来，把领导积极性和群众真需求结合起来。习近平总书记非常关注民生，关心人民的疾苦，注意倾听广大人民群众愿望与要求。2016年4月19日，他在网络安全和信息化工作座谈会上强调，网信事业要发展，必须贯彻以人民为中心的发展思想。要适应人民期待和需求，加快信息化服务普及，降低应用成本，为老百姓提供用得上、用得起、用得好的信息服务，让亿万人民在共享互联网发展成果上有更多获得感。

坚持群众路线，就要改进工作作风，密切党群干群关系。现实中，在一些党员干部身上存在的形式主义、官僚主义、享乐主义和奢靡之风等作风问题，其共同点都是脱离人民群众。党的十八大以来，我们党高度重视作风建设，强调作风问题，核心是党和人民群众的关系问题，根本是始终保持党同人民群众的血肉联系。2013年以来，党中央先后开展了党的群众路线教育实践等活动，以"反四风"扎紧广大党员干部头上的紧箍咒，密切党和人民群众的关系，为贯彻党的执政宗旨明确工作方法和思路。

（四）坚持带头践行

"以人民为中心"绝不是只是口号喊喊、话语讲讲、观点写写。习近平总书记指出："以人民为中心的发展思想，不是一个抽象的、玄奥的概念，不能只停留在口头上、止步于思想环节，而要体现在经济社会发展各个环节"①。"以人民为中心"思想在经济建设中的集中体现，就是习近平总书记强调的把增进人民福祉、促进人的全面发展、朝着共同富裕方向稳步前进作为经济发展的出发点和落脚点，让各族人民共享发展成果。在政治建设中的集中体现，就是尊重人民主体地位，保证和支持人民当家作主。在文化建设中的集中体现，就是坚持以人民为中心的工作导向、创作导向、研究导向，丰富人民精神世界，增强人民精神力量，满足人民精神需求。在社会建设中的集中体现，就是把让老百姓过上好日子作为我们一切工作的出发点和落脚点，通过改革给人民群众带来更多获得感。在生态文明建设中的集中体现，就是坚定走生产发展、生活富裕、生态良好的文明发展道路，因为建设生态文明，关系人民福祉，关乎民族未来。

中国共产党作为马克思主义执政党，掌握执政权力，拥有执政资源，是治国理政的组织领导者，是将"以人民为中心"发展思想转化为发展现实的核心力量，发展效果如何，发展成果如何分配，人民在发展中的地位作用如何，与执政党的"实践力量"使用得好不好、运

---

① 《习近平谈治国理政》第2卷，外文出版社2017年版，第213～214页。

用得对不对关系极大。是积极作为还是消极无为，是依法作为还是胡作非为，是久久为功还是处处作秀，结果截然不同。只有发挥党组织和领导干部的组织领导、带头践行和模范作用，通过不断深化改革开放、加快推进社会主义现代化，"以人民为中心"的思想才能够逐步实现。习近平总书记指出，"没有广大党员、干部的积极性和执行力，再好的政策措施也会落空。"① 践行"以人民为中心"的发展思想，就要动员全党特别是领导干部，担当起为人民促发展谋利益的重大责任，主动作为、按规律作为、持续作为。

践行"以人民为中心"的发展思想是党和人民共同的事业，党是领导核心，人民是主体力量。习近平总书记指出："决胜全面建成小康社会的伟大进军，每一个中国人都有自己的责任。领导干部要勇于担当，人民群众要增强主人翁意识，全党全国各族人民要拧成一股绳，以必胜的信心、昂扬的斗志、扎实的努力投身新的历史进军。"② 着力践行"以人民为中心"的发展思想，必须充分发挥人民群众的积极性主动性创造性，让蕴藏在人民中间的一切发展潜能极大涌流迸发，这样才能让践行"以人民为中心"发展思想的路更宽、道更长。

（五）坚持人民标准

党的根基在人民、血脉在人民、力量在人民，检验我们一切工作成效的也在人民，人民是我们党的工作的最高裁决者和最终评判者。2013 年 12 月 26 日，习近平总书记在纪念毛泽东同志诞辰一百二十周年座谈会上指出："党的一切工作，必须以最广大人民根本利益为最高标准""检验我们一切工作的成效，最终都要看人民是否真正得到了实惠，人民生活是否真正得到了改善，人民权益是否真正得到了保障"③。各级领导干部不能把应尽的职责任务当作政绩工程、形象工

---

① 习近平：《在党的十八届五中全会第二次全体会议上的讲话（节选）》，载于《求是》2016 年第 1 期。

② 习近平：《在全国政协新年茶话会上的讲话》（2015 年 12 月 31 日），载于《人民日报》2016 年 1 月 1 日。

③ 《十八大以来重要文献选编》（上），中央文献出版社 2014 年版，第 697～698 页。

程，而是要真正以人民为中心，真正实现发展为了人民、发展成果由人民检验。2015 年 1 月 12 日，习近平总书记在中央党校与县委书记学习班学员座谈时强调，焦裕禄精神的突出特征，就在于他热爱人民、全心全意地服务于人民的公仆情怀。能否把人民放在心中并始终如一地去履行，这是检验一名共产党员是否合格的基本尺度。

二、坚持和发展科学的思维方法

恩格斯指出："一个民族要想登上科学的高峰，究竟是不能离开理论思维的。"① 习近平总书记治国理政一个显著特点，就是十分重视并善于运用科学思维方式去观察、思考、分析和解决问题。坚持科学的思维方法就要努力学习掌握科学的思维方法，防止出现新办法不会用、老办法不管用、硬办法不敢用、软办法不顶用的情况，以科学的思维方法保证各项改革顺利推进。必须具备严密的辩证思维、宏阔的战略思维、深邃的历史思维、强烈的创新思维、规范的法治思维、整体的系统思维和清醒的底线思维。党的十九大报告强调，领导干部必须增强政治领导本领，坚持战略思维、创新思维、辩证思维、法治思维、底线思维。这些科学的思维方式构成一个有机整体，展现出习近平总书记宽广的视野、宏大的志向、深邃的思想，为我们认识问题、分析问题、解决问题提供了有效的方法钥匙，对于增强工作的科学性、预见性、主动性和创造性具有重要指导意义，是广大党员、干部干事创业的有力思想武器。

（一）用辩证思维抓根本

唯物辩证法是马克思主义哲学的核心方法，辩证思维是习近平总书记特别强调和注重运用的科学思维方式。2015 年 1 月 24 日，习近平总书记在中共中央政治局第二十次集体学习时强调"要学习掌握唯物辩证法的根本方法，不断增强辩证思维能力，提高驾驭复杂局面、处

---

① 恩格斯：《自然辩证法》，参见《马克思恩格斯文集》第 9 卷，人民出版社 2009 年版，第 437 页。

理复杂问题的本领。我们的事业越是向纵深发展，就越要不断增强辩证思维能力。""我们想问题、作决策、办事情，不能非此即彼，要用辩证法、要讲两点论，要找平衡点。"①

　　注重运用"两点论"，坚持一分为二地看问题。例如，在谈到对形势的判断时，习近平总书记强调，既要看到有利的一面，也要看到不利的一面；既要看到自身的优势，也要看到面临的困难和问题；既要看到发展的机遇，也要看到存在的风险与挑战，要善于在"一分为二"的基础上扬长避短、化危为机，发掘本地区、本单位的比较优势。在谈到党员、干部"本领恐慌"问题时，2012 年 12 月 7 日至 11日，习近平总书记在广东考察工作时说："从总体上看，与今天我们党和国家事业发展的要求相比，我们的本领有适应的一面，也有不适应的一面。特别是随着形势和任务不断发展，我们适应的一面正在下降，不适应的一面正在上升。"② 在谈到改革时，习近平总书记强调："改革也要辨证施治，既要养血润燥、化痰行血，又要固本培元、壮筋续骨，使各项改革发挥最大效能。"③ 2013 年 12 月 10 日，习近平总书记在中央经济工作会议上指出："'稳'也好，'改'也好，是辩证统一、互为条件的。一静一动，静要有定力，动要有秩序，关键是要把握好这两者之间的度。"④

　　注重运用重点论，找突出问题、抓关键环节。当前我国改革开放正处于深水区和攻坚期，问题错综复杂、矛盾空前尖锐。习近平总书记反复强调，要有强烈的问题意识，以重大问题为导向，抓住重大问题、关键环节进一步研究思考，着力在关键点和症结点上出实招、出妙招，推动解决我国发展面临的一系列突出矛盾和问题。2015 年 1 月23 日，习近平总书记在十八届中央政治局第二十次集体学习时强调：

　　① 习近平：《干在实处　走在前列——推进浙江新发展的思考与实践》，中共中央党校出版社 2006 年版，第 550 页。
　　② 习近平：《在中央党校建校 80 周年庆祝大会暨 2013 年春季学期开学典礼上的讲话》，人民出版社 2013 年版，第 12 页。
　　③ 《习近平关于全面深化改革论述摘编》，中央文献出版社 2014 年版，第 32 页。
　　④ 《习近平关于全面深化改革论述摘编》，中央文献出版社 2014 年版，第 49 页。

"在任何工作中，我们既要讲两点论，又要讲重点论，没有主次，不加区别，眉毛胡子一把抓，是做不好工作的。"[①] 整体推进不是平均用力、齐头并进，而是要注重抓主要矛盾和矛盾的主要方面，注重抓重要领域和关键环节，努力做到全局和局部相配套、治本和治标相结合、渐进和突破相衔接，实现整体推进和重点突破相统一。

注重从普遍性与特殊性的辩证关系出发，把握事物发展的客观规律。习近平总书记善于透过现象看本质，要求党员、干部谋发展、定战略、做决策都要具有开放的胸怀和宽广的世界眼光，要善于"透过现象看本质，从零乱的现象中发现事物内部存在的必然联系，从客观事物存在和发展的规律出发，在实践中按照客观规律办事"。要求领导干部要善于通过矛盾分析把握改革发展规律，客观地而不是主观地、发展地而不是静止地、全面地而不是片面地、普遍联系地而不是孤立地观察、分析和解决问题。2013 年 11 月 12 日，习近平总书记在中共十八届三中全会第二次全体会议上指出："在推进改革中，要坚持正确的思想方法，坚持辩证法，处理好解放思想和实事求是的关系、整体推进和重点突破的关系、全局和局部的关系、顶层设计和摸着石头过河的关系、胆子要大和步子要稳的关系、改革发展稳定的关系。"[②]

注重用发展的眼光看问题。发展是对历史的继承和给未来奠定基础，要在继承与创造的有机统一中谋划发展，多添砖加瓦而少另起炉灶，积跬步以至千里。要多干打基础、管长远的事，不做涸泽而渔、焚林而猎的事，不能让自己的政绩变成后任的包袱。

（二）用战略思维把全局

万古基业，必出自雄才伟略。战略、方向、大势、长远等是习近平新时代中国特色社会主义思想的"高频词"，在纵论国际国内大势、描绘改革发展蓝图时，习近平总书记反复强调领导干部要有战略思维

---

① 习近平：《在二十届中央政治局第一次集体学习时的讲话》，载于《求是》2023 年第 2 期。

② 《习近平关于全面深化改革论述摘编》，中央文献出版社 2014 年版，第 47 页。

和战略眼光，考虑问题、谋划工作要立足当前、着眼长远，善于从战略高度把握全局。2014 年 8 月 20 日，习近平总书记在纪念邓小平同志诞辰一百一十周年座谈会上指出："战略问题是一个政党、一个国家的根本性问题。战略上判断得准确，战略上谋划得科学，战略上赢得主动，党和人民事业就大有希望。"① 党的十八大以来，以习近平同志为核心的党中央从确立战略愿景到构建战略布局再到推动战略合作，从筹划战略决策到实践战略部署再到坚定战略意志，环环相扣，形成科学系统的战略思想。

　　紧跟时代前进步伐，正确认识和积极顺应中国和世界发展趋势，科学确立战略愿景。习近平总书记多次强调在改革和发展的各项工作中都要胸怀大局、把握大势，因势而谋、应势而动、顺势而为。目标愿景是战略的核心。确立科学的战略愿景，做到既志存高远、催人奋进又脚踏实地、切实可行，这是战略构建的第一步。没有这一步，战略就无从展开成为空中楼阁。2012 年 11 月 29 日，在参观国家博物馆《复兴之路》展览时，习近平总书记提出了实现中华民族伟大复兴的中国梦的宏伟战略愿景。在十二届全国人大一次会议上的讲话中，他全面系统地阐述了这一愿景，强调实现中国梦必须走中国道路、弘扬中国精神、凝聚中国力量。回望历史，我们党经历了曲折和辉煌、顺境和逆境、高潮和低潮，各种艰难险阻都跨越过，各种非凡奇迹都创造过，正是这丰富经历和苦难辉煌让我们对这条道路充满自信。同时，为了实现这一宏伟远大的战略愿景，党中央明确了具体清晰的路线图与时间表，确定了"两个一百年"奋斗目标：到 2020 年建党一百年时全面建成小康社会，到新中国成立一百年时建成富强民主文明和谐的社会主义现代化国家，从而把宏伟战略愿景与阶段性战略目标有机结合起来，体现了中国共产党人对中华民族历史命运和当代中国发展走向的自觉担当。习近平总书记的十九大报告，在总结历史经验、把握时代发展趋势基础上，进一步提出到本世纪中叶分两步走，把我国

---

① 《习近平论治国理政》第 2 卷，外文出版社 2017 年版，第 10 页。

建成富强民主文明和谐美丽的社会主义现代化强国的目标，进一步丰富了强国的内涵。他在党的二十大上向全党和全国人民发出号召：从现在起，中国共产党的中心任务就是团结带领全国各族人民全面建成社会主义现代化强国、实现第二个百年奋斗目标，以中国式现代化全面推进中华民族伟大复兴。这是习近平总书记用战略思维把握全局最生动最具体的体现。

　　站在国内国际两个大局、党和国家工作大局、全面深化改革全局来思考和研究问题，科学构建战略布局，充分体现了习近平总书记的战略思维和博大胸怀。战略布局是对战略愿景的展开。以习近平同志为核心的党中央从坚持和发展中国特色社会主义全局出发，立足中国发展实际，坚持问题导向，逐步形成并协调推进全面建成小康社会和全面建设社会主义现代化国家、全面深化改革、全面依法治国、全面从严治党的战略布局。"四个全面"战略布局，言简意赅、精辟深刻，是新时代治国理政的总方略，是事关党和国家长远发展的总战略，为实现"两个一百年"奋斗目标、实现中华民族伟大复兴中国梦提供了重要保障。"四个全面"战略布局，相互之间密切联系、有机统一，具有紧密的内在逻辑。2015 年 2 月 2 日，习近平总书记在省部级主要领导干部学习贯彻党的十八届四中全会精神推进依法治国专题研讨班上指出："全面建成小康社会是我们的战略目标，到二〇二〇年实现这个目标，我们国家的发展水平就会迈上一个大台阶，我们所有奋斗都要聚焦于这个目标。全面深化改革、全面依法治国、全面从严治党是三大战略举措，对实现全面建成小康社会战略目标一个都不能缺。"① "四个全面"战略布局作为一个整体战略部署有序展开，共同支撑起中国特色社会主义事业全局，彰显出"审大小而图之，酌缓急而布之；连上下而通之，衡内外而施之"的政治智慧。

---

① 《习近平关于全面建成小康社会论述摘编》，中央文献出版社 2016 年版，第 6 页。

构建战略矩阵，加强战略管控。既要有明确的战略目标、战略重点、优先顺序、主攻方向、工作机制、推进方式和时间表，又要善于根据内外环境变化及时调整战略方案，保持战略方案与时俱进。在顶层设计基础上，使具体施工层面也贯穿着战略思维，形成一个个战略矩阵。党的十八大以来，在发展层面，作出了实施创新驱动发展战略的重大部署。在反腐败层面，提出要把建立健全惩治和预防腐败体系作为国家战略做顶层设计。在网络安全和信息化建设上强调，网络安全和信息化是事关国家安全和国家发展、事关广大人民群众工作生活的重大战略问题。在区域发展层面，强调要"打破'一亩三分地'思维定式"，推动京津冀协同发展、长江经济带发展、长三角一体化发展、黄河流域生态保护和高质量发展。在对外关系层面，把握和平、发展、合作、共赢的国际大势，提出"一带一路"倡议，积极推动建立以相互尊重、公平正义、合作共赢的新型国际关系，构建人类命运共同体，提出全球发展倡议、全球安全倡议、全球文明倡议，建设持久和平、普遍安全、共同繁荣、开放包容、清洁美丽的世界，推动中国在全球治理中的角色由积极参与转向引领，所有这些，都彰显着战略思维。

习近平总书记的战略思维集中体现了当代中国共产党人的全局视野和战略眼光，蕴含着对世界发展大势的科学判断，对中国发展方略的深邃思考，对人民根本利益的深切关怀，标志着我们党对共产党执政规律、对社会主义建设规律、对人类社会发展规律的科学把握进入一个新境界。

（三）用历史思维观大势

历史思维就是坚持历史唯物主义基本原理，将事物置于历史发展进程中进行思考，揭示事物发展的内在逻辑和规律性，吸取经验教训，以史为鉴、以史育人、以史咨政。努力学习和运用历史思维，是我们党的优良传统，也是革命、建设和改革的科学思想方法。习近平总书记指出："历史是一个民族、一个国家形成、发展及其盛衰兴亡的真实记录，是前人的'百科全书'，即前人各种知识、经验和智慧的总汇。""站立在960万平方公里的广袤土地上，吸吮着中华民族漫长奋斗积累的文化养分，拥有13亿中国人民聚合的磅礴之力，我们走自己的路，具有无比广阔的舞台，具有无比深厚的历史底蕴，具有无比强大的前进定力。"①

着力从历史、现实、未来发展的演变中把握发展的内政规律。习近平总书记强调："历史、现实、未来是相通的。历史是过去的现实，现实是未来的历史。"② 2014年10月13日，习近平总书记在十八届中央政治局第十八次集体学习时指出："治理国家和社会，今天遇到的很多事情都可以在历史上找到影子，历史上发生过的很多事情也都可以作为今天的镜鉴。"③ 他关于世界社会主义500年的分析，关于改革开放前后两个30年关系的阐释，关于如何评价党的历史和历史人物的论述，特别是关于中国道路的历史性审视和汲取中国历史智慧的阐述，都体现出了深邃的历史思维，给人以深刻启迪。独特的文化传统，独特的历史命运，独特的基本国情，注定了我们必然要走适合自己特点的发展道路。中国道路"是在中华人民共和国成立60多年的持续探索中走出来的，是在对近代以来170多年中华民族发展历程的深刻总结中走出来的，是在对中华民族5000多年悠久文明的传承中走出来的，具有深厚的历史渊源和广泛的现实基础"④。

着力从历史经验教训中汲取治国理政的智慧。在现实工作中照好历史这面镜子，既要善于总结和汲取历史上的教训，做到以史为鉴、更好地走向未来，又要善于总结和汲取工作中的经验。习近平总书记强调：历史是最好的教科书，也是最好的清醒剂。中国的今天是从中国的昨天和前天发展而来的。要治理好今天的中国，需要对我国历史

① 习近平：《坚持和运用好毛泽东思想活的灵魂》，参见《习近平著作选读》（第1卷），人民出版社2023年版，第213页。

② 习近平：《改革开放只有进行时没有完成时》（2012年12月31日），参见《习近平谈治国理政》，外文出版社2014年版，第67页。

③ 《习近平在中共中央政治局第十八次集体学习时强调 牢记历史经验历史教训历史警示 为国家治理能力现代化提供有益借鉴》，载于《人民日报》2014年10月14日。

④ 习近平：《在第十二届全国人民代表大会第一次会议上的讲话》（2013年3月17日），参见《习近平谈治国理政》，外文出版社2014年版，第39~40页。

和传统文化有深入了解，也需要对我国古代治国理政的探索和智慧进行积极总结。在此意义上，"对古代的成功经验，我们要本着择其善者而从之、其不善者而去之的科学态度，牢记历史经验、牢记历史教训、牢记历史警示，为推进国家治理体系和治理能力现代化提供有益借鉴。"① 党的十八大以来，以习近平同志为核心的党中央提出的治国理政新理念新思想新战略，都是基于科学把握中国的过去、现在、未来尤其是"发展起来后"的历史任务提出来的。

着力科学对待党的历史。科学对待党的历史首先应采取全面、历史的科学分析方法，客观、公允地看待我们党的历史，看待我们党的领袖人物。要正确认识和处理改革开放前后两个历史时期的辩证关系，不能用改革开放后的历史时期否定改革开放前的历史时期，也不能用改革开放前的历史时期否定改革开放后的历史时期。不能把历史顺境中的成功简单归功于个人，也不能把历史逆境中的挫折简单归咎于个人。这些内容深化和发展了历史唯物主义的方法论，体现了马克思主义的科学历史观。

着力通过学历史"看成败、鉴得失、知兴替"。历史之中有智慧、历史之中有营养，要在对历史的深入学习思考中汲取前行的智慧、养分和力量，做到修正错误、更好前进发展，做到学以增智、学以修身、学以致用，不断提升历史思维能力。广大党员、干部加强对中国历史、中共党史、中华人民共和国史、社会主义发展史和世界历史的学习，"知史爱党，知史爱国"。要学会运用历史眼光总结历史经验，把握历史规律，认清历史趋势，坚定中国特色社会主义方向，在对历史的深入思考中，制定可行方案，做好现实工作，更好走向未来。

（四）用创新思维促发展

创新思维就是突破常规思维局限，破除迷信、打破陈规，对事物做新思考、对结构做新调整、对工作做新谋划的思维方法。习近平总

---

① 《习近平在中共中央政治局第十八次集体学习时强调　牢记历史经验历史教训历史警示为国家治理能力现代化提供有益借鉴》，载于《人民日报》2014 年 10 月 14 日。

书记总能将创新很好地融在他的所有工作中。在延川县梁家河村他带领群众创新沼气池；在正定他创新旅游业发展，创新发展"半城郊型经济"；在宁德他创新出"四下基层"工作法，创新出摆脱贫困的理论与实践；在浙江他带领全省干部群众全面推进创新型省份建设，将创新贯穿在全省工作的方方面面。党的十八大以来，习近平总书记关于创新的论述，涵盖了政治、经济、科技、人才、文艺、军事等方方面面，涉及理论、制度、实践等众多领域，强调改革最本质的要求就是创新。党的十八届五中全会明确了"创新、协调、绿色、开放、共享"五大发展理念，"创新"一词排在第一位。

高度重视创新的巨大作用，把创新摆在国家发展全局的核心位置。2014 年 8 月 18 日，习近平总书记在中央财政领导小组第七次会议上指出，"纵观人类发展历史，创新始终是一个国家、一个民族发展的重要力量，也始终是推动人类社会进步的重要力量。"[1] 从某种意义上说，中国共产党的历史就是一部生动的创新史。2013 年 10 月 21 日，习近平总书记在欧美同学会成立一百周年庆祝大会上强调："创新是一个民族进步的灵魂，是一个国家兴旺发达的不竭动力，也是中华民族最深沉的民族禀赋。在激烈的国际竞争中，惟创新者进，惟创新者强，惟创新者胜。"[2] "世界经济长远发展的动力源自创新。总结历史经验，我们会发现，体制机制变革释放出的活力和创造力，科技进步造就的新产业和新产品，是历次重大危机后世界经济走出困境、实现复苏的根本。"[3] 他在十九届五中全会提出：必须把发展基点放在创新上，形成促进创新的体制架构，塑造更多依靠创新驱动、更多发挥先发优势的引领型发展。他强调：我们必须把创新作为引领发展的第一动力，把人才作为支撑发展的第一资源，把创新摆在国家发展全局的核心位置，不断推进理论创新、制度创新、科技创新、文化创新等各

---

① 《习近平关于科技创新论述摘编》，中央文献出版社 2016 年版，第 4 页。
② 《习近平关于科技创新论述摘编》，中央文献出版社 2016 年版，第 3 页。
③ 习近平：《创新增长路径，共享发展成果》（2015 年 11 月 15 日），载于《人民日报》2015 年 11 月 16 日。

方面创新，让创新贯穿党和国家一切工作，让创新在全社会蔚然成风。

在实践中不断续写创新史。在今后的实践中，只有继续写好创新史，才能无愧于前人，无愧于后人。必须始终不渝地坚持党的思想路线，解放思想、实事求是、与时俱进，在解放思想中统一思想，以解放思想的新境界，推进各项事业的新发展，做到既保持工作的连续性和稳定性，又体现工作的时代性和创造性。将党的实践创新、理论创新、制度成果体现到党章中。认真总结革命建设改革的成功经验，及时把党的实践创新、理论创新、制度创新的重要成果体现到党章中，使党章在推进党的事业、加强党的建设中发挥重要指导作用。

坚持实践创新与理论创新联动发展。有正确理论指导才能有科学实践，理论创新对实践创新具有重大先导作用，全面深化改革必须以理论创新为先导。我们党之所以能够历经考验磨难无往而不胜，关键就在于不断进行实践创新和理论创新。实践创新和理论创新永无止境。毛泽东思想、邓小平理论、"三个代表"重要思想、科学发展观都是在实践基础上的理论创新。坚持和发展中国特色社会主义是一篇大文章，要继续把这篇大文章写下去，不断深化对共产党执政规律、社会主义建设规律、人类社会发展规律的认识。要求宣传思想工作创新，重点要抓好理念创新、手段创新、基层工作创新。哲学社会科学创新，要牢牢把握理论的生命力在于创新，创新是哲学社会科学发展的永恒主题。

理论创新是新时代我国建设的行动指南。党的十八大以来形成的一系列治国理政新理念新思想新战略，为在新的历史条件下深化改革开放、加快推进社会主义现代化提供了科学理论指导和行动指南。"四个全面"描绘了中国发展的新蓝图、新愿景、新目标，汇集了实现中国梦的新思想、新论断、新举措，是我们党治国理政方略与时俱进的新创造，是马克思主义与中国实践相结合的新飞跃。十八届三中全会提出的"推进国家治理体系和治理能力的现代化""使市场在资源配置中起决定性作用和更好发挥政府作用""我国经济发展进入新常态"等诸多新论断，十八届五中全会强调，实现"十三五"时期发展目标，破解发展难题，厚植发展优势，必须牢固树立并切实贯彻创新、协调、绿色、开放、共享的发展理念，所有这些重大的理论创新，对未来的经济体制改革以及其他方面的改革，将产生重大而深远的影响。习近平总书记在十九大报告中强调：我们必须在理论上跟上时代，不断认识规律，不断推进理论创新、实践创新、制度创新、文化创新以及其他各方面创新。在二十大报告中指出：创新是第一动力，深入实施科教兴国战略、人才强国战略、创新驱动发展战略，开辟发展新领域新赛道，不断塑造发展新动能新优势。

始终把制度创新放在突出位置。党的十八大以来，以习近平同志为核心的党中央特别重视推进制度创新，认为制度创新是创新发展的保障，要把制度建设摆在突出位置，充分发挥我国社会主义政治制度优越性。要坚持以实践基础上的理论创新推动制度创新，坚持和完善现有制度，从实际出发，及时制定一些新的制度，构建系统完备、科学规范、运行有效的制度体系，使各方面制度更加成熟更加定型，为夺取中国特色社会主义新胜利提供更加有效的制度保障。

将创新贯穿到中国特色社会主义建设的方方面面。在经济建设中，习近平总书记强调，要深入实施创新驱动发展战略。把推动发展的着力点更多放在创新上，发挥创新对拉动发展的乘数效应。抓创新就是抓发展，谋创新就是谋未来。不创新就要落后，创新慢了也要落后。要激发调动全社会的创新激情，持续发力，加快形成以创新为主要引领和支撑的经济体系和发展模式。在党的建设方面，他强调，要善于用改革创新的思路和办法破解党的建设中的重大课题，探索提高党的执政能力、保持和发展党的先进性的有效途径，不断推进党建领域的理论创新、制度创新、工作创新和方法创新。在文化建设中，2014年10月15日，习近平总书记在文艺工作座谈会上强调："历史和现实都证明，中华民族有着强大的文化创造力。每到重大历史关头，文化都能感国运之变化、立时代之潮头、发时代之先声，为亿万人民、为伟大祖国鼓与呼。中华文化既坚守本根又不断与时俱进，使中华民族保持了坚定的民族自信和强大的修复能力，培育了共同的情感和价值、共同的理想和精神。"① 要求全党必须牢牢把握社会主义文化建设的内在动力，以改革创新的精神冲破一切束缚文化发展的思想观念和体制机制，进一步解放和发展文化生产力，不断增强文化的竞争力、吸引力和感召力。在宣传思想工作，他强调，重点要抓好理念创新、手段创新、基层工作创新，努力以思想认识新飞跃打开工作新局面，积极探索有利于破解工作难题的新举措新办法。在文艺工作中强调，创新是文艺的生命。文艺创作中出现的一些问题，同创新能力不足很有关系。文艺创作是观念和手段相结合、内容和形式相融合的深度创新，是各种艺术要素和技术要素的集成，是胸怀和创意的对接，要把创新精神贯穿文艺创作生产全过程，增强文艺原创能力。在新闻工作中强调，内容创新、形式创新、手段创新都重要，但内容创新是根本的。在军队建设中强调，要坚定不移走军民融合式创新之路，在更广范围、更高层次、更深程度上把军事创新体系纳入国家创新体系之中，实现两个体系相互兼容同步发展，使军事创新得到强力支持和持续推动。

着力牵住科技创新的"牛鼻子"推动创新驱动战略。科学技术越来越成为推动经济社会发展的主要力量，创新驱动是大势所趋。新一轮科技革命和产业变革正在孕育兴起，一些重要科学问题和关键核心技术已经呈现出革命性突破的先兆。物质构造、意识本质、宇宙演化等基础科学领域取得重大进展，信息、生物、能源、材料和海洋、空间等应用科学领域不断发展，带动了关键技术交叉融合、群体跃进，变革突破的能量正在不断积累。国际金融危机发生以来，世界主要国家抓紧制定新的科技发展战略，抢占科技和产业制高点。我国经济发展要突破瓶颈、解决深层次矛盾和问题，根本出路在于创新，关键是要靠科技力量，当今世界，谁牵住了科技创新这个"牛鼻子"，谁走好了科技创新这步先手棋，谁就能占领先机、赢得优势。中国人的饭碗要端在自己手上，不能想象我们能够以现有发达水平人口消耗资源的方式来生产生活，要加快从要素驱动、投资规模驱动发展为主向以

---

① 《十八大以来重要文献选编》（中），中央文献出版社 2016 年版，第 121 页。

创新驱动发展为主转变。我国是一个发展中大国，目前正在大力推进经济发展方式转变和经济结构调整，正在为实现"两个一百年"奋斗目标而努力，必须把创新驱动发展战略实施好。通过创新培育发展新动力、塑造更多发挥先发优势的引领型发展，做到人有我有、人有我强、人强我优。要建设科技创新高地，不断提高原始创新、集成创新和引进消化吸收再创新能力。要深入实施创新驱动发展战略，推动科技创新、产业创新、企业创新、市场创新、产品创新、业态创新、管理创新等，加快形成以创新为主要引领和支撑的经济体系和发展模式。

发挥企业在创新中的主体作用。企业持续发展之基、市场制胜之道在于创新，要推动以科技创新为核心的全面创新，坚持需求导向和产业化方向，坚持企业在创新中的主体地位，发挥市场在资源配置中的决定性作用和社会主义制度优势，增强科技进步对经济增长的贡献度，形成新的增长动力源泉，推动经济持续健康发展。要以只争朝夕的紧迫感，切实把创新抓出成效，强化科技同经济对接、创新成果同产业对接、创新项目同现实生产力对接、研发人员创新劳动同其利益收入对接，形成有利于出创新成果、有利于创新成果产业化的新机制。各类企业都要把创新牢牢抓住，不断增加创新研发投入，加强创新平台建设，培养创新人才队伍，促进创新链、产业链、市场需求有机衔接，争当创新驱动发展先行军。

努力营造勇于创新、鼓励成功、宽容失败的社会氛围。人才是创新的根基，是创新的核心要素。创新驱动实质上是人才驱动。创新精神、创新能力是衡量领导干部素质高低、能力大小的重要标准。2013年5月4日，习近平总书记在同各界优秀青年代表座谈时指出："生活从不眷顾因循守旧、满足现状者，从不等待不思进取、坐享其成者，而是将更多机遇留给善于和勇于创新的人们。"[1] 要大兴识才爱才敬才用才之风，积极探索集聚人才、发挥人才作用的体制机制，完善相关

---

① 《习近平谈治国理政》，外文出版社 2014 年版，第 51 页。

政策，进一步创造人尽其才的政策环境，努力在创新实践中发现人才、在创新活动中培育人才、在创新事业中凝聚人才。要在全社会大力营造勇于创新、鼓励成功、宽容失败的良好氛围，为人才发挥作用、施展才华提供更加广阔的天地，让他们人尽其才、才尽其用、用有所成。要积极营造有利于创新的政策环境和制度环境，使创新人才始终保持锐意创新的勇气、敢为人先的锐气、蓬勃向上的朝气。

（五）用法治思维求善治

古人云："国无常强，无常弱。奉法者强则国强，奉法者弱则国弱。"习近平总书记高度重视法治国家建设，强调要用法治思维求善治，运用法律规范、法律原则、法律逻辑来分析和处理治国理政中面临的问题，克服人治思维、特权思维，推进法治国家、法治政府、法治社会建设。

习近平总书记多次强调，法律是治国之重器，法治是治国理政的基本方式，依法治国是党领导人民治理国家的基本方略，要求将法律作为判断是非和处理事务的准绳。要"把对法治的尊崇、对法律的敬畏转化成思维方式和行为方式"。①强调凡属重大改革都要于法有据，确保在法治轨道上推进改革，体现出以法治凝聚改革共识、规范发展行为、促进矛盾化解、保障社会和谐的思维方式。依规治国建设法治中国、依规治党重塑政治生态、依规立世构建和谐世界正是习近平法治思维的集中体现、精髓所在，党的十八届四中全会首度以"依法治国"作为全会的主题，更是习近平法治思维的充分体现。

宪法是国家的根本大法，具有最高的法律地位、法律权威和法律效力，每个组织和个人都要牢固树立宪法至上、法律至上的理念，在宪法和法律范围内活动，加强宪法和法律实施，切实维护社会主义法制的统一、尊严、权威；任何组织和个人都没有法律之外的绝对权力，行使权力必须坚持为人民服务、对人民负责并自觉接受人民监督。宪

---

① 《习近平关于全面依法治国论述摘编》，中央文献出版社2015年版，第124页。

法的生命在于实施，宪法的权威也在于实施。依法治国首先是依宪治国，依法执政关键是依宪执政，依法执政既要求党依据宪法法律治国理政，也要求党依据党内法规管党治党。

更加自觉地运用法治思维和法治方式来深化改革、推动发展、化解矛盾、维护稳定，依法治理经济，依法协调和处理各种利益问题，避免埋钉子、留尾巴。要坚持依法治国、依法执政、依法行政共同推进；坚持法治国家、法治政府、法治社会一体建设。

提高领导干部运用法治思维和法治方式能力。各级领导干部要带头依法办事，带头遵守法律，对宪法和法律保持敬畏之心，牢固确立法律红线不能触碰、法律底线不能逾越的观念。各级领导机关和领导干部要提高运用法治思维和法治方式的能力，努力以法治凝聚改革共识、规范发展行为、促进矛盾化解、保障社会和谐。要适应国家法治进程飞速发展的趋势和要求，改变过去那种权大于法的思维、管制思维与简单的命令思维，切实实现思维方式的与时俱进，以法治的眼光、法治的方式治国理政，推动形成办事依法、遇事找法、解决问题用法、化解矛盾靠法的良好法治环境，在法治轨道上推动各项工作。各级领导干部要带头学法、带头知法、带头用法、带头守法，保障民权、规范公权，严格履行法定职责，在法治的轨道上推动各项工作，真正建立对法治的信仰和敬畏。同时，还要增强人民群众的法律意识。习近平总书记强调，"法律要发挥作用，需要全社会信仰法律。""引导群众遇事找法、解决问题靠法，逐步改变社会上那种遇事不是找法而是找人的现象。"①

（六）用底线思维谋主动

运用底线思维分析解决我国发展面临的诸多重大问题，是习近平治国理政的鲜明特征。底线思维就是对事物发展的诸多可能性进行预判，明确可以把控的空间或可能出现的最坏结果，主动应对，趋利避

---

① 习近平：《严格执法，公正司法》（2014年1月7日），参见《十八大以来文献选编》（上），中央文献出版社2014年版，第722页。

害，有守有为，争取最好结果。底线是事物发生质变的度的临界点，一旦突破底线，事情就会发生质变，从可以接受变得不可接受。

高度重视底线思维的重要性。凡事要从坏处准备，努力争取最好的结果，做到有备无患、遇事不慌，牢牢把握主动权。事业越前进、越发展，新情况、新问题就会越多，面临的风险和挑战就会越多，面对的不可预料的事情就会越多。共产党人要常怀忧患意识，忧党、忧国、忧民，这是一种责任，更是一种担当。必须强化底线思维和极限意识，进一步推进科技自立自强，确保产业链供应链稳定和安全，确保在极限情况下国民经济总体平稳运行和人民生活不受大的影响。要深刻认识党面临的执政考验、改革开放考验、市场经济考验、外部环境考验的长期性和复杂性，深刻认识党面临的精神懈怠危险、能力不足危险、脱离群众危险、消极腐败危险的尖锐性和严峻性，深刻认识增强自我净化、自我完善、自我革新、自我提高能力的重要性和紧迫性，坚持底线思维，做到居安思危。要求引导全党同志特别是各级领导干部坚持"两个务必"，自觉为党和人民不懈奋斗，不能安于现状、盲目乐观，不能囿于眼前、轻视长远，不能掩盖矛盾、回避问题，不能贪图享受、攀比阔气。

坚持走中国特色社会主义道路是中国改革的基本底线。2013 年 10 月 7 日，习近平总书记在亚太经合组织工商领导人峰会上指出："中国是一个大国，决不能在根本性问题上出现颠覆性错误，一旦出现就无法挽回、无法弥补。我们的立场是胆子要大、步子要稳，既要大胆探索、勇于开拓，也要稳妥审慎、三思而后行。我们要坚持改革开放正确方向，敢于啃硬骨头，敢于涉险滩，敢于向积存多年的顽瘴痼疾开刀，切实做到改革不停顿、开放不止步。"① 中国的改革是中国特色社会主义制度的自我完善和发展，在方向问题上，头脑必须十分清醒，既不走封闭僵化的老路，也不走改旗易帜的邪路，坚定走中国特色社会主义道路。

---

① 《习近平谈治国理政》，外文出版社 2014 年版，第 348 页。

确立推进改革的各项边界。习近平总书记2013年视察山东时指出，在推进改革过程中，不深化改革不行，深化改革力度小了也不行。改革不要盲人摸象、以偏概全，不要不明就里、大而化之。要准确推进改革，认真执行中央要求，不要事情还没弄明白就盲目推进。要有序推进改革，该中央统一部署的不要抢跑，该尽早推进的不要拖宕，该试点的不要仓促推开，该深入研究后再推进的不要急于求成，该得到法律授权的不要超前推进。这其中一系列的"不"，就是相互关联的方向线、程度线、速度线，为精确化推进改革确立了边界。

明确各领域发展的底线。在经济社会发展上，要继续按照守住底线、突出重点、完善制度、引导舆论的思路，统筹教育、就业、收入分配、社会保障、医药卫生、住房、食品安全、安全生产等，切实做好改善民生各项工作。在生态文明建设上，强调不以牺牲环境为代价去换取一时的经济增长，要牢固树立生态红线观念，切实将生态环境保护落到实处。要求各级领导干部要围绕落实严守资源消耗上限、环境质量底线、生态保护红线的要求，对造成生态环境损害负有责任的领导干部，不论是否已调离、提拔或者退休，都必须严肃追责。针对耕地保护的底线，要坚守18亿亩耕地红线，必须做到，没有一点点讨价还价的余地。在党建上，要化解精神懈怠、能力不足、脱离群众、消极腐败"四种危险"，党员干部对法纪制度要时刻怀有敬畏之心，做到不越边界、不踩红线、不碰高压线。在对外交往中，爱好和平，坚持走和平发展道路，但决不能放弃正当权益，更不能牺牲国家核心利益。在安全生产方面，强调人命关天，发展决不能以牺牲人的生命为代价，这必须作为一条不可逾越的红线，等等。

领导干部要守好清正廉洁和法律法规的底线。要求全党必须廉洁自律，筑牢思想防线。干部廉洁自律的关键在于守住底线。只要能守住做人、处事、用权、交友的底线，就能守住党和人民交给自己的政治责任，守住自己的政治生命线，守住正确的人生价值观。强调领导干部要牢记法律红线不可逾越、法律底线不可触碰，对违规违纪、破坏法规制度踩"红线"、越"底线"、闯"雷区"的,要坚决严肃查处,不以权势大而破规,不以问题小而姑息,不以违者众而放任,不留"暗门"、不开"天窗",坚决防止"破窗效应"。

守好底线要树立正确的世界观、人生观、价值观。全党要点亮理想之光,补足精神之"钙",用心体察民情,用情为民造福,坚持严律己、有底线、守法纪,坚持勤政敬业、先之劳之,切实担负起促进改革发展稳定、持续改善民生的责任。

(七)用系统思维聚合力

系统思维从系统和要素、要素和要素、系统和环境的相互联系、相互作用中把握事物、思考问题,处理好整体与部分、结构与功能的关系,凝聚改革发展的强大正能量。运用系统思维分析问题、指导工作,是习近平总书记反复强调的。

坚持统筹兼顾。习近平总书记强调,我国改革已经进入攻坚期和深水区,进一步深化改革,必须更加注重改革的系统性、整体性、协同性,统筹推进重要领域和关键环节改革。2013 年 11 月 12 日,习近平总书记在中共十八届三中全会第二次全体会议上指出:"我们要统筹谋划深化改革各个方面、各个层次、各个要素,注重推动各项改革相互促进、良性互动、协同配合。要坚持整体推进,加强不同时期、不同方面改革配套和衔接,注重改革措施整体效果,防止畸重畸轻、单兵突进、顾此失彼。"① 要统筹推进"五位一体"总体布局和协调推进"四个全面"战略布局,全面做好稳增长、促改革、调结构、惠民生、防风险各项工作。

注重协同耦合。改革是一个系统工程,只有系统内部各要素实现协同耦合,系统才能有效运行并实现效益最大化。经济、政治、文化、社会、生态文明各领域改革和党的建设改革紧密联系、相互交融,任何一个领域的改革都会牵动其他领域,同时也需要其他领域改革密切配合。如果各领域改革不配套,各方面改革措施相互牵扯,全面深化

---

① 《习近平关于全面深化改革论述摘编》,中央文献出版社 2015 年版,第 44 页。

改革就很难推进下去，即使勉强推进，效果也会大打折扣。要在基本确定主要改革举措的基础上，深入研究各领域改革关联性和各项改革举措耦合性，使各项改革举措在政策取向上相互配合、在实施过程中相互促进、在实际成效上相得益彰。在全面深化改革中，要坚持以经济体制改革为主轴，努力在重要领域和关键环节改革上取得新突破，以此牵引和带动其他领域改革，使各方面改革协同推进、形成合力。

三、坚持和践行科学的工作方法

工作方法，是我们认识问题、解决问题的"钥匙"。方法正确，则如"庖丁解牛"，能够游刃有余、切中肯綮；方法错误，只能是"劈柴不照纹，累死砍柴人"。中国共产党人历来高度重视思想方法和工作方法。1934年1月27日，毛泽东在第二次全国苏维埃代表大会上专门论述了"注意工作方法"的问题。他把任务与方法的关系比作"过河"与"桥或船"的关系，指出："我们不但要提出任务，而且要解决完成任务的方法问题。我们的任务是过河，但是没有桥或没有船就不能过。不解决桥或船的问题，过河就是一句空话。"[①] 习近平新时代中国特色社会主义思想不仅有鲜明的理论观点、深刻的思想内涵，而且蕴含着丰富的思想方法和工作方法，既讲是什么、怎么看，又讲怎么办、怎么干；既部署"过河"的任务，又指导解决"桥或船"的问题。他强调的"依靠学习走向未来""保持战略定力""把调查研究作为做好领导工作的一项基本功""钉钉子精神"等一系列工作方法，把科学的抽象思维和具体的实际工作结合在一起，是习近平新时代中国特色社会主义思想的重要组成部分。

（一）依靠学习走向未来

高度重视学习、善于进行学习，是我们党的优良传统和政治优势，是我们党保持和发展先进性、始终走在时代前列的重要保证，也是领导干部健康成长、提高素质、增强本领、不断进步的重要途径。可以

---

① 《毛泽东选集》第1卷，人民出版社1991年版，第139页。

说，领导干部的学习水平，在很大程度上决定着工作水平和领导水平。我们党历来重视抓全党特别是领导干部的学习，这是推动党和人民事业发展的一条成功经验。在每一个重大转折时期，面对新形势新任务，我们党总是号召全党同志加强学习；而每次这样的学习热潮，都能推动党和人民事业实现大发展大进步。领导干部应该把学习作为一种追求、一种爱好、一种健康的生活方式，做到好学乐学。

把学习作为向前、向深、向远看的重要法宝。习近平总书记高度重视学习，亲力亲为，以上率下，为不断提高全党的治国理政能力和水平作出了表率。党的十八大以来，中央政治局以学习开局，大会结束后的第三天，十八届中央政治局就进行第一次集体学习，带头学习领会、贯彻落实党的十八大精神，以加强学习托举中国梦。2013 年 3 月 1 日，在庆祝中央党校建校 80 周年大会上的讲话中，习近平总书记站在全局和战略高度提出了一个新论断：中国共产党人依靠学习走到今天，也必然要依靠学习走向未来。这是中国共产党光辉历程和伟大实践的一条重要经验总结，深刻揭示了"中国共产党为什么能"的一个重要秘密所在。依靠学习走向未来，成为中国共产党治国理政的一大鲜明特色。2013 年 10 月 21 日，习近平总书记在欧美同学会成立100 周年庆祝大会上强调："梦想从学习开始，事业从实践起步。当今世界，知识信息快速更新，学习稍有懈怠，就会落伍。有人说，每个人的世界都是一个圆，学习是半径，半径越大，拥有的世界就越广阔。"① 2014 年 5 月 22 日，习近平总书记在出席亚信峰会后与外国专家座谈时，第一次提出中国要永远做一个学习大国。建设学习大国的提出，是党把自身有关学习的意志和主张上升为国家意志和主张的重要体现，优化和丰富了党的学习理论的框架结构和关切领域，形成了学习在国家、政党和社会各个领域、各个层次多位一体、全面开展的新局面，展现了中国共产党作为执政党以全党学习带动全民学习、以学习型政党建设引领学习型国家建设的良好形象，体现了新时代我们

---

① 《习近平谈治国理政》，外文出版社 2014 年版，第 59 页。

党高度的学习自觉、自信和自强，彰显了中国共产党作为一个成熟型政党的开阔胸怀和世界眼光。

加强对马克思主义理论的学习。习近平总书记高度重视领导干部学习的方向，认为正确把握学习方向十分重要，强调如果忽视了马克思主义所指引的方向，学习就容易陷入盲目状态甚至误入歧途，就容易在错综复杂的形势中无所适从，就难以抵御各种错误思潮。没有正确方向，不仅学不到有益的知识，还很容易被一些天花乱坠、脱离实际甚至荒唐可笑、极其错误的东西所迷惑、所俘虏。要学会运用马克思主义立场观点方法观察、分析和解决问题，不断补精神之钙、固思想之元、培为政之本。马克思主义是我们做好一切工作的看家本领，也是领导干部必须普遍掌握的工作制胜的看家本领。要重点学习中国特色社会主义理论体系，中国特色社会主义理论体系围绕什么是社会主义、怎样建设社会主义，建设什么样的党、怎样建设党，实现什么样的发展、怎样发展三大基本问题展开，深化和丰富了对共产党执政规律、社会主义建设规律、人类社会发展规律的认识，是改革开放历史新时期我们党推进马克思主义中国化所取得的理论创新成果，是同马克思列宁主义、毛泽东思想既一脉相承又与时俱进的科学理论体系，是我们党最可宝贵的政治和精神财富，是全国各族人民团结奋斗的共同思想基础。在新的历史起点上坚持和发展中国特色社会主义理论体系，奋力开拓中国特色社会主义更为广阔的发展前景，必须大力推进中国特色社会主义理论体系的学习和研究，进一步提高全党的马克思主义理论水平，广大党员、干部要自觉用这一理论体系指导客观世界和主观世界的改造，提高运用科学理论解决实际问题的能力。

加强对各方面知识，特别是历史的学习。领导干部要结合工作需要学习经济、政治、历史、文化、社会、科技、军事、外交等方面的知识，学习党的路线方针政策、党章党规和国家法律法规，不断培养世界眼光、增强战略思维能力、提高综合素质，提高自己的知识化、专业化水平，使自己真正成为内行领导。习近平总书记还十分重视对历史的学习，要求领导干部学习和了解历史，因为学习历史不仅可以拓宽知识面，吸收前人在修身处事、治国理政等方面的智慧和经验，而且可以更加清晰地认识社会活动规律，牢固树立马克思主义的唯物史观。要加强对中国古代史、中国近现代史、中国共产党历史的学习，从历史中得到启迪、获取定力。

学习的目的全在于运用。为何而学也是习近平总书记一直思考的问题，他要求领导干部加强学习，根本目的是增强工作本领、提高解决实际问题的水平。领导干部要发扬理论联系实际的马克思主义学风，带着问题学，拜人民为师，做到干中学、学中干，学以致用、用以促学、学用相长，千万不能夸夸其谈、陷于"客里空"。要把研究和解决重大现实问题作为学习的根本出发点，使认认真真学习成为理论联系实际、学以固本、学以立德、学以增智、学以致用，不断提高工作原则性、系统性、预见性和创造性的过程。要把学习的着眼点聚集到研究和解决这样的矛盾和问题上，善于发现问题、敢于正视问题，以新的理念、新的方法、新的思路寻求解决矛盾和问题的具体办法。

把学习作为一种追求。建设中国特色社会主义，是一项伟大的系统工程，党员特别是党员领导干部作为中国特色社会主义的实践者、领导者，需要具有全面的素质、能力、本领。把学习作为一种责任、一种追求、一种爱好、一种健康的生活方式，做到好学乐学。要善于挤时间，多一点学习、多一点思考，少一点无谓的应酬、少一点形式主义的东西。要重在学懂弄通，不能浅尝辄止、不求甚解。要持之以恒，积少成多、聚沙成塔，积跬步以至千里。

多种形式学。坚持经常性学习，在干中学、在学中干，是一种形式；根据工作需要，急用先学、立竿见影，是一种形式；参加党委中心组理论学习，也是一种形式；集中一段时间到党校、行政学院、干部学校等脱产学习，又是一种形式，而且是一种能够进行系统学习的更重要更有效的学习形式。

（二）保持战略定力

保持战略定力，这是党的十八大以来习近平总书记多次强调的一个关键词。在2012年中央经济工作会议上，他说：从历史上看，新兴大国出现必然带来国际格局调整，必然遭到守成大国遏制。这也是我国在今后较长时期内将面临的重大挑战。我们要充分认识这种战略变化的客观必然性，把握好大国关系演变的特点，保持战略清醒和战略定力。我们必须牢记一个历史铁律，决定世界政治经济格局的，归根到底是大国力量对比，最终靠的还是实力。我们要集中精力办好自己的事，不断全面提高综合国力。只有这样，我们才能从根本上保障国家主权、安全、发展利益，才能在激烈的国际竞争中赢得主动、赢得优势、赢得未来。他还说，在相当长时期内，初级阶段的社会主义还必须同生产力更发达的资本主义长期合作和斗争，还必须认真学习和借鉴资本主义创造的有益文明成果，甚至必须面对被人们用西方发达国家的长处来比较我国社会主义发展中的不足并加以指责的现实。我们必须有很强大的战略定力，坚决抵制抛弃社会主义的各种错误主张，自觉纠正超越阶段的错误观念。最重要的，还是要集中精力办好自己的事情，不断壮大我们的综合国力，不断改善我们人民的生活，不断建设对资本主义具有优越性的社会主义，不断为我们赢得主动、赢得优势、赢得未来打下更加坚实的基础。

这几段话的涵义就是，保持战略定力，就是要有长远的战略眼光，处乱不慌，处变不惊，临危不惧，稳得住。战略定力，是一个国家、政党是否成熟的重要标志，也是意志、毅力与智慧的体现，只有保持强大战略定力，才能不为任何风险所惧、不为任何干扰所惑，才能谋大局谋大势谋长远。

应对复杂形势需要保持战略定力。树欲静而风不止。回望过去十年，国内外形势纷繁复杂，国际上"黑天鹅"事件频频发生，世界充满不确定性。习近平总书记在党的十九大报告中指出：全党要清醒认识到，我们党面临的执政环境是复杂的，影响党的先进性、弱化党的纯洁性的因素也是复杂的，党内存在的思想不纯、组织不纯、作风不纯等突出问题尚未得到根本解决。要深刻认识党面临的执政考验、改革开放考验、市场经济考验、外部环境考验的长期性和复杂性，深刻认识党面临的精神懈怠危险、能力不足危险、脱离群众危险、消极腐败危险的尖锐性和严峻性，坚持问题导向，保持战略定力，推动全面从严治党向纵深发展。习近平总书记多次强调，共产党人要有"乱云飞渡仍从容""任尔东西南北风"的战略定力和战略自信，不能因一时一事或某些人、某些国家的言论而受影响，更不能掉入别人故意设置的陷阱。习近平总书记指出："我们看世界，不能被乱花迷眼，也不能被浮云遮眼，而要端起历史规律的望远镜去细心观望。"① 要审时度势、内外兼顾，善于从国际形势和国际条件的发展变化中把握方向、用好机遇、创造条件，努力发展自己，使自身不断壮大提高。党的十八大以来，面对复杂形势，以习近平同志为核心的党中央始终处变不惊、临危不惧，敏锐洞察事物，清醒判断形势，稳得住心神，站得住脚跟，应对挑战泰然自若，化解风险成竹在胸，始终保持"任凭风浪起，稳坐钓鱼船"战略定力。

坚持中国特色社会主义需要政治定力。随着网络技术的快速发展，社会思潮多元多样，各种思潮良莠不齐、鱼龙混杂。如果没有足够的战略定力，就容易出现心理上患得患失、行动上犹豫不决、战略上摇摆不定，就容易随波逐流、进退失据，甚至迷失行动方向。找到一条好的道路不容易，走好这条道路更不容易，中国特色社会主义这条道路，是中国共产党和中国人民历尽千辛万苦、付出巨大代价走出来的一条伟大道路，是实现社会主义现代化的必由之路，是创造人民美好生活的必由之路。我们看准了、认定了，就要坚定不移走下去，既不走封闭僵化的老路，也不走改旗易帜的邪路，不为任何风险所惧，不为任何干扰所惑。中国共产党人必须时刻保持头脑清醒，保持强大政治定力，牢固树立中国特色社会主义道路自信、理论自信、制度自信、文化自信，在重大原则问题上咬定青山不放松。

适应、把握、引领经济发展新常态需要保持调控定力。党的十八大以来，中国经济呈现出新常态，中国经济面临增速换挡、结构调整、动能转换"三期叠加"，问题相互交织，有效需求乏力，经济下行压

---

① 《习近平谈治国理政》第2卷，外文出版社2017年版，第442页。

力还在加大。经济发展上"速度情结""换挡焦虑""GDP崇拜""畏难情绪""速战速决"等心态普遍存在。针对中国经济新常态，要把适应新常态、把握新常态、引领新常态作为贯穿发展全局和全过程的大逻辑。经济发展进入新常态，没有改变我国发展仍处于可以大有作为的重要战略机遇期的判断，没有改变我国经济发展总体向好的基本面，中国经济有巨大的韧性、潜力和回旋余地，新常态将给中国经济带来新的发展机遇。要保持战略平常心，摆脱"速度情结"和"换挡焦虑"，需要看到经济发展增速换挡是世界经济发展的普遍规律，尤其是经济发展由高速增长向中高速换挡再向低速换挡更是经济发展的常态，经济新常态下各种阻力和挑战绕不开、躲不过，路途不会平坦，可能会带来速度波动、就业回落、收入下降等。越是发展中面临的矛盾比较突出，越是要时刻牢记目标，踏石留印、抓铁有痕，过了一山再登一峰，跨过一沟再越一壑。尤为需要"每临大事有静气"的沉稳，尤为需要"不畏浮云遮望眼"的坚毅和"风物长宜放眼量"的气度。关键是要转变发展理念，用创新、协调、绿色、开放、共享的发展新理念统领经济社会发展全局，坚定推进供给侧结构性改革，推动经济发展提质增效升级。在国家政策特别是宏观政策上，要保持强大的战略定力，坚决防止出现朝令夕改"翻烧饼"的错误。创新宏观调控思路和方式，坚持定向调控，抓住经济结构中的关键领域和薄弱环节，定向发力，不搞头痛医头、脚痛医脚。坚持结构性调控，把稳增长、调结构放到更加突出位置，财政政策要加力增效，不搞强刺激，不踩"大油门"，切实把经济工作的着力点放到转方式、调结构上来。坚持统筹调控，统筹稳增长、调结构、促改革、惠民生、防风险，通盘考虑应对经济下行压力与促进经济提质增效，高度关注风险发生发展趋势，按照严控增量、区别对待、分类施策、逐步化解的原则，有序加以化解，使调控效力更持久。

深化改革需要谋定而动。当前，我国改革进入攻坚期、深水区，改革面临十分复杂的国际国内环境，各种矛盾相互交织，各种诉求相互碰撞，各种思想观念和利益诉求相互激荡，治国理政的敏感度、复杂度前所未有。无论是国企改革、金融改革、行政体制改革，还是医疗改革、教育改革、分配制度改革都必然要克服巨大的障碍与阻力。关于改革，一方面，深化改革要以重大问题为导向，从制约经济发展的突出领域入手，围绕解决发展面临的突出问题推进改革，抓住重大问题、关键问题进一步研究思考，找出答案，着力推动解决我国发展面临的一系列突出矛盾和问题。另一方面，要有战略定力，冷静观察、谋定后动，要从纷繁复杂的事物表象中把准改革脉搏，在众说纷纭中开好改革药方，处理好变与不变的关系，该改的坚决改、不能改的坚决守住。稳中求进作为工作总基调，稳是前提、是大局，进是方向、是目的。关键要在发展的速度、改革的力度、社会的稳定程度、资源环境的可承受度之间找到平衡点，当进则进，宜稳则稳。

　　推进党的建设需要政治定力、纪律定力、道德定力和抵腐定力。政治定力是战略定力的总开关。习近平总书记高度重视增强政治定力，要求领导干部在政治上始终保持清醒，坚持正确的政治方向，坚持马克思主义和共产主义信仰，坚持中国特色社会主义，立场坚定，旗帜鲜明，坚决拥护党中央权威，与党中央在思想上行动上保持高度一致。纪律定力是戒尺，就是要使领导干部心存敬畏、行有所止。要遵守规则、严守纪律，弄清什么能做、什么不能做，将纪律内化为生命的一部分。增强道德定力就是要知德、尚德、践德。抵腐定力就是要明白"禁区"在哪，"底线"在哪，在腐败面前意志坚定，令行禁止，不想腐、不愿腐。2015 年 1 月，习近平总书记在县委书记研修班座谈会上指出，各种诱惑、算计都冲着你来，各种讨好、捧杀都对着你去，往往会成为"围猎"的对象。只有廉洁自律、时刻自省、自我反思，干干净净做人，耐得住寂寞、守得住清贫，才能练就"金刚不坏之身"。党的十八大以来，以习近平同志为核心的党中央以壮士断腕的决心、以对腐败"零容忍"的态度全面从严治党，着力从严从细抓管党治党、着力净化党内政治生态、着力从作风建设这个环节突破、着力真管真严敢管敢严长管长严、着力遏制腐败滋生蔓延势头、着力发挥巡视利剑作用，坚持自上而下、以上率下、层层推进，坚持标本兼治、综合治理、"三管齐下"，一边以教育活动为抓手持续推进从严治党，一边集中反"四风"、严厉惩治腐败，一边建章立制、扎紧"制度笼子"，推动全面从严治党向纵深发展，推动反腐败斗争取得压倒性胜利并全面巩固。

（三）把调查研究作为做好领导工作的一项基本功

调查研究是做好领导工作的一项基本功，调查研究能力是领导干部整体素质和能力的一个组成部分。习近平总书记指出："调查研究是谋事之基、成事之道。没有调查，就没有发言权，更没有决策权。"① 研究问题、制定政策、推进工作，刻舟求剑不行，闭门造车不行，异想天开更不行，必须进行全面深入的调查研究。

重视调查研究，是我们党做好领导工作的重要传家宝。中国共产党之所以能够带领广大人民取得中国革命和社会主义建设的巨大成就，其中一个重要的原因就是，党在任何时候都十分重视调查研究并身体力行践行之。只有深入调查研究，才能真正做到一切从实际出发、理论联系实际、实事求是，真正保持党同人民群众的密切联系，也才能从根本上保证党的路线方针政策和各项决策的正确制定与贯彻执行，保证我们在工作中尽可能防止和减少失误，即使发生了失误也能迅速得到纠正而又继续胜利前进。

坚持问题导向开展调查研究。开展调查研究的目的是把事情的真相和全貌调查清楚，把问题的本质和规律把握准确，把解决问题的思路和对策研究透彻，开展调查研究，必须找准问题，有的放矢。要紧紧围绕党的路线方针政策和中央重大决策部署的贯彻执行，深入研究影响和制约经济社会持续健康发展的突出问题，深入研究人民群众反映强烈的热点难点问题，深入研究党的建设面临的重大理论和实际问题，深入研究事关改革发展稳定大局的重点问题，深入研究当今世界政治经济等领域的重大问题，使调查研究工作始终同中心工作和决策

---

① 习近平：《在武汉主持召开部分省市负责人座谈会时的讲话》（2013 年 7 月 23 日），载于《人民日报》2013 年 7 月 25 日。

需要紧密结合起来，始终能够为各级党委和政府科学决策服务，为提高党的领导水平和执政水平服务。领导干部搞调研，要有明确的目的，带着问题下去，尽力掌握调研活动的主动权，调研中可以有"规定路线"，但还应有"自选动作"，看一些没有准备的地方，搞一些不打招呼、不作安排的随机性调研，力求准确、全面、深透地了解情况，避免出现"被调研"现象，防止调查研究走过场。

坚持深入实际、深入基层、深入群众开展调查研究。人民群众的社会实践，是获得正确认识的源泉，也是检验和深化认识的根本所在。调查研究成果的质量如何，形成的意见正确与否，最终都要由人民群众的实践来检验。领导干部进行调查研究，要放下架子、扑下身子，深入田间地头和厂矿车间，同群众一起讨论问题，倾听他们的呼声，体察他们的情绪，感受他们的疾苦，总结他们的经验，吸取他们的智慧。既要听群众的顺耳话，也要听群众的逆耳言；既要让群众反映情况，也要请群众提出意见。尤其对群众最盼、最急、最忧、最怨的问题更要主动调研，抓住不放。这样才能真正听到实话、察到实情、获得真知、收到实效。

坚持多层次、多方位、多渠道开展调查研究。调查了解情况，既要调查机关，又要调查基层；既要调查干部，又要调查群众；既要解剖典型，又要了解全局；既要到工作局面好和先进的地方去总结经验，又要到困难较多、情况复杂、矛盾尖锐的地方去研究问题。

坚持实事求是开展调查研究。现在有的干部善于察言观色，准备了几个口袋，揣摩上面或领导的意图来提供材料。很显然，这样的调查是看不到实情、得不到真知、做不出正确结论的。在调查研究中能不能、敢不敢实事求是，不只是认识水平问题，而且是党性问题。调查研究一定要从客观实际出发，不能带着事先定的调子下去，而要坚持结论产生在调查研究之后，建立在科学论证的基础上。对调查了解到的真实情况和各种问题，要坚持有一是一、有二是二，正视现实，敢讲真话，既报喜又报忧，不唯书、不唯上、只唯实。要抓好调查与研究两个环节，切实解决调查多、研究少，情况多、分析少，调查结束后一定要进行深入细致的思考，进行一番交换、比较、反复的工作，把零散的认识系统化，把粗浅的认识深刻化，直至找到事物的本质规律，找到解决问题的正确办法。

调查研究方法要与时俱进。要注重运用我们党在长期实践中积累的有效方法，同时要适应新形势新情况特别是当今社会信息网络化的特点，进一步拓展调研渠道、丰富调研手段、创新调研方式，学习、掌握和运用现代科学技术的调研方法，如问卷调查、统计调查、抽样调查、专家调查、网络调查等，并逐步把现代信息技术引入调研领域，提高调研的效率和科学性。

不断健全完善调查研究制度。要把调查研究贯穿于决策的全过程，真正成为决策的必经程序。对事关改革发展稳定全局的问题，应坚持做到不调研不决策、先调研后决策。提交讨论的重要决策方案，应该是经过深入调查研究形成的，有的要有不同决策方案作比较。特别是涉及群众切身利益的重要政策措施出台，要采取听证会、论证会等形式，广泛听取群众意见。要建立、完善落实重大项目、重大决策风险评估机制，从源头上预防矛盾纠纷的发生。坚持和完善领导机关、领导干部的调研工作制度，推动领导干部带头调查研究，带头深入基层，特别是主要负责人要亲自主持重大课题的调研，拿出对工作全局有重要指导作用的调研报告。坚持和完善领导干部的联系点制度，防止领导干部脱离群众，帮助领导干部发现和解决问题。还可有选择地开展蹲点调研。蹲点调研、解剖"麻雀"是过去常用的一种调研方式，在信息化时代依然是管用的。要注意选择问题多、困难大、矛盾集中、与本职工作密切相关的农村、社区、企业等基层单位，开展蹲点调研，倾听群众心声，找准问题的症结所在。

（四）发扬钉钉子精神

"发扬钉钉子精神"是2013年2月28日习近平总书记在党的十八届二中全会上提出来的。2013年3月5日习近平总书记在参加十二届全国人大一次会议上海代表团审议时再次强调：各级干部要转变工作作风，牢固树立群众观点，保持奋发有为的精神状态，发扬钉钉子的精神，把转变工作作风和解决群众反映强烈的突出问题结合起来，把群众工作做实、做深、做细，确保群众安居乐业，确保社会和谐稳定。

发扬钉钉子的精神，要坚持一张好的蓝图一干到底。习近平总书记指出，"在改革开放和社会主义现代化建设的广阔天地里，大家都是想干事的，都有干事的热情，都想干出一番事业，以不辜负党和人民的信任。然而，在这个过程中，我们要牢记一个道理，政贵有恒，为官一方，为政一时，当然要大胆开展工作、锐意进取，同时也要保持工作的稳定性和连续性。"① 发扬钉钉子精神要重视规划的刚性作用，规划科学是最大的效益，规划失误是最大的浪费。要真正做到一张好的蓝图一干到底，切实干出成效来。要有钉钉子的精神，一锤一锤接着敲，直到把钉子钉实钉牢，钉牢一颗再钉下一颗，不断钉下去，必然大有成效。如果东一榔头西一棒子，结果很可能是一颗钉子都钉不上、钉不牢。要有"功成不必在我"的精神。一张好的蓝图，只要是科学的、切合实际的、符合人民愿望的，就要一茬一茬接着干。不要换一届领导就兜底翻，更不要为了显示所谓政绩去另搞一套，不要空洞的新口号满天飞。很多时候，有没有新面貌，有没有新气象，并不在于制定一打一打的新规划，喊出一个一个的新口号，而在于结合新的实际，用新的思路、新的举措，脚踏实地把既定的科学目标、好的工作蓝图变为现实。

发扬钉钉子的精神，要树立正确政绩观。要多做打基础、利长远的事，不搞脱离实际的盲目攀比，不搞劳民伤财的"形象工程""政绩工程"，求真务实，真抓实干，勇于担当，真正做到对历史和人民负责。2013 年 9 月 25 日，习近平总书记在参加河北省委常委班子专题民主生活会指出，要从制度上防止急功近利和短期行为，处理好大我和小我的关系，长远利益、根本利益和个人抱负、个人利益的关系。想要干事、想出政绩是对的，但不能为了出政绩都要自己另搞一套，

---

① 《习近平谈治国理政》，外文出版社 2014 年版，第 399 页。

换一届领导就兜底翻，三天打鱼两天晒网，那就什么事情也干不成。

　　发扬钉钉子的精神，要切实把工作落到实处。"空谈误国，实干兴邦"是具体的，要落实到方方面面的工作中去。要时刻牢记目标，统一思想、一致行动，踏石留印、抓铁有痕，过了一山再登一峰，跨过一沟再越一壑。以习近平同志为核心的党中央始终以钉钉子的精神着力推进全面深化改革的落实。新一轮改革启动之初就提出"一分部署，九分落实"，"落实"和"督察"在习近平总书记讲话中出现频次很高，表明督察落实在党中央推进全面深化改革工作大局中的分量。督任务、督进度、督成效，察认识、察责任、察作风成为推进全面深化改革的重要手段。

第十二章 中华民族伟大复兴
新征程的科学指南

习近平新时代中国特色社会主义思想，系统回答了新时代坚持和发展什么样的中国特色社会主义、怎样坚持和发展中国特色社会主义，建设什么样的社会主义现代化强国、怎样建设社会主义现代化强国，建设什么样的长期执政的马克思主义政党、怎样建设长期执政的马克思主义政党等重大时代课题，顺应了当今中国的发展大势、顺应了全体人民过上美好生活的热切期盼、顺应了世界发展进步的潮流，是新的历史条件下马克思主义基本原理同中国具体实际相结合、同中华优秀传统文化相结合的最新成果，为坚持和发展中国特色社会主义、全面建设社会主义现代化国家、全面推进中华民族伟大复兴提供了科学理论指导和行动指南，具有鲜明的理论意义、实践意义和世界意义。

一、理论意义：马克思主义中国化时代化的最新成果

习近平新时代中国特色社会主义思想是与马克思列宁主义、毛泽东思想、邓小平理论、"三个代表"重要思想、科学发展观既一脉相承又与时俱进的科学理论，在新的历史起点上坚持发展了中国特色社会主义，既有理论的继承与创新，又有实践的新总结新发展，既有浑厚的历史底蕴，又有丰富的时代内涵，是马克思主义中国化时代化的最新成果，彰显了 21 世纪中国马克思主义的真理力量。

（一）坚持和发展了马克思主义

马克思主义经典作家反复指出，马克思的整个世界观不是教义而是方法，它提供的不是现成的教条，而是进一步研究的出发点和供这种研究使用的方法。毛泽东同志强调，我们"不但应当了解马克思、恩格斯、列宁、斯大林他们研究广泛的真实生活和革命经验所得出的关于一般规律的结论，而且应当学习他们观察问题和解决问题的立场和方法"[1]。邓小平同志也讲过，我们"主要的是要用马克思主义的立场、观点、方法来分析问题，解决问题"[2]。可以说，中国共产党取得的一切成就，都是正确运用科学思想方法和工作方法的结果。习近平新时代中国特色社会主义思想坚持运用马克思主义立场、观点、方法研究解决新的实践课题，鲜明地提出了一系列富有创见的重要思想观点，科学解析了当今中国变革和当代世界变化的一系列基本问题，既坚持了老祖宗，又讲了很多新话，进一步深化了党对共产党执政规律、社会主义建设规律、人类社会发展规律的认识，是中国革命、建设和改革的历史逻辑、理论逻辑和实践逻辑的贯通结合，升华了马克思主义发展新境界，续写了新时代中国特色社会主义发展新篇章。

习近平新时代中国特色社会主义思想贯穿的马克思主义立场、观点、方法，内涵非常丰富，集中反映了当代中国共产党人的政治品格、价值追求、精神风范。第一，坚定的信仰信念是中国共产党人的政治品格，也是党的政治优势。习近平总书记对复杂形势清醒准确的判断，对大局大势科学的驾驭和把握，对治国理政方略科学的谋划和制定，对内政外交国防纵横捭阖的运筹，都是源于对马克思主义理论的实践和运用。习近平总书记之所以成为党中央的核心、全党的核心，既是在历史和实践中形成的，也是与总书记坚如磐石的信仰信念分不开的[3]。第二，人民立场是党的根本政治立场，是马克思主义政党区别

---

[1] 《毛泽东选集》第2卷，人民出版社1991年版，第533页。

[2] 《邓小平文选》第2卷，人民出版社1994年版，第118页。

[3] 《深入学习掌握习近平总书记系列重要讲话贯穿的马克思主义立场观点方法》，载于《学习时报》2017年5月31日。

于其他政党的显著标志。无论是在基层、在地方，还是在中央工作，习近平总书记最牵挂的是人民群众，最鲜明的立场是人民至上。第三，历史担当体现了对民族的责任、对人民的责任、对党的责任。2014 年 2 月 7 日，习近平总书记在接受俄罗斯电视台记者专访时明确宣示："我的执政理念，概括起来就是：为人民服务，担当起该担当的责任。"这是大国领袖的历史担当与责任。第四，求真务实是党的思想路线的核心内容，是马克思主义活的灵魂，也是习近平执政实践的一个鲜明特点。习近平总书记既注重对治党治国治军进行顶层设计、科学部署，又善于求真务实地指导和推动各领域实际工作。第五，开拓创新旨在让全社会创新智慧竞相迸发、各方面创新成果充分涌流。党的十八大以来，党和国家事业发展的一个显著特点就是开拓创新，这种创新都是具有开创性、全局性、长远性的。第六，马克思主义方法论是共产党人永远立于不败之地的利器。习近平总书记不仅大力倡导马克思主义科学方法论，而且带头运用科学方法来谋划和推动工作。习近平新时代中国特色社会主义思想既是世界观、价值观，也是认识论、方法论，是马克思主义关于治国理政的世界观、方法论的集中反映，体现着辩证唯物主义和历史唯物主义的精髓要义，体现着中华优秀传统文化的深厚智慧，体现着党 100 多年来的奋斗实践，体现着党的十八大以来与时俱进的创新创造，为中国共产党人认识世界、改造世界提供了强大的思想武器。

（二）确立了新时代党的指导思想

中国共产党成立之时，就把马克思主义作为指导思想写在自己的纲领上、旗帜上，开启了中国共产党团结和带领全党全国人民夺取革命、建设和改革胜利的奋斗历程。在一个多世纪的卓绝历程中，中国共产党把马克思主义基本原理同中国具体实际相结合、同中华民族优秀传统文化相结合，实现了中国共产党指导思想的两次历史性飞跃，产生了毛泽东思想和中国特色社会主义理论体系两大理论成果，有力地指引着中国革命、建设和改革取得伟大胜利。毛泽东思想，是以毛泽东同志为主要代表的中国共产党人创立的指导思想，在这一思想指导下，我们完成了新民主主义革命，进行了社会主义改造，确立了社会主义基本制度。中国特色社会主义理论体系，就是包括邓小平理论、"三个代表"重要思想以及科学发展观等在内的科学理论体系，是不断发展的开放的理论体系，凝结了几代中国共产党人带领人民不懈探索实践的智慧和心血。习近平总书记明确指出："无论时代如何变迁、科学如何进步，马克思主义依然显示出科学思想的伟力，依然占据着真理和道义的制高点"[1]，并号召全党"坚持马克思主义的指导地位，坚持把马克思主义基本原理同当代中国实际和时代特点紧密结合起来，推进理论创新、实践创新"[2]。党的十八大以来，以习近平同志为核心的党中央团结带领全党全国各族人民，从解决新时代中国社会主要矛盾、推进国家治理现代化出发，创造性地提出了习近平新时代中国特色社会主义思想，进一步丰富和发展了中国特色社会主义理论体系，形成了马克思主义基本原理同当代中国实际和时代特点紧密结合的最新成果，创立了新时代进行伟大斗争、建设伟大工程、推进伟大事业、实现伟大梦想的指导思想——习近平新时代中国特色社会主义思想。中国共产党革命、建设和改革实践深刻证明：中国共产党成立一个多世纪以来之所以能够完成近代以来各种政治力量不可能完成的艰巨任务，党的十八大以来党和国家各项事业之所以能够树新风、开新局，各项工作之所以不断取得历史性新成就，就在于始终把马克思主义与中国具体实际相结合的科学理论作为自己的指导思想。习近平新时代中国特色社会主义思想结合世情、国情、党情，顺应党心、民心，全面系统深刻回答了中国之问、世界之问、人民之问、时代之问。党中央将其确立为全党的指导思想，具有重要的决定性意义，在这一创新理论的指导下，我们一定会开辟新时代中国共产党和中国特色社会主义发展的新空间。

---

① 习近平：《在哲学社会科学工作座谈会上的讲话》，载于《人民日报》2016 年 5 月 19 日。
② 习近平：《在庆祝中国共产党成立 95 周年大会上的讲话》，载于《人民日报》2016 年 7 月 2 日。

（三）指明了中华民族伟大复兴的前进方向

实现中华民族伟大复兴的中国梦，是以习近平同志为核心的党中央对全体人民的庄重承诺，是全党全国各族人民共同的奋斗目标，是习近平新时代中国特色社会主义思想的逻辑起点。党的十八大以来，党的所有理论和实践，都紧紧围绕着实现这个崇高奋斗目标精进展开。坚持走中国特色社会主义道路，是实现中华民族伟大复兴的必由之路；协调推进"四个全面"战略布局，是实现中华民族伟大复兴的重要保障；牢固树立创新、协调、绿色、开放、共享发展理念，统筹推进经济、政治、文化、社会、生态文明五位一体建设，为实现中华民族伟大复兴奠定坚实物质基础、凝聚强大精神力量；加强国防和军队建设，推动构建以合作共赢为核心的新型国际关系，为实现中华民族伟大复兴营造良好发展环境；学习掌握科学的思想方法和工作方法，不断提高解决改革发展基本问题的本领，为实现中华民族伟大复兴提供科学的世界观和方法论指引。以习近平同志为核心的党中央围绕实现中华民族伟大复兴的宏伟目标，提出了一系列相互联系、相互贯通的新理念新思想新战略，涉及生产力和生产关系、经济基础和上层建筑各个环节，涵盖经济、政治、文化、社会、生态文明建设和党的建设各个领域，深刻回答了实现中华民族伟大复兴中国梦的一系列重大理论和现实问题，进一步深化了党对治国理政规律的认识，指明了中华民族伟大复兴的前进方向。

二、实践意义：治国理政的科学指南和行动纲领

习近平新时代中国特色社会主义思想是新的历史条件下治党治国治军的行动纲领，是举旗定向、凝聚力量、攻坚克难的强大武器，是实现"两个一百年"奋斗目标、全面建设社会主义现代化国家和中华民族伟大复兴的科学指南。

（一）全面建设社会主义现代化国家的科学指南

坚持和发展中国特色社会主义进而全面建成社会主义现代化强国是当代中国发展进步的根本方向，是十一届三中全会以来我们党全部

理论活动和实践活动的主题，也是贯穿习近平新时代中国特色社会主义思想的一条主线。

习近平新时代中国特色社会主义思想是坚持和发展中国特色社会主义、全面建设社会主义现代化国家的强大武器和科学指南，体现在实践之中，反映出以下鲜明的实践特点：第一，以人民为主体。"以人民为主体"是习近平总书记治国理政的基本原则，是处理各种复杂问题的出发点和落脚点。这一原则不仅要"把群众路线贯彻到治国理政全部活动之中"，而且要坚决克服脱离群众的形式主义、官僚主义、享乐主义、奢靡之风。第二，实干兴邦。从福建工作时的《摆脱贫困》、浙江工作时的《之江新语》，到担任总书记后明确告诫全党"空谈误国，实干兴邦"，都可以看到习近平总书记实干兴邦这一治国理政的风格和特点。第三，战略目标和战略举措相协调。党的十八大以来，以习近平同志为核心的党中央提出了"四个全面"战略布局。2016年1月29日，习近平总书记在十八届中央政治局第三十次集体学习时指出，"四个全面"战略布局，既有战略目标，也有战略举措，每一个"全面"都具有重大战略意义。他强调要努力做到"四个全面"相辅相成、相互促进、相得益彰。第四，制度现代化和人的能力现代化相结合。历史经验表明，国家建设和治理应该把制度的因素和人的因素结合起来。习近平总书记主持制定全面深化改革纲领，强调制度现代化目标既要推进"国家治理体系现代化"，又要推进"治理能力现代化"，始终要把制度现代化与人的现代化结合起来。第五，治国、治党、治军相辅相成。在治国与治党关系上，习近平总书记的理念是"治国必先治党，治党务必从严"。在治党上，下"先手棋"，强力震慑，是习近平总书记治国理政的一大特点。治党是治国、治军的"牛鼻子"，抓住了从严治党这个关键，治军也就迎刃而解。在从严治党、从严治军中重建国家政治生态，三者相辅相成取得进展。第六，在优秀传统文化和现代化思想相融合中培育全社会核心价值观。社会问题最为深刻的是价值观问题。深入融合优秀传统文化和现代化思想，培育全社会核心价值观，是中华文明复兴的强大精神源泉。党的十八大提出，倡导富强、民主、文明、和谐，倡导自由、平等、公正、法治，倡导爱国、敬业、诚信、友善。"三个倡导"是社会主义核心价值观的基本内容，将国家层面价值目标、社会层面价值取向、个人层面价值准则的有机统一，体现着中华传统美德和人类的美好追求，展示出鲜明的民族精神和时代特征。总之，党的十八大以来，以习近平同志为核心的党中央团结带领全党全国各族人民开创了中国特色社会主义伟大事业新局面，中国特色社会主义进入新时代，习近平新时代中国特色社会主义思想正是在这一伟大实践基础上总结和提炼出来的，具有鲜明的实践性，对党和人民坚持和发展中国特色社会主义、全面建设社会主义现代化国家新的伟大实践具有重要指导意义。

（二）开启党的建设新的伟大工程新境界的行动纲领

党的十八大以来，以习近平同志为核心的党中央坚持把从严治党摆在突出位置，作出了一系列重大部署。党中央坚持把加强思想理论武装作为首要任务，通过抓好习近平总书记系列重要讲话精神的学习培训、开展理想信念教育、党性党风党纪教育，不断夯实全党共同奋斗的思想基础；大力加强作风建设，制定实施八项规定，扎实开展党的群众路线教育实践活动等多种主题教育活动，推动党员干部的作风有了明显转变，得到人民群众的好评；深入推进党风廉政建设和反腐败斗争，反腐败的力度前所未有，反腐败斗争取得压倒性胜利；坚持从严管理监督干部，完善制度体系，开展突出问题专项整治，严格干部日常管理监督，产生了良好的社会反响；重视"制度治党"，加强党内法规制度建设，扎实推进党的建设制度改革，着力用制度治党、管权、治吏。党的十八大以来从严治党的实践，充分体现了以习近平同志为核心的党中央对党永葆先进性和纯洁性的深谋远虑，对国家、民族和人民前途命运的深邃把握，对中国特色社会主义伟大事业的责任担当，对准备进行具有许多新的历史特点伟大斗争的坚决果敢，充分彰显了我们党自我净化、自我完善、自我革新、自我提高的无畏勇气和坚强决心。

习近平新时代中国特色社会主义思想集中总结了十八大以来党的

建设的新鲜经验，把全面从严治党纳入治国理政战略布局，科学回答了治党和治国的关系，深刻揭示了中国特色社会主义发展和中国共产党执政的规律，是马克思主义党建学说的新发展，为不断保持党的先进性和纯洁性、巩固党的执政基础和执政地位、确保党始终成为中国特色社会主义事业的坚强领导核心提供了强大理论武器。

（三）进行具有新的历史特点的伟大斗争的强大武器

在前进道路上，我们将进行许多具有新的历史特点的伟大斗争。党的十八大以来，中国特色社会主义进入新时代。改革开放40多年的发展，我国经济总量跃升到世界第二位，综合国力、国际竞争力、国际影响力大幅度提升，国家面貌发生了历史性变化，为实现"两个一百年"的战略目标奠定了坚实的基础。中国特色社会主义进入新时代，我国社会主要矛盾已经转化为人民日益增长的美好生活需要和不平衡不充分的发展之间的矛盾，但是我国仍处于并将长期处于社会主义初级阶段的基本国情没有变，我国是世界最大发展中国家的国际地位没有变，这种历史和现实深刻地表明，发展中国特色社会主义仍然是一项长期的历史任务，全面建设社会主义现代化国家需要付出更为艰巨的努力。国情世情的深刻变化，使我国现代化面临的风险和挑战更加凸显，重要战略机遇期虽仍然存在，但是其内涵和条件发生了相应的变化。我们必须准备进行具有新的历史特点的伟大斗争。

习近平总书记指出，"我们的事业越前进、越发展，新情况新问题就会越多，面临的风险和挑战就会越多，面对的不可预料的事情就会越多。"① 这就要求我们在习近平新时代中国特色社会主义思想指引下，以坚强和高昂的斗争精神，全面把握机遇，沉着应对挑战，敢于斗争、善于斗争，在斗争中赢得主动、赢得优势、赢得未来。习近平总书记以高远的理想抱负谋划伟大斗争，以辩证的科学方略运筹伟大斗争，以坚毅的政治定力推进伟大斗争，以宽广的胸襟聚能伟大斗争，在他的坚强领导下，必将引领中华民族伟大复兴的航船闯过急流险滩，

---

① 《十八大以来重要文献选编》（上），中央文献出版社2014年版，第114页。

到达胜利彼岸。

三、世界意义：打造人类命运共同体的宝贵财富

习近平新时代中国特色社会主义思想正在为世界发展贡献中国道路、中国智慧，为全球化提供中国思路、中国方案，是打造人类命运共同体的宝贵财富。

（一）为世界发展贡献中国道路、中国智慧

习近平新时代中国特色社会主义思想受到国际社会的深入关注和广泛赞誉，是因为它为当今世界发展贡献了独特的中国道路和中国智慧，为世界人民释放了而且仍在不断释放着强大的正能量。

推进国家治理现代化，为破解全球治理难题辟新路。随着国际力量对比消长变化和全球性挑战日益增多，特别是 2008 年国际金融危机爆发以来，全球治理面临着如何消除"治理赤字"、推动全球治理民主化、解决全球"发展缺位"三大难题，加强全球治理、推进全球治理体制变革是大势所趋。党的十八大以来，我国在加快国家治理现代化的同时，深入参与破解全球治理难题，积极向国际社会提供制度性公共产品，倡导"一带一路"、创办亚洲基础设施投资银行、设立金砖国家新开发银行等，为当今世界消除"治理赤字"作出重要贡献；积极推动全球治理民主化进程，推动改变全球治理由少数发达国家主导、众多发展中国家无法参与的局面。改革开放 40 多年来，中国成功探索出一种发展中国家追赶发达国家的新型发展模式，以中国自身发展经验填补了全球治理的"发展缺位"。

消除国内贫困，为世界减贫事业作贡献。消除贫困是自古以来人类社会的共同理想。中国在消除国内贫困上充分彰显了中国特色的制度优越性。2000 年，联合国千年首脑会议通过了以减贫为首要目标的千年发展目标。2015 年，中国主要依靠自己的力量，使改革开放初期存在的 7 亿多贫困人口中的 6 亿多人摆脱了贫困，成为全球最早实现联合国千年发展目标中减贫目标的发展中国家。2020 年，九千多万贫困人口彻底告别贫困，中华民族全面建成小康社会。与此同时，中国

还为全球减贫事业作出了重大贡献。新中国成立 70 多年来，中国多次无条件免除重债穷国和最不发达国家对华到期政府无息贷款债务。中国积极向亚洲、非洲、拉丁美洲和加勒比地区、大洋洲的多个国家和地区提供医疗援助。当前，中国正在全面落实联合国《2030 年可持续发展议程》，为实现全球范围平衡发展而努力。

建设美丽中国，为建设清洁美丽世界而努力。党的十八大以来，中国始终坚定走生产发展、生活富裕、生态良好的文明发展道路，加快建设资源节约型、环境友好型社会，努力形成人与自然和谐发展的现代化建设新格局。党的十八届五中全会进一步提出创新、协调、绿色、开放、共享的发展理念，推动美丽中国建设迈出更大步伐。绿色发展注重实现人与自然的和谐，努力避免一些国家在现代化过程中走过的"先污染、后治理"的老路，正引领中国走向社会主义生态文明新时代。2016 年，联合国环境规划署发布了《绿水青山就是金山银山：中国生态文明战略与行动》报告，高度赞扬中国为实现绿色发展作出的贡献。在建设美丽中国的同时，中国致力于建设一个清洁美丽的世界。中国政府积极推动《巴黎协定》的达成，成为全球气候治理史上的重要里程碑。在美国宣布退出《巴黎协定》的背景下，多次郑重表明继续采取行动执行《巴黎协定》应对气候变化，百分之百承担自己的国际义务及责任。

（二）为全球化提供中国思路、中国方案

习近平新时代中国特色社会主义思想以中国思路、中国方案，坚定破解反全球化思潮及贸易保护主义，倡导和平、开放、共享发展理念，破除"文明冲突论"，营造共建共享安全格局，为全球化指明新方向、注入新内涵、描绘新蓝图。

倡导和平、开放、共享发展理念，为全球化指明新方向。随着人类社会进入世界多极化、经济全球化、社会信息化、文化多样化发展新阶段，各国人民对和平合作、开放包容、共享发展的期盼愈加强烈，任何反全球化的主张、任何脱钩断链的行为都与历史大势不符，与多数国家和人民的共同利益相悖。中国倡导的和平、开放、共享发展理念，为全球化指明了新方向：和平发展是全球化持续推进的前提，开放发展是经济全球化的主旋律，共享发展是经济全球化应有之义，实现地区均衡发展、社会公平正义、惠及各国人民福祉的全球化才符合人类社会发展方向。同时，世界上没有十全十美的事物，全球化是一把"双刃剑"。面对全球化带来的机遇和挑战，正确的选择是充分利用一切机遇，合作应对一切挑战，引导全球化走向，消解全球化的负面影响，让全球化更好惠及各国人民。

破除"文明冲突论"，为全球化注入新内涵。中国倡导构建以合作共赢为核心的新型国际关系，打造对话不对抗、结伴不结盟的伙伴关系。坚持政治解决化解热点，坚持公道正义斡旋调解，坚持标本兼治推进反恐。世界文明多样性、民族特色丰富性，需要不同宗教、不同文化、不同种族的人们相互包容，相互信任，超越宗教隔阂，超越种族歧视，超越文化偏见。人类文明的成就是世界各国人民共同创造的，人类未来美好的前景也离不开各国人民相互交流、相互借鉴、取长补短、共同进步。各国文明各有千秋，不同思想文化的碰撞可以激发新火花，多元知识信息交融可以产生新创意。只有坚定推进世界文明融合，才能破除"文明冲突论"和西方文明优越论，才能摆脱"修昔底德陷阱"和传统地缘博弈，才能有效破解贸易保护主义和新孤立主义，消除技术封锁和文化霸权。

营造公道、正义、共建、共享安全格局，为全球化描绘新蓝图。中国以大纵深的历史眼光审视全球化，以大格局的全球视野定位全球化，以大联通的合作精神拥抱全球化。习近平总书记指出："世上没有绝对安全的世外桃源，一国的安全不能建立在别国的动荡之上，他国的威胁也可能成为本国的挑战。"[①] 改革开放 40 多年来，中国在融入全球化过程中，不断地通过经济合作、政治斡旋，坚持共同治理、消弭鸿沟、化解冲突，与广大发展中国家一起矫正全球化历史轨迹，积极致力于化解热点，消除贫困，营造公道、正义、共建、共享安全

---

① 《习近平著作选读》第 1 卷，人民出版社 2023 年版，第 566 页。

格局。历史一再说明，国家和则世界安、国家斗则世界乱，20 世纪两次世界大战以及之后延续 40 余年的冷战，给世界和平与发展带来极大损害，教训惨痛而深刻。历史反复启示，国家之间要平等相待、唇齿相依，对话不对抗、结伴不结盟，不搞唯我独尊、强买强卖，理性管控矛盾分歧；不随意推动矛盾升级，不恣意破坏国际法治，不任性打开潘多拉魔盒；坚持"并育而不相害"，建立同呼吸、共命运安全伙伴关系，超越"修昔底德陷阱"，致力于把深海、极地、外空、互联网等领域打造成各方合作新疆域，而不是相互角力竞技场，加快推进世界和平、发展、合作、共赢进程。

（三）以人类命运共同体引领世界美好未来

构建人类命运共同体，是习近平新时代中国特色社会主义思想的重要组成部分，是以习近平同志为核心的党中央统筹国际国内两个大局提出的重大理念和倡议。人类命运共同体，植根于源远流长的中华文明，契合国际社会求和平、谋发展、促合作的共同愿望，为世界各国携手走向人类发展美好未来、共同应对各种全球性挑战指明方向与路径。

促进各国利益高度融合。人类命运共同体首先是一个利益共同体。习近平总书记指出："人类已经成为你中有我、我中有你的命运共同体，利益高度融合，彼此相互依存。"① 当今世界各国、各地区之间具有广泛的共同利益，只有超越零和博弈，实现利益上的共建共享，才能为构建人类命运共同体奠定坚实基础。实践证明，中国的发展是世界的机遇。新时代十年中国经济增速遥遥领先。2013 ~ 2021 年，我国对世界经济增长的平均贡献率达到 38.6%，超过 G7 国家贡献率的总和，是推动世界经济增长的第一动力。水电、风电、太阳能发电装机和核电在建规模稳居世界第一，成为全球非化石能源的引领者。工业制造能力稳定提升，成为驱动全球制造业增长的重要引擎。2020 年我国制造业增加值占世界的份额达 28.5%，较 2012 年提升 6.2 个百分

---

① 《习近平著作选读》第 1 卷，人民出版社 2023 年版，第 558 页。

点，在全球工业经济增长中的驱动作用进一步增强①。维护世界稳定与增长，带动各国共同发展，正是中国促进各国利益高度融合、致力于构建人类命运共同体的鲜明体现。

推动多元文化交流交融。文化交流交融是人类社会发展进步的精神支撑。习近平总书记指出："当今世界，人类生活在不同文化、种族、肤色、宗教和不同社会制度所组成的世界里，各国人民形成了你中有我、我中有你的命运共同体。"② 构建人类命运共同体，需要在尊重和维护文化多样性基础上推动多元文化交流交融。实践证明，文化因交流而多彩、因互鉴而丰富，文化交流互鉴是推动人类文明进步与世界和平发展的重要动力。每种文化都有自己的价值，都具有独特魅力和深厚底蕴，都是人类的精神瑰宝。人类历史就是一幅不同文化交流、互鉴、融合的宏伟画卷，构建人类命运共同体应尊重文化发展的多样性，推动不同文化交流对话、和平共处、和谐共生。

打造共同发展平台。发展是人类社会永恒的主题，也是构建人类命运共同体的根本保障。习近平总书记指出："国家不分大小、强弱、贫富，都是国际社会平等成员，理应平等参与决策、享受权利、履行义务。"③ 构建人类命运共同体意味着世界各国都是平等发展、互相尊重的主体，必须超越单边主义，实现共同发展。实践证明，只有发展才能保障各国人民的基本权利，满足各国人民对美好生活的热切向往。打造人类命运共同体，要坚持公平发展，让发展机会更加均等，使各国都能做世界发展的参与者、贡献者、受益者；坚持开放发展，反对各种形式保护主义，实现共商、共建、共享，让发展成果更多更好惠及各国人民；坚持全面发展，让发展基础更加坚实，努力实现经济、社会、环境协调发展，实现世界可持续发展和人的全面发展。

建立合作共赢伙伴关系。当今世界，各国相互联系、相互依存的程度空前加深，人类生活在同一个地球村里，生活在同一个时空里，

---

① 马建堂主编：《不可阻挡的伟大进程》，人民出版社 2023 年版，第 106、108、109 页。

② 《习近平著作选读》第 1 卷，人民出版社 2023 年版，第 232 页。

③ 《习近平著作选读》第 1 卷，人民出版社 2023 年版，第 558 页。

利益交融、安危与共，没有哪个国家可以独善其身，也没有哪个国家可以包打天下。各国坚持合作共赢，建设合作共同体，是构建人类命运共同体的基本要求。第二次世界大战结束以来，人类合作解决利益分歧的经验表明，合作应成为世界各国的理性选择。实践证明，只要世界各国高举合作共赢大旗，在追求本国利益时兼顾其他国家发展诉求，在谋求本国发展中促进各国共同发展，就能在建立更加平等均衡新型全球发展伙伴关系基础上构建人类命运共同体。

后 记

按照党中央部署要求，全党正在开展学习贯彻习近平新时代中国特色社会主义思想主题教育。为积极投身于主题教育，我们在对习近平新时代中国特色社会主义思想深入学习和研究基础上，组织编写了本书。

全国政协常委、经济委员会副主任马建堂研究员主持了本书的编写工作，多次主持编写工作会议，审定了编写大纲及目录，对全书进行了统稿和增写。范文教授参与了全书编写、大纲设计和统稿工作。

本书各章的作者为：导语：范文教授；第一章：李志勇教授，孔新峰教授；第二章：徐珂研究员，唐莹瑞博士；第三章：马宝成教授；第四章：胡敏研究员，马建堂研究员；第五章：刘东超教授，范文教授；第六章：王艳杰博士；第七章：杨嵩涛博士；第八章：刘志伟教授；第九章：于军教授；第十章：曲鹏飞副教授，马宝成研究员；第十一章：杜正艾研究员；第十二章：王文研究员。曲鹏飞博士承担了编写组的秘书工作，李汉卿博士、王磊博士承担了大量的辅助工作。

经济科学出版社有关同志为本书的顺利出版做了大量协调工作和辛勤的编校工作，在此一并致谢。

马建堂

2023 年 7 月于北京